V

Zu diesem Buch

Die Verheißungen der Gentechnik sind groß: Mit Superpflanzen soll der Hunger in der Dritten Welt besiegt werden, Impfstoffe gegen Krebs und AIDS sollen Krankheit und Leid lindern, maßgeschneiderte Bakterien sollen Umweltgifte wie Dioxin vernichten. Noch sind dies nur Hoffnungen, der Nutzen der ersten Produkte aus der Gen-Küche ist fragwürdig, die Folgen ihrer breiten Anwendung ungewiß.

Die Kritiker der Gentechnik befürchten, daß gefährliche Mikroben ungewollt aus dem Labor entweichen könnten oder daß man sie gar bewußt für biologische Waffen züchten könnte. Sie wehren sich gegen eine alle Möglichkeiten der Wissenschaft ausreizende Landwirtschaft, die das natürliche Gleichgewicht aus seinen letzten Angeln heben könnte. Und sie mißtrauen der Eigendynamik eines Forschungsbetriebes, der gegen ethische Bedenken letztlich doch alles Machbare Wirklichkeit werden läßt.

In welchem Maße dürfen wir in das Geschehen der Schöpfung, in die Zukunft der Welt eingreifen? Ist es nicht eine Illusion, eine Anmaßung zu glauben, daß wir die Evolution steuern können?

Wissenschaftsjournalisten der Wochenzeitung DIE ZEIT und anerkannte Fachleute beschreiben die stürmische Geschichte der Gentechnik und beleuchten aus unterschiedlichsten Perspektiven deren Möglichkeiten, Chancen und Risiken.

Reiner Klingholz (Hg.)

Die Welt nach Maß

Gentechnik –
Geschichte, Chancen, Risiken

rororo

Rowohlt

Für die Taschenbuchausgabe haben die Autoren ihre Beiträge durchgesehen und auf den neuesten Stand gebracht.

Veröffentlicht im Rowohlt Taschenbuch Verlag GmbH,
Reinbek bei Hamburg, Mai 1990

Umschlaggestaltung Peter Kabel
(Foto: Science Photo Library/FOCUS)
Satz Sabon und Futura (Linotronic 500)
Gesamtherstellung Clausen & Bosse, Leck
Printed in Germany
1280-ISBN 3 499 18746 9

Inhalt

Teil 1

Die Geschichte der Gentechnik

Reiner Klingholz

Das Spiel mit den Genen

Die Wissenschaft entschlüsselt die Moleküle des Lebens

Die Zeit war gekommen, da Julie Lindemann Geschichte machen sollte. Am 24. April 1987, um vier Uhr in der Früh – draußen war es noch kalt und stockfinster – stieg die vierunddreißigjährige Biologin der Firma Advanced Genetics Sciences in einen weißen Schutzanzug, der ihr von Kopf bis Fuß reichte. Julie streifte sich Latexhandschuhe über und zog sich eine Gasmaske vor das Gesicht.

Hermetisch verpackt, einen Blechkanister auf dem Rücken und ein Sprühgerät unter dem Arm, ging Julie hinaus auf ein Erdbeerfeld im kalifornischen Contra Costa County. Kein Gift, kein Düngemittel schwappte in dem Kanister, sondern eine milchige Brühe mikroskopisch kleiner Lebewesen: Bakterien, die der Pflanzenpathologe Steven Lindow von der University of California in Berkeley gentechnisch verändert hatte. Den neuartigen Organismen hatte der Forscher eine seltsame Aufgabe zugedacht: Sie sollten verhindern, daß die Erdbeerpflanzen bei geringen Nachtfrösten erfrieren.

Auf eine Genehmigung für diesen Versuch hatten Lindow und sein Team seit Jahren gewartet. Ein endloser Rechtsstreit zwischen Umweltschützern und dem Gentechnik-Unternehmen Advanced Genetics Sciences hatte immer wieder verhindert, daß es zu diesem Test kommen konnte. Ungeduldig hatte die Firma ihre Frostschutzbakterien schon einmal illegal getestet – und bereitwillig 20 000 Dollar Strafe gezahlt, als die Aktion ruchbar geworden war. Jetzt, an diesem kalten Aprilmorgen, sollte endlich alles mit rechten Dingen zugehen.

Dann verzögerte sich das Experiment doch noch einmal: In der Nacht hatten militante Gegner des Experiments das Wachpersonal am Erdbeerfeld überlistet, ein Loch in den Sicherheitszaun geschnitten und die Pflanzen aus dem Boden gerissen. Erst um 6 Uhr 45, als das Feld neu bepflanzt war, setzte sich Julie Lindemann erneut die Gasmaske auf, ging durch die Pflanzenreihen und besprühte sie mit den Bakterien aus der Retorte. Hinter den Bergen ging gerade die Sonne Kaliforniens auf.

Der Versuch war ein voller Erfolg. Die Bakterien aus dem Labor entkamen nicht, wie Skeptiker befürchtet hatten, auf die Nachbarfelder. Kein erkennbares Unheil wurde angerichtet. Natürlich hatten selbst die vehementesten Kritiker keinen Gen-GAU befürchtet: Auch sie wußten, daß diese «Eis-Minus-Bakterien» so ziemlich das Harmloseste sind, was der Welt an gentechnischen Kunstwesen bevorsteht. Bei dem jahrelangen Streit war es ums Prinzip gegangen: Sollten unbekannte und womöglich unberechenbare Lebewesen aus dem Labor in die freie Natur entlassen werden oder nicht?

Das Experiment im Contra Costa County zeigt alle Facetten der Auseinandersetzung um die Gentechnik. Segensreiche Versprechungen auf der einen, Ängste auf der anderen Seite. Massive wissenschaftliche und wirtschaftliche Interessen, die auf ökologische Bedenken stoßen. Fanatismus – bis zur Illegalität auf seiten der Forscher, bis zu Gewaltaktionen bei ihren Gegnern. Die Gentechnik hat gerade erst Anwendung gefunden, und schon ist sie umstritten wie kaum eine andere wissenschaftliche Errungenschaft.

Für die Befürworter war der 24. April 1987 ein großer Tag. Die Tür vom Labor aufs Feld war aufgestoßen – und sie wird sich kaum je wieder schließen lassen. Denn das wäre nach Meinung der Protagonisten ein fataler Rückschritt, verheißen sie doch eine neue Technik, die billig, sicher und zugleich umweltfreundlich sei, eine «grüne Chemie», die endlich Industrie und Ökologie aussöhnen könnte. Eine Methode, die Bakterien und Pilze zu willigen Kleinstfabriken umrüstet, raffinierte Medikamente und Impfstoffe auf Abruf liefert; die Pflanzen entwickelt, die sich selber vor Schädlingen und Krankheit schützen, bessere Erträge liefern und ihren eigenen Dünger produzieren. Eine Methode, mit der es gelingen könnte, Nutztiere zu züchten, die der Phantasievorstellung von der eierlegenden Wollmilchsau nahekommen.

Für die Gegner war dieser Tag der Anfang vom Ende. Sie befürchten, die Natur werde auf Dauer von Lebewesen aus der Retorte überrannt und zerstört. Sie beschwören das Menetekel einer skrupellosen Wissenschaft, die nicht davor zurückschrecken wird, auch das Erbgut des Menschen zu manipulieren, um ihn zum Zuchtobjekt zu degradieren. Und sie befürchten, daß die Gentechnik in der Lage sein wird – gewollt oder versehentlich –, schlimme Krankheitserreger zu erzeugen. Allein das amerikanische Verteidigungsministerium, so schimpfte der englische Pionier der Molekularbiologie und Nobelpreisträger Maurice Wilkins, finanziere etwa vierzig gentechnische Projekte zur biologischen Kriegsführung.

Längst hat die politische Diskussion auch die Bundesrepublik ergriffen. Die Parlamente haben erkannt, daß sie die neue Technik nicht unkontrolliert der Wissenschaft und der Industrie überlassen dürfen. Denn von den Gentechnikern wird man kaum verlangen können, daß sie selbst festlegen, wo ihre Grenzen liegen. Doch die Politiker sind reaktionsträge: Zwar nahm schon 1984 die Enquetekommission des Bundestages «Chancen und Risiken der Gentechnologie» ihre Arbeit auf, und zwei Jahre später legte das Gremium einen 400 Seiten starken Bericht und einen Katalog von Empfehlungen vor. Diese harren freilich immer noch der Umsetzung in Richtlinien oder Gesetze. Bisher konnte die Gesundheitsministerin Ursula Lehr gerade einen Gesetzesentwurf vorlegen. Den aber befand die zuständige Länderkammer des Bundesrates für «gesetzestechnisch unzureichend» und «inhaltlich unausgereift». Insgesamt kam die Rekordzahl von 254 Änderungsanträgen zusammen, mit denen sich das Bundeskabinett neu befassen muß.

Außerhalb der Parlamente organisierten Bürgerinitiativen und Verbände einen Widerstand, der Wissenschaft und Industrie bereits große Probleme bereitet. Forschungsinstitute und Wirtschaftsunternehmen fürchten Klagen und Demonstrationen – und Anschläge militanter Anti-Gen-Gruppen. Seit 1984 beispielsweise läuft ein Verfahren des Chemiekonzerns Hoechst zur Genehmigung einer Großanlage für die Insulinproduktion mit gentechnisch manipulierten Kolibakterien. Nachdem 1987 eine Gruppe namens «Hoechster Schnüffler un Maagucker» bewirkte, daß der Betrieb vorläufig nicht aufgenommen wurde, rechnete die Firma fest damit, Anfang 1990 mit der Testproduktion beginnen zu dürfen. Doch im Herbst 1989 gab der hessische Verwaltungsgerichtshof in Kassel erneut rotes Licht und stoppte den Anlauf der Anlage: Hoechst wird vorerst kein gentechnisch hergestelltes Insulin für Zuckerkranke liefern.

Mittlerweile drängt auch die Industrie, die sich anfangs noch vehement gegen eine gesetzliche Regelung gewehrt hatte, auf die Verabschiedung eines Gengesetzes, damit endlich festgelegt wird, in welchem

Rahmen gentechnische Forschung und Produktion erlaubt sein sollen. Fraglich, ob dies noch während der derzeitigen Legislaturperiode stattfinden kann.

Kein Wunder, daß die Diskussion, geprägt von Klischees und abstrakten Horrorgemälden, nicht eben sachlich verläuft. Manch einer denkt an Bakterienmonster, wenn er nur das Wort Gentechnik hört; an Chimären, halb Mensch, halb Tier; an geklonte, strahlenresistente Arbeitssklaven für Atomkraftwerke, an den Menschen aus der Retorte. Bei vielen gilt das Wort Gentechnik als Synonym für den verantwortungslosen Umgang mit der Natur schlechthin, für einen frevelhaften Eingriff in die Evolution oder in die Schöpfung. «Die Molekularbiologie der Zukunft», sagt Robert Weinberg, Professor am Massachusetts Institute of Technology in Boston und einer der Großen seiner Zunft, eher aus Begeisterung denn aus Sorge, «wird Lebewesen nicht mehr als bisherige Endprodukte der Evolution ansehen, sondern statt dessen selber aktiv in den Wandel der Organismen eingreifen.» Die Frage, wie sinnvoll und notwendig das ist, läßt sich nur schwer beantworten. Denn weder kennen wir den Segen, den uns die Gentechnik womöglich einbringt, noch den Preis, den wir für sie bezahlen werden müssen.

Was ist das für eine angstmachende Technik, die unsere Welt verändern könnte? Was kann sie heute und was wird sie morgen tun?

Die Gentechnik ist im Prinzip zunächst nichts anderes als eine Arbeitsmethode im Labor. Mit ihr können die Forscher Erbsubstanzfragmente aus einem Organismus isolieren und in einen anderen verpflanzen. Beispielsweise das menschliche Gen für die Herstellung von Insulin in ein Bakterium oder das Gen eines Kaninchens in eine Tabakpflanze. Beide Varianten sind erfolgreich erprobt. Die Wissenschaftler nutzen dabei Werkzeuge und Methoden, die den Bakterien oder Viren entlehnt sind – also natürliche Verfahren. Die Geningenieure erzeugen so allerdings Lebewesen, die in der Natur im allgemeinen nicht vorkommen. Dort gibt es Grenzen der Arten, die einen Austausch von Erbsubstanz sinnvollerweise unterbinden.

Das Lieblingstier der Molekularbiologen, das Bakterium Escherichia coli, wurde so zum Allround-Produzenten für Moleküle, die den Forschern sonst nicht zur Verfügung stehen. Es vermehrt auf Bestellung praktisch jedes Gen, das man ihm einpflanzt, zu unendlich vielen Kopien. Das hilft den Gentechnikern, biologische Grundlagen der Vererbung und des Wachstums zu studieren. Vieles von dem, was wir heute über die Entstehung von Krebs oder der Immunschwäche Aids wissen, wäre ohne gentechnische Methoden undenkbar.

Auch in höhere Lebewesen haben die Forscher fremde Gene übertragen. Die Erbinformation für ein Wachstumshormon des Menschen pflanzten sie in Mäuse- und Schweineembryonen. So wurden Chimären gezüchtet, die zwar noch aussahen wie eine Maus oder ein Schwein – aber wesentlich größer gerieten als gewöhnlich. Schaf und Ziege ließen sich gentechnisch zu den Mischlebewesen Zaf oder Schiege kreuzen. Pflanzen wurden mit der neuen Methode gegen Gifte oder Schädlinge resistent gemacht.

Vor Jahren bereits versuchte der amerikanische Wissenschaftler Martin Cline eine Genoperation an Patienten, die an einer erblichen Blutkrankheit litten. Das Menschenexperiment, für das er keine Genehmigung bekommen hatte, mißlang. Nach dem heutigen Stand der Forschung könnte diese Manipulation womöglich erfolgreich verlaufen.

Im Tierversuch gelingt es zudem längst, Gene auf Embryonen, und damit auf Keimbahnzellen, zu übertragen. Das bedeutet, daß eine neu hinzugefügte Erbsubstanz dann für alle nachfolgenden Generationen erhalten bleibt. Der Sinn solcher oft schaurig klingenden Untersuchungen und Manipulationen an Embryonen liegt darin, daß die Wissenschaftler das Verhalten von Zellen in einem sehr frühen Entwicklungsstadium studieren können. Das vermag einen Einblick in das normale, aber auch in das fehlgesteuerte Wachstum von Zellen zu gewähren und kann helfen, die Entstehung von Krebs und Erbleiden verstehen zu lernen. Eher ein Nebeneffekt dieser Forschung sind die Möglichkeiten, die «Schiege» und das Schwein mit Menschengenen zu schaffen und auch das Erbgut von Menschen manipulieren zu können. An dieser Option zeigt sich die Janusköpfigkeit der Genexperimente: Hier Krankheiten besiegen – dort den Menschen züchten.

Voraussetzung für diese neue Technik, für das impfstoffproduzierende Bakterium wie für das überzüchtete Riesenschwein, war eine jahrzehntelange wissenschaftliche Kleinarbeit – und einige wenige bahnbrechende Entdeckungen: Ein Mönch klärte im vorigen Jahrhundert den Mechanismus der Vererbung auf, zwei junge Forscher entzifferten vor 35 Jahren den genetischen Code, und eine Gruppe von amerikanischen Wissenschaftlern zeigte 1973 erstmals, wie man Gene zerschneiden, verkleben und von einem Organismus in einen zweiten transportieren kann.

Alles begann in einem Kloster zu Brünn. Dort lebte vor über hundert Jahren ein österreichischer Augustiner namens Gregor Mendel, ein Mann, der eher aus Armut denn aus Überzeugung Mönch geworden war; seine wahre Leidenschaft galt den Naturwissenschaften: Der Klostergarten wurde sein Labor. Dort fiel dem Bruder Gregor auf, daß viele Pflanzen manche ihrer Merkmale von Generation zu Generation verändern. Er begann der Sache auf den Grund zu gehen und kreuzte eine rotblühende Erbsensorte mit einer weißblühenden. Und tatsächlich: Die neue Sorte trug nur die Merkmale eines Elternteiles – die Erbsen blühten rot, niemals weiß oder etwa in der Mischfarbe rosa. Noch Merkwürdigeres geschah, als Mendel die Samen der roten Erbsen abermals aussäte. Jetzt blühten manche Pflanzen wieder weiß, allerdings nicht allzu viele: Auf eine weiße kamen immer drei rote Erbsenpflanzen. Mendel kreuzte und kreuzte, verglich die Gewächse jahrelang, ihre Farben, ihre Größe, ihre Samen, und kam zu dem Schluß, daß die beobachteten «Anlagen» von zwei Faktoren beeinflußt werden, die in beiden Elternteilen als Paar vorhanden sein mußten. Eine Tochterpflanze erbte zum Beispiel von Mutter-Erbse und Vater-Erbse je eine der Anlagen: Rot und Weiß also. Doch die rote Farbe erwies sich durchweg als stärker, sie war «dominant», die weiße «rezessiv». Die nächste Generation erbte beide dieser Merkmale, und zwar in allen möglichen Kombinationen: Rot-Rot, Rot-Weiß, Weiß-Rot und Weiß-Weiß. Doch wieder dominierte Rot; drei der Pflanzen blühten in dieser Farbe, einzig die vierte blühte weiß. Das gleiche Prinzip galt für alle anderen Anlagen, die der Mönch beobachtet hatte – und für alle Kreuzungen.

Einige Wissenschaftshistoriker meinen, Mendel habe bei seinen Berechnungen ein wenig geschummelt. «Statistisch bereinigt», würde man heute sagen, denn die Zahlen waren zu frappierend, um wahr zu sein. Doch das ist unbedeutend. Immerhin hatte Gregor Mendel ein intellektuelles Meisterwerk vollbracht und – ohne deren Grundlagen zu kennen – eine allgemeingültige Theorie der Vererbung aufgestellt.

Mendels Zeitgenossen ließen diese verwegenen Thesen unbeeindruckt. Niemand interessierte sich ernsthaft für seine Lehrsätze. Erst als es bessere Mikroskope gab, wurde es möglich, die Ideen des Erbsenzählers aus Brünn zu veranschaulichen und zu begreifen. Erstmals bekamen die Biologen die Zelle in ihren einzelnen Teilen zu sehen: den Zellkern und darin jene wurstförmigen, jeweils in Paaren angeordneten Gebilde, die man alsbald Chromosomen nannte.

In menschlichen Zellen entdeckten die Forscher immer 23 Chromosomenpaare, in Fruchtfliegenzellen vier, in Erbsenzellen immer sieben – alle Vertreter einer Art besaßen gleich viele Chromosomenpaare. Bald erkannten die Biologen – genau wie Mendel es gedacht hatte –, daß bei der Befruchtung einer Zelle jeder Elternteil die Hälfte eines Chromosomenpaares beisteuert.

Die von Mendel beschriebenen «Merkmale», nunmehr als Gene bezeichnet, mußten also irgendwo in den Chromosomen verankert sein. Die Wissenschaftler vermuteten dort Tausende von Genen. Aber selbst mit Hilfe der neu erfundenen Elektronenmikroskope konnten sie sich die Funktion der Chromosomen nicht erklären. Ja sie wußten noch nicht einmal, woraus diese Gene eigentlich bestanden.

Noch in den vierziger Jahren vermuteten die meisten Biochemiker, daß die Erbanlagen aus Eiweißkörpern, aus Proteinen aufgebaut seien. Rein theoretisch kam noch eine zweite Substanz in Frage: die Desoxyribonukleinsäure, ein Molekül, das in allen Zellkernen zu finden ist, endlos lang, aber nur etwa zwei Millionstel Millimeter dick. Die DNA (so das englische Kürzel für desoxyribonucleic acid) galt freilich – weil unerforscht – als langweilig.

Bekannt war nur soviel: Das Riesenmolekül besteht aus vier Einzelteilen, den sogenannten Nukleotiden. Ohne Erfolg hatten sich Forscher ihre Köpfe darüber zerbrochen, wie sich aus Adenin, Thymin, Guanin und Cytosin (der Einfachheit halber werden die Nukleotide mit A, T, G und C abgekürzt) die Substanz des Lebens zusammenstellen ließe. Einzig Linus Pauling, einem Chemieprofessor am Californian Institute of Technology, traute man damals zu, das Geheimnis der DNA lösen zu können. Pauling hatte Anfang der fünfziger Jahre bereits gezeigt, wie sich Eiweißmoleküle zu einer engen Schraube, einer sogenannten Alpha-Helix, aufwinden.

Etwa zur gleichen Zeit trafen im englischen Cambridge zwei unbekannte junge Forscher zusammen: ein gerade 23jähriger amerikanischer Biologe namens James Watson und der britische Physiker Francis Crick. Watson war von seinem Professor nach Europa geschickt worden, um endlich etwas Chemie zu lernen; Crick, schon Mitte dreißig, versuchte sich an der Biologie und werkelte im übrigen mit mäßigem Erfolg an seiner Doktorarbeit.

Zwei Gemeinsamkeiten teilte das so grundverschiedene Paar: Ihr Interesse an der DNA und ihre grenzenlose Unbescheidenheit. Watson hatte schon mit fünfzehn die Universität in Chicago besucht und bald beschlossen, die Struktur der DNA aufzuklären. Crick war einer jener Menschen, die nur denken können, wenn sie reden. Und er dachte viel. Schon als Achtjähriger soll er in einer wissenschaftlichen Enzyklopädie geblättert und gelangweilt bemerkt haben: «So ein Jammer, das ist ja alles schon entdeckt.»

Außer Watson und Crick interessierte sich im Cavendish-Labor in Cambridge niemand so recht für die DNA. Und selbst den beiden fehlte die entscheidende Voraussetzung, sich experimentell mit dem Molekül des Lebens zu beschäftigen: Sie besaßen keine jener hochreinen DNA-Kristalle, die nötig gewesen wären, um die Substanz mit Röntgenstrahlen zu untersuchen. Aber nur zwei Zugstunden von Cambridge entfernt, am King's-College in London, arbeitete Maurice Wilkins, ein Mann, der recht gute Röntgenstrukturbilder von der DNA machen konnte. Und wer noch bessere Aufnahmen sehen wollte, brauchte nur ein Labor weiterzugehen, zu Rosalind Franklin, einer Kollegin von Wilkins. «Rosy» freilich hatte den Ruf, eine ungemein fleißige, zickige und etwas beschränkte Nervensäge zu sein; zusammenarbeiten wollte mit ihr niemand.

Watson und Crick machten sich dennoch auf den Weg nach London, sahen sich an, was ihnen die Wissenschaftler zeigten (das war nicht gerade viel), und begannen dann, in Cambridge mit Kugeln und Metallstiften Modelle der DNA zu bauen. Das größte Problem der beiden war, die Einzelteile der Nukleotide – je ein Zuckermolekül, ein Phosphatmolekül und eine der vier möglichen Basen – sinnvoll zusammenzustecken und daraus ein Makromolekül zu formen. Von chemischen Bindungen hatten Watson und Crick nur wenig Ahnung, doch in Blackwells Bookstore fanden sie schnell das klassische Lehrbuch über Bindungstheorien, das ihnen weiterhalf. Der Autor des Werkes war Linus Pauling. Von ihm übernahmen sie dann auch gleich die clevere Idee mit der Alpha-Helix. Ein paar Monate später hatten sie ein schikkes Modell gebastelt: Drei regelmäßige Einzelstränge aus Nukleotiden wanden sich wie ein Seil zu einer Superhelix.

«Rosy» und Wilkins wurden nach Cambridge bestellt, um das triumphale Werk zu bestaunen. Sie brauchten keine Stunde, um es als kompletten Unfug zu entlarven: Das Modell konnte gar nicht stimmen, denn Watson, der sich grundsätzlich keine schriftlichen Notizen machte, hatte sich bei dem Besuch in London ein entscheidendes Detail falsch eingeprägt. Sir Lawrence Bragg, der Institutsleiter in Cambridge, der die Arbeit der beiden jungen Forscher schon eine Weile mit Argwohn verfolgt hatte, war all den Aufruhr leid. Er verbot den beiden schlichtweg, weiter an der DNA zu arbeiten. Der Molekülbaukasten wurde ihnen entzogen und nach London geschickt.

Monate verstrichen. Dann, eines Nachmittags, besuchte ein österreichischer Biochemieprofessor und DNA-Experte aus New York, bekannt für seinen Scharfsinn und seinen Zynismus, das Institut in Cambridge: Erwin Chargaff. Der Mann, der heute ein vehementer Kritiker der Molekularbiologie ist, der die Gentechnik für «moralische Umweltverschmutzung», ihre Folgen für «ein molekulares Auschwitz» hält, hatte an der Columbia University die DNA der verschiedensten Organismen in ihre Bestandteile A, T, G und C zerlegt und war dabei auf einen seltsamen Zusammenhang gestoßen: Einerseits war die Menge der jeweiligen Nukleotide bei den einzelnen Organismen sehr unterschiedlich; andererseits entsprach die Menge von A immer der von T, die von G immer der von C.

Diese «Chargaff-Regeln», die wohl wichtigste Vorarbeit zur Entschlüsselung der DNA, elektrisierten Watson und Crick: Die Nukleotide waren also immer paarweise angeordnet! Erneut begannen die Tüftler, ein Modell zusammenzustecken. Als sie dann feststellten, daß ein Verbund aus A und T die gleiche geometrische Form wie G und C besaß, war alles klar: Sämtliche DNA-Einzelteile lassen sich in einem Modell unterbringen, wenn sich nur zwei Stränge rechtsherum zu einer Doppelhelix winden.

Diesmal paßte das Modell haargenau auf die Röntgenstrukturdaten von Franklin und Wilkins. Rasch verfaßten Watson und Crick einen Text, der in nur 900 Wörtern ihre Entdeckung beschrieb, und sandten ihn an das Fachblatt *Nature*. Der Artikel erschien am 25. April 1953 und endete mit dem vielsagenden Satz: «Es ist uns nicht entgangen, daß unser Modell der spezifischen Basenpaare möglicherweise den Verdopplungsmechanismus von genetischem Material erklären kann.»

Watson und Crick hatten nicht zu hoch gegriffen. Ihre Entdeckung war bedeutsam wie die Arbeiten von Darwin und Mendel. Es war, als hätten die beiden die Tür zu einer neuen Welt aufgetoßen. Schon bald ließ sich nun der Mechanismus der Vererbung und der Evolution erklären; Wissenschaftler lernten, wie die Zelle ihre Moleküle aufbaut, und vor allem: wie man ihr ins Handwerk pfuscht, wie man Gentechnik betreibt. Molekularbiologen schrieben mit ihrem Wissen ganze Bücherhallen voll – und doch verstehen sie nach wie vor nur in Ansätzen, was in einer Zelle vorgeht. Schon die Dimension eines Zellkerns sprengt unsere Vorstellungskraft: nur ein hundertstel Millimeter groß, muß er einen DNA-Faden aufnehmen, der beim Menschen etwa zwei Meter lang ist. Und darauf steht in einer endlosen Abfolge aus vier Buchstaben all das geschrieben, was einen Menschen, eine Erbse oder eine Maus ausmacht; was eine Zelle im Gehirn oder in der Leber zu tun hat und wann sie es zu tun hat; wie das Wachstum und die Instandhaltung eines Lebewesens funktionieren.

Der Zellkern ist vergleichbar mit einer Bibliothek, in der die Bauanleitungen für alle Eiweiß-Bestandteile eines Lebewesens – die Proteine – gespeichert sind. Die 23 Chromosomen eines Menschen entsprechen den einzelnen Bänden der Bibliothek, jede Seite einem Gen. Die DNA ist das Material, also das Papier, die vier Nukleotide sind die Buchstaben.

In allen Bänden des menschlichen Erbguts (auf den zwei Metern Doppelhelix) ist Platz für drei Milliarden Buchstaben (Nukleotidpaare), für eine Million Seiten (Gene). Doch tatsächlich besitzt der Mensch allenfalls 50 000 bis 100 000 Gene. Der überwiegende Teil des Papiers ist mit scheinbar sinnlosem Text beschrieben. Die Wissenschaftler können sich dieses molekulare Gekritzel bislang noch nicht so recht erklären; womöglich ist es eine Art übriggebliebene Spielmasse von der Weiterentwicklung der Lebewesen – der Evolution.

Das Watson-Crick-Modell konnte immerhin den Mechanismus der Vererbung erklären: Wie die doppelsträngige DNA ihre Erbinformation auf die nächste Zellgeneration überträgt, wie also diese ganze Bibliothek fotokopiert wird: Da jeder Buchstabe auf dem Faden der Helix ein spezielles Gegenüber hat, enthalten beide Stränge letztlich die gleiche Information. Zum Kopieren der DNA öffnet sich die Doppelhelix wie ein Reißverschluß und gibt ihre nach innen zeigenden Buchseiten und die Buchstaben-Abfolge frei. An diese Vorlagen brauchen sich jetzt nur noch einzelne vorgefertigte Lettern nach dem Muster «A zu T und G zu C» anzuheften, und fertig sind die neuen Wörter, Sätze, Bände – zwei identische Bibliotheken.

Schon schwieriger wird es, die zweite Funktion der DNA-Doppelhelix zu ergründen: Wie wird aus einem der 50 000 Gene ein Produkt, ein Protein? In den Termini unseres Beispiels: Wer vermag die Bibliothek zu lesen, und wer setzt dieses Wissen in die Tat um, wer fertigt nach Vorschrift die Proteinbausteine eines Lebewesens an?

Dieser Frage war James Watson bereits im Jahr 1952 auf die Spur gekommen. An einem kalten Novemberabend saß er frierend und frustriert in seinem Zimmer in Cambridge. Seine Stimmung war trübe wie der Nebel vor der Tür. Zwei Dinge machten ihm das Leben derart schwer, daß er schon glaubte, ein Magengeschwür zu haben: die DNA-Struktur und die französischen Au-pair-Mädchen im Pensionat an der Scroope Terrace. DNA wie Französinnen erschienen unerreichbar. Entnervt las er ein wenig Fachliteratur und kritzelte folgenden Zusammenhang auf ein Blatt Papier: «DNA macht RNA macht Protein.»

Watson meinte damit: Von einem DNA-Stück, einem Gen, entsteht in der Zelle eine Abschrift namens RNA, und diese dient als Programm für die Herstellung eines Proteins aus seinen Untereinheiten, den Aminosäuren. Er klebte den Zettel an die Wand über seinem Schreibtisch und ging schlafen. (Die RNA oder Ribonukleinsäure ist ein einzelsträngiges Fadenmolekül, das der DNA sehr ähnlich ist und anstelle des Bausteins Thymin, T, den Baustein Uracil, U, trägt.)

Es dauerte noch einige Jahre, bis Forschergruppen auf der ganzen Welt diese Vorgänge im einzelnen erklären konnten. Wieder fertigt der Zellmechanismus eine Kopie aus der vorhandenen Bibliothek an. In diesem Fall wird allerdings meist nur eine einzige Buchseite – ein Gen – abgeschrieben, in ein Boten-RNA-Molekül übersetzt. Dieser Bote trägt die Information aus dem Zellkern an einen anderen Ort der Zelle: zu den Ribosomen – den Baumeistern der Proteine.

Unterwegs geschehen allerdings seltsame Dinge: Noch in der Bibliothek erkennt der Bote, daß auf der Seite, die er trägt, eine Reihe von Sätzen auftaucht, in denen der größte Unfug geschrieben steht. Das Schriftstück wird in Teile zerschnitten, die unsinnigen Sätze fortgeworfen und der Rest rasch wieder zusammengeklebt. Die Wissenschaftler sprechen von «Intronsequenzen» auf der DNA, die «ausgespleißt» werden, und «Exons», die übrigbleiben. Der Sinn dieser Aktion ist den Forschern allerdings nach wie vor unklar.

Schlußendlich bringt der Bote die derart redigierte Seite zu den Protein-Baumeistern. Diese vermögen die Boten-RNA als Bauanleitung zu lesen. In der Sprache der Zelle bedeuten dabei immer drei Buchstaben ein Wort, drei Nukleotide eine Aminosäure. Der Baumeister liest die Botschaft akribisch Wort für Wort, fügt Aminosäure an Aminosäure, die einzeln von speziell ausgerüsteten Trägern, den Transfer-RNA-Molekülen, angeschleppt werden. Irgendwann beim Lesen, wenn der Baumeister am Ende der Seite angekommen ist, stößt er auf das Wort UAA. Dies ist ein Feierabend-Signal: Die Aminosäurekette ist zu einem vollständigen Protein angewachsen und fertiggestellt.

Dieser Mechanismus macht deutlich, welche Folgen Fehler im genetischen Code haben können, wie sie beispielsweise durch Strahlenschäden ausgelöst werden. Am schlimmsten ist es, wenn innerhalb eines Gens ein einzelnes Nukleotid fehlt. Dann verschiebt sich das Leseraster um einen Buchstaben und alle darauffolgenden Wörter erhalten einen falschen Sinn. Wenn etwa bei der Sequenz AUG UUU CGC UCA... das erste Nukleotid verlorengeht, liest die Zelle die Wörter UGU UUC GCU CA..., also einen völlig anderen Sinnzusammenhang, und es entsteht ein anderes, unbrauchbares Protein. Die Auswirkung auf den Organismus kann fatal sein, denn die Eiweiße sind die universellen Bau- und Betriebsstoffe eines Lebewesens. Das Hämoglobin des Blutes, das Kollagen der Haut, die Hormone und die Unzahl der Enzyme, die den gesamten Stoffwechsel steuern – all diese Substanzen sind Proteine.

Gewollte «Fehler» allerdings sind das Ziel der Geningenieure: Sie fügen der DNA ein neues Stück Erbinformation ein. Es ist, als würde einem Buch der Bibliothek eine zusätzliche Seite eingeklebt. Den Rest macht die Zelle nach gewohntem Muster. Sie kopiert das Schriftstück, der Bote bringt es zum Baumeister, der stur alles liest und ausführt, was ihm vorgelegt wird. In diesem Fall macht er eben ein Protein, das sonst nie auf seiner Auftragsliste stünde.

Untersucht hatten die Wissenschaftler den genetischen Code Anfang der sechziger Jahre meist an dem Bakterium Escherichia coli. Später stellte sich heraus, daß alle Organismen, vom Bakterium bis zum Homo sapiens, die gleiche genetische Sprache sprechen. Doch die Molekularbiologen verstanden vorerst nur einzelne Wörter oder kurze Sätze des Universalcodes. Schon primitive Lebewesen, wie das Affenvirus SV 40 (so genannt, weil es das vierzigste Affenvirus war, das man entdeckte), hat einen Erbsubstanzfaden aus 5243 Nukleotidpaaren, auf dem gerade fünf Gene geschrieben stehen. Ein Kolibakterium hat bereits vier Millionen Nukleotidpaare – unmöglich, ein derartiges Molekül im Detail zu analysieren. Die Forscher wußten nicht, wo sie mit ihrer Arbeit anfangen sollten. Unter den Molekularbiologen brach-

Ratlosigkeit aus, einige der besten verließen in dieser Zeit frustriert ihr Arbeitsgebiet.

Die meisten jedoch blieben. Und einige dachten bereits in die gleiche Richtung: Man müßte doch irgendwie diesen schrecklich langen DNA-Faden in handliche Fragmente zerstückeln können, um diese dann einzeln zu untersuchen. Ähnlich wie die Proteine von den Biochemikern Aminosäure für Aminosäure analysiert werden, müsse es auch möglich sein, Gene Stück für Stück zu untersuchen.

Peter Lobban, ein Student an der kalifornischen Stanford University, war aus schierer Verlegenheit auf so eine Idee gekommen. Er hatte eine Doktorarbeit beantragt, die eigentlich nichts mit Gentechnik zu tun hatte. Aber Stanford verlangte – um die Kreativität der Studenten anzuspornen – grundsätzlich drei weitere Vorschläge für ein Promotionsthema. So schlug Lobban im November 1969 vor, ein Virus-Gen zu isolieren und in ein Bakterium zu verfrachten, damit es sich dort vermehre. Auf diese Art lasse sich ein einzelnes Gen in großen Mengen herstellen und im Detail untersuchen.

Lobbans Doktorvater, Dale Kaiser, ein eher zurückhaltender Professor, fand dieses Ersatzthema ungemein aufregend und drängte den Studenten, mit der Arbeit anzufangen. Einige Wochen später erfuhr Lobban, daß in einer anderen Stanford-Abteilung ein Student namens David Jackson (zufällig?) eine fast identische Untersuchung begann. Dessen Doktorvater war Paul Berg, der Leiter des biochemischen Instituts, mit seinen vierzig Jahren schon einer der angesehensten Molekularbiologen der Welt.

Beide Doktoranden arbeiteten zwei Jahre lang um die Wette und kamen zu ähnlichen Ergebnissen. Berg erkannte die Brisanz der Forschungen sofort und hatte es eilig, die Untersuchungen zu veröffentlichen. Er schlug vor, Jackson und Lobban sollten das zur gleichen Zeit tun. Dale Kaiser jedoch wollte nichts überstürzen und publizierte die Arbeit seines Studenten erst ein Jahr später – da bedeutete sie schon nicht mehr allzuviel.

Peter Lobban war vermutlich der erste Forscher, der sich an einem gentechnischen Werkzeug, der «terminalen Transferase», versucht hat. Dies ist ein Enzym, das an das Ende eines Stranges der DNA-Doppelhelix einzelne Nukleotide anhängen kann. Es macht, wie die Forscher sagen, stumpfe DNA-Enden «klebrig». Wenn Lobban zum Beispiel fünf Teile Adenin an ein DNA-Stück heftete und an ein anderes fünf

Teile des komplementären Nukleotids Thymin, so zogen sich beide Fragmente geradezu magnetisch an und ließen sich mit einem weiteren Enzym, der DNA-Ligase, fest verschweißen. Lobban hatte zwei verschiedene Genfragmente «rekombiniert». Nichts anderes hat auch David Jackson getan. Sein Doktorvater Paul Berg erhielt 1980 unter anderem für diese Arbeiten den Chemie-Nobelpreis. Peter Lobban arbeitet heute irgendwo als Elektrotechniker.

Zwei andere Mitarbeiter von Paul Berg, Janet Mertz und Ronald Davis, verbesserten diese Technik wenig später ganz entscheidend. Sie benutzten ein Enzym, das der Basler Genetiker Werner Arber in den sechziger Jahren entdeckt hatte und das die DNA an einer vorhersagbaren Stelle schneiden und gleichzeitig klebrige Enden machen konnte. Diese molekulare Schere, ein sogenanntes Restriktionsenzym, war aus Bakterien isoliert worden, die sich damit normalerweise gegen ihre schlimmsten Feinde, die Bakterienviren, wehren: Solche Enzyme erkennen eine ganz bestimmte DNA-Sequenz von vier bis acht Nukleotiden, die nur in den Viren, nicht aber in den Bakterien vorkommt, und trennen die DNA rigoros in zwei Stücke. Das Enzym, das auch Mertz und Davis benutzten, schneidet beispielsweise genau zwischen den Nukleotiden G und der Buchstabenfolge AATTC. Der gegenüberliegende Strang auf der DNA-Doppelhelix lautet CTTAAG; dies ist – rückwärts gelesen – ebenfalls ein gefundenes Fressen für das Restriktionsenzym. Es erkennt die Sequenz und schneidet auch hier zwischen G und A. Folge: Die Doppelhelix fällt auseinander, übrig bleiben zwei Hälften mit den kurzen, klebrigen Enden AATT beziehungsweise TTAA.

Mertz und Davis konnten somit erstmals nach Belieben Gene zerschneiden und verkleben. Gene von Bakterien und Erbsen ließen sich genauso zusammenfügen wie jene von Wal und Buntspecht oder Mann und Maus. Die Restriktionsenzyme wurden zu den wichtigsten Werkzeugen der Gentechnik.

Doch was sollte man mit derartigen Genhybriden im Reagenzglas anfangen, solange es keine Möglichkeit gab, sie in ein anderes Lebewesen einzubauen? Dazu hatten Stanley Cohen in Stanford und Herbert Boyer aus San Francisco eine Idee. Wieder machten sie sich Bakterien zunutze. Diese besitzen – ein weiterer Überlebenstrick der Mikroorganismen – neben ihrem eigentlichen Erbsubstanzfaden auch kurze, ringförmige Informationsschnipsel, Plasmide genannt. Damit können die Einzeller untereinander Gene, also «Wissen» austauschen, zum Beispiel die Information, wie sie sich wirkungsvoll vor einem bakterientötenden Antibiotikum schützen können.

Cohen und seine Kollegin Annie Chang nutzten diesen als «Bakteriensex» bezeichneten Genaustausch und starteten ein klassisches, geradezu banales Experiment: Sie schütteten im Reagenzglas zwei Plasmide zusammen, tropften das Schneide-Enzym hinzu und später etwas Klebstoff, DNA-Ligase. Nach einer Weile gaben sie die ganze Mixtur zu einer Kultur von Kolibakterien.

Bei dem Versuch passierte folgendes: Das Enzym schnitt wie erwartet an allen Erkennungsstellen die DNA auseinander, und die Ligase fügte die entstandenen Fragmente willkürlich zusammen. Neue Plasmide waren geboren. Diese drangen in die Kolibakterien ein und vermehrten sich mit ihnen. Am 18. Juli 1973 veröffentlichten Cohen, Chang, Boyer und dessen Mitarbeiter Robert Helling gemeinsam die Ergebnisse dieses ersten echten gentechnischen Versuchs.

Nur neun Tage später waren die kalifornischen Genspieler schon wieder einen Schritt weiter. Hatten sie zunächst nur die DNA zweier Bakterien vereinigt, so war der Artensprung jetzt bereits erheblich höher. Die Kolibakterien bekamen ein Frosch-Gen verpaßt – und sie nahmen es bereitwillig auf.

Die meisten Molekularbiologen waren begeistert von der neuen Methode. Auf diese praktischen Genfähren, vergleichbar dem Trojanischen Pferd, hatte man lange gewartet. Paul Berg wollte sich gleich an die Arbeit machen und endlich jene Viren untersuchen, die im Verdacht standen, Krebs auszulösen. In einzelne Fragmente zerhackt und in Bakterien vermehrt, wollte sein Team so schnell wie möglich die Erbsubstanz dieser Tumorviren aufklären.

Viele der jungen Biochemiker in den kalifornischen Universitäten trugen damals Jeans, Bart und lange Haare. Sie dachten links, hielten sich für fortschrittlich und demonstrierten gegen den Krieg in Vietnam. Diesen Wissenschaftlern, die begonnen hatten, Viren und Bakterien zu zerschnipseln, wurde plötzlich angst und bange, als sie sahen, was sie taten: Sie waren dabei, potentiell krebsauslösende Gene in ein Bakterium zu schmuggeln, das normalerweise im Darmtrakt von Menschen zu Hause ist und das binnen eines Tages Milliarden von Nachkommen produziert.

Einige Forscher, darunter der New Yorker Zellbiologe Robert Pollack und Janet Mertz von Stanford, drängten darauf, die Rekombinationsforschung zu reglementieren. Elf der nobelsten Molekularbiologen, darunter Paul Berg, Herbert Boyer, Stanley Cohen und James Watson, erkannten, daß Aufruhr drohte: innerhalb der wissenschaftlichen Gemeinde und, viel schlimmer, unter einer besorgten Laienschaft.

Die elf Weisen riefen zu einer Tagung. Im Februar 1975 traf sich im Asimolar-Konferenzzentrum im kalifornischen Monterey, in einem Pinienhain direkt am Pazifik gelegen, eine Hundertschaft der weltweit prominentesten Genexperten, um über die möglichen Gefahren ihres Treibens zu diskutieren. Erstmals in der Geschichte der Wissenschaft zeigten die Experten eher ungewöhnliche Weitsicht. Die Konferenz von Asimolar wurde zur ersten großen Auseinandersetzung um die Gentechnik.

Jörg Albrecht

Alles Routine

Grauer Alltag im Genlabor

Es ist eng. Unaufgeräumt. Hoffnungslos vollgestopft. Überall Flaschen und Plastikbehälter, kleine Maschinen schnarren und piepen, dazwischen verstreute Notizen, Pinzetten, Pipetten und hunderterlei Arbeitswerkzeuge. Das ganze Durcheinander wird von Neonlicht beschienen und hat nicht die geringste Ähnlichkeit mit jener alchimistischen Hexenküche, in der Dr. Faustus den Homunculus zusammenbraut: Das typische Genlabor ist der langweiligste Ort der Welt. Nicht einmal die gelben Schilder mit der Warnung vor dem «Biohazard» können Grusel hervorrufen. Der äußere Rahmen, in dem das Erbgut von Mensch, Tier, Pflanze, Bakterium oder Virus manipuliert wird, ist allzu prosaisch und austauschbar. Wer ein Labor gesehen hat, kennt sie alle. Ganz normale Menschen gehen darin ihrer Arbeit nach. Übergroße Ehrfurcht vor dem magischen Stoff, aus dem das Leben ist, kennen sie nicht. Schließlich ist die DNA, die Desoxyribonukleinsäure, nur ein Stück Chemie, ein Molekül, das sich brechen, schneiden und auflösen läßt wie andere Substanzen auch. Die wichtigsten Arbeitsschritte sind bloße Routine: morgens der Gang in den Brutraum, in dem bei stickigen 37 Grad Celsius Kolben mit einer trüben, übelriechenden Brühe schaukeln – Kolibakterien, die sich selbst und ein Stück fremde DNA über Nacht milliardenfach vermehrt haben. Dann, nach einem festgelegten Protokoll, eine Reihe von Handgriffen, bis diese DNA in halbwegs reiner Form als winziges, praktisch unsichtbares Bröckchen vorliegt. Zuerst wird sie mit ein paar Enzymen gemischt, die die Erbsubstanz spalten. Anschließend wird das Ganze in einem gallertartigen Gel aufgetrennt. Schließlich, wenn alles glattgelaufen ist, leuchten in der Dunkelkammer im fahlen Schein einer ultravioletten Lampe rote Muster auf, die dem Forscher möglicherweise etwas sagen, möglicherweise aber auch nicht. Ein Tag ist vorbei, der nächste wird kaum anders aussehen. So etwa spielt sich der Alltag eines Labortechnikers oder eines Nachwuchswissenschaftlers ab: Gentechnik, ganz unten.

Hat der Forscher erst die höheren akademischen Weihen empfangen, strebt er danach, die Routinearbeiten anderen zu übertragen. Leitet er bereits eine kleine Arbeitsgruppe, entwirft er Versuchsreihen und betrachtet stirnrunzelnd die Ergebnisse. Die Laborroutine wird abgelöst von zahllosen Arbeitsbesprechungen, Konferenzen, Vorträgen und Telefonaten. Als Lohn aller Mühen winkt hin und wieder eine Veröffentlichung: Hat das Team erfolgreich gearbeitet, kann es ein mikroskopisch kleines Puzzlesteinchen in das gewaltige Universum wissenschaftlicher Papiere einfügen. «Publish or perish», veröffentliche oder stirb!, heißt das unbarmherzige Motto der modernen Naturwissenschaft, und in der Gentechnik gilt es um so mehr, weil hier das Tempo ständig zunimmt. Pro Tag, so kann man vorsichtig schätzen, erscheinen rund tausend einschlägige Veröffentlichungen, die Zahl der Fachzeitschriften geht in die Hunderte.

Um diese hungrigen Periodika zu füllen, müssen zahllose Versuchsreihen durchgeführt werden. Als billige und fleißige Arbeitskräfte sehr beliebt sind Doktoranden, die innerhalb möglichst kurzer Zeit ein Ergebnis vorlegen müssen, um promoviert zu werden. Langes Herumtrödeln ist verpönt und einer wissenschaftlichen Karriere hinderlich. Weil Gentechnik als «heiß» gilt, gibt es hier mehr Stipendien und befristete Verträge als in anderen Forschungssparten. So drängen immer mehr Studenten an die Fleischtöpfe. Der Platz wird allmählich knapp, die Konkurrenz stärker. Wer heute in Deutschland in der Gentechnik etwas werden will, kommt um einen Forschungsaufenthalt in den USA, dem Mekka der Naturwissenschaften, nicht mehr herum. Das hat zu einem inoffiziellen akademischen Grad geführt: Dr. rer. nat. i. A. g. lautet die Mindestvoraussetzung für eine qualifizierte Position; zu deutsch: Doktor der Naturwissenschaften, in Amerika gewesen. Dort lernt der hoffnungsvolle Junggenetiker vor allem eines: gnadenlos zu arbeiten. In riesigen Laborbunkern – wie zum Beispiel im Massachusetts Institute of Technology in Boston – oder in kleinen, feinen Denkfabriken – wie dem Salk Institute in La Jolla, Kalifornien – herrscht ein fiebriges Forschungsklima. Eine Woche ohne Ergebnis ist für die Institutschefs eine schlechte Woche, ein Monat ohne Veröffentlichung schon fast eine Katastrophe. Drohend hängt über allen der Entzug von staatlichen oder privaten «grants», von Zuschüssen, ohne die keine Forschung läuft und deren Vergabe strikt an den Erfolg gekoppelt ist. Nicht überall herrschen amerikanische Zustände; doch wer ein Genlabor betritt, wird meist die angespannte Atmosphäre spüren, das ungeduldige Drängen nach «Durchbrüchen». Das liegt in der Natur der Sache: das Machbare liegt in der Gentechnik allemal näher als das Wünschenswerte. Nachdenkliches Reflektieren ist kaum gefragt – statt dessen wird auf rasch verwertbare Ergebnisse gedrängt. Dabei wird vom Genforscher eine hohe Frustrationstoleranz verlangt. Selten findet er etwas wirklich Aufregendes heraus, noch seltener etwas Nützliches. Die Öffentlichkeit betrachtet ihn obendrein mit scheelen Augen. So bleibt ihm als Motivation eigentlich nur die Gewißheit, einem exklusiven Zirkel anzugehören: dem Kreis derjenigen, die mit der Erbsubstanz den Schlüssel zum Leben in der Hand halten. Wer weiß, vielleicht lassen sich Gott und die Evolution ja doch ins Handwerk pfuschen.

Reiner Klingholz

Die große Hoffnung

Der Siegeszug der neuen Biologie

Der junge Forscher sieht aus wie Woody Allen, ist Mitte Dreißig, sehr klug, aber etwas zerstreut und arbeitet in einem molekularbiologischen Labor an irgendeiner Universität. Er interessiert sich für die Entstehung von Krebs und ist begeistert von einer neuen Methode, die man Gentechnik nennt.

Dem Wissenschaftler gelingt es, aus Tumorzellen jene genetische Information zu isolieren, von der vermutet wird, daß sie krankhaftes Wachstum auslöst. Um das potentielle Krebs-Gen genauer zu untersuchen, nutzt er diese neue Technik. Er überträgt die DNA in das Bakterium E. coli K12, einen Organismus, den Biologen seit Jahrzehnten zu ihren Versuchen verwenden. Das Bakterium vermehrt sich im Brutschrank des Labors zu ein paar Milliarden Nachkommen und produziert so eine große Menge Tumor-DNA. Genau dafür interessiert sich unser junger Wissenschaftler. Mit etwas Glück und ein paar guten Ideen könnte er tatsächlich der Krebsentstehung auf die Spur kommen.

Der Molekularbiologe hat allerdings nicht nur glänzende Ideen, manchmal ist er auch ein wenig schlampig. Und so geschieht es eines Tages, als er sich die Laborhandschuhe auszieht, daß ein winziger Tropfen Bakterienlösung an seinen Fingern hängenbleibt. Der Mikroorganismus, jahrzehntelang in Labors gefangengehalten, ist frei. In der Mittagspause ißt der Wissenschaftler ein Thunfisch-Sandwich, das Bakterium gelangt in seinen Magen, später in die Toilettenspülung, letztlich in das Abwassersiel. Dort trifft es Myriaden anderer, nahe verwandter Kolibakterien.

Und nun? Kehren aus der Kloake Bakterienmonster zurück? Befallen sie den Menschen? Entsteigt dem Siel eine weltweite Krebsepidemie? Wir wollen den Faden nicht weiterspinnen, den der amerikanische

Journalist Michael Rogers Mitte der siebziger Jahre als Fiktion beschrieb. Keine allzuweit hergeholte allerdings, denn viele Experten hielten damals dieses Szenario für möglich.

Ein Brief, der am 26. Juli 1974 im amerikanischen Fachblatt *Science* erschien, beweist diese Besorgnis. Überschrift: «Mögliche Gefahren von rekombinanten DNA-Molekülen». Der Brief war der Aufruf zu einer Denkpause, denn die Forscher hatten sich längst darangemacht, DNA aus Tieren, Pflanzen, Bakterien oder Viren zu zerschneiden, verkleben und zu kreuzen. Schon begannen die Forscher, mit den gefährlichsten Krankheitserregern zu jonglieren.

«Täglich klingelte bei uns das Telefon», erinnert sich Paul Berg, in dessen Labor damals die Pioniere der Genmanipulation arbeiteten: «Könnt ihr uns das Plasmid pSC 101 schicken? Wir erkundigten uns – was wollt ihr denn damit machen? Dann beschrieben die Kollegen irgendein Horrorexperiment, und wir fragten sie, ob sie eigentlich wüßten, was sie da tun wollten. Über die Folgen hatten die meisten von ihnen aber noch nicht einmal nachgedacht.»

Der Brief der elf Weisen an die wissenschaftliche Gemeinde hatte also einen berechtigten Grund. Mit ihm empfahlen die besorgten Forscher, vorsichtshalber auf bestimmte Experimente zu verzichten, deren Folgen nicht absehbar waren. Sie schlugen vor, die ganze Problematik in einem größeren, internationalen Kreis zu diskutieren. Man traf sich im Februar 1975 im kalifornischen Monterey zu der berühmten Konferenz von Asimolar. Vier Tage lang redeten sie sich die Köpfe heiß. Einige der Experten rieten zur Vorsicht, weil sie mit der neuen Methode noch zu wenig Erfahrung hatten. Andere wollten jede Maßregelung verhindern, um überhaupt erst Erfahrungen sammeln zu können. Die Forscher waren alles andere als einer Meinung.

Um dennoch zu zeigen, wie sehr ihnen die Problematik ihrer Arbeit bewußt war, und um die Politiker von einer gesetzlichen Reglementierung des Laborgeschehens abzuhalten, einigten sie sich schließlich auf einen Kompromiß. Die Amerikanische Nationale Gesundheitsbehörde übernahm den Text praktisch unverändert, und im Juni 1975 traten Richtlinien in Kraft, die freilich keine Gesetze waren. Wenig später folgten die meisten Länder, darunter auch die Bundesrepublik, mit ähnlichen Regelungen. Alle Experimente wurden in vier Klassen eingeteilt und durften nur noch in entsprechend eingerichteten Sicherheitslabors durchgeführt werden. Es sollten nur noch Mikroorganismen manipuliert werden dürfen, die außerhalb des Labors nicht überleben können. Rekombinations-Forschung mit Krebsviren war verboten.

Schon drei Jahre später hatte sich die Besorgnis wieder gelegt. Die amerikanischen Behörden lockerten die Vorschriften – viele Wissenschaftler distanzierten sich reumütig von ihrer einstigen Vorsicht. James Watson, einer der Mitunterzeichner des Berg-Briefes, beschimpfte die Sicherheitspedanten als «Spinner und inkompetente Scheißer». Und Francis Crick tönte selbstsicher: «Ich glaube, es geht zu weit, wenn sich jetzt schon Hausfrauen Gedanken über die Gentechnik machen.»

Die Angst wich einer grenzenlosen Euphorie: Vielleicht steckte in den neuen Erkenntnissen ein ungeheueres wirtschaftliches Potential. Waren denn nicht schon auf der Konferenz von Asimolar ein paar Vertreter multinationaler Firmen wie Merck, Roche oder General Electric als Beobachter aufgetaucht?

1976 bekam der Bakteriologe Herbert Boyer von der University of California in San Francisco eines Tages einen ungewöhnlichen Anruf. Boyer galt als Miterfinder der Gentechnik und hatte ein paar Jahre zuvor mit drei Kollegen die erste Genübertragung der Wissenschaftsgeschichte beschrieben. Am Telefon war ein gewisser Robert Swanson, 28 Jahre jung und Anlageberater. Er wollte mit Boyer über zwei Dinge reden: über Gentechnik und Geld.

Die meisten Grundlagenforscher hielten diese Kombination damals noch für unappetitlich und hätten Swanson wohl wie einen Hausierer abgewiesen. Boyer erwiderte indes, er habe 20 Minuten Zeit für ein kurzes Gespräch. Die Unterhaltung dauerte Stunden und endete in der nächsten Kneipe.

Kurz darauf pumpt sich Boyer 500 Dollar und gründet mit Swanson eine Firma. Da sie sich weder auf den Namen Boyer & Swanson noch auf Swanson & Boyer einigen können, wählen sie aus Verlegenheit das Firmensignum «Genentech» und stellen zehn Mitarbeiter ein. Ziel des Unternehmens: aus Genen Geld zu machen.

Das war damals noch verhältnismäßig einfach, denn von der Gentechnik erhofften sich die Vertreter der Industrie und eingefleischte Ökologen gleichermaßen die saubere Lösung aller möglichen Probleme. Man dachte an Pflanzen, die ohne Gift und Dünger auskommen, die wertvolle Nahrung produzieren und gleichzeitig Brennstoffe oder Futter für das Vieh liefern; an Bakterien, die sich gierig auf die Abfälle der chemischen Industrie stürzen; an raffinierte Arzneimittel und umweltfreundliche Bioreaktoren, die alle erdenklichen Rohstoffe liefern.

Mit diesem ideologischen Rückenwind ging Genentech Ende 1980 an die Börse. Wall Street erlebte einen ersten Anfall von Bio-Fieber: Binnen weniger Minuten stieg die Genentech-Aktie von 35 auf 89 Dollar. Herbert Boyer, der schnauzbärtige und pausbäckige Bakteriologe aus San Francisco, besaß mit einemmal ein Aktienpaket, das achtzig Millionen Dollar wert war.

Vor allem in Kalifornien schossen nun sofort weitere, mit Risikokapital finanzierte Garagenfirmen aus dem Boden. Viele Unternehmen hatten nur eine kurze Lebensdauer, die meisten schafften es nie, eines der erträumten Produkte in den Handel zu bringen. Selbst marktreife Substanzen wie das künstlich hergestellte Insulin, Wachstumshormone oder das Interferon, das vermeintliche Wundermittel gegen Krebs, konnten die Hoffnungen nicht erfüllen. Die meisten gentechnischen Produkte, schrieb das amerikanische Wissenschaftsblatt *Discover*, würden «überschätzt», seien «nutzlos oder zu teuer».

Der Fehlstart hatte triftige Gründe: Im Labor, wo die Forscher ihre Versuche mit Mikromengen durchführten, sah alles noch recht einfach aus. Aber kein Wissenschaftler hatte Ahnung davon, wie man ein paar Billiarden manipulierter Bakterien in einem großen Fermenter handhabt. Niemand wußte, daß die beliebtesten Zuchtobjekte der Geningenieure, die Kolibakterien, zwar willig fremde Gene aufnehmen, diese aber nicht immer in die gewünschten Proteinprodukte übersetzen. Oft unterscheiden sich die künstlichen Eiweißstoffe aus den Bakterien in kaum erkennbaren, aber wesentlichen Einzelheiten von den natürlichen. Als Medikamente sind sie dadurch unbrauchbar oder gar gefährlich. Solche Substanzen lassen sich nur mit sehr aufwendigen Methoden verarbeiten und reinigen. Hinzu kamen unerwartet hohe Sicherheitsauflagen, die eine Produktion im großtechnischen Maßstab ungemein verteuern. Das alles kostet dermaßen viel Geld, daß gentechnische Produkte bis heute kaum konkurrenzfähig sind. Die amerikanische Firma Merck, Sharp & Dohme kann beispielsweise ihren so hergestellten Impfstoff gegen die Hepatitis B gerade dort nicht verkaufen, wo er am nötigsten wäre: in den armen asiatischen und afrikanischen Ländern finden sich kaum Patienten für die 500 Mark teure Behandlung. Inzwischen entwickelt die Firma bereits einen billigeren Impfstoff – auf herkömmlicher Basis.

Zehn Jahre vergingen, bis nach dem historischen Gentransfer von Boyer und Cohen das erste gentechnische Produkt auf den amerikanischen Markt kam: das Humaninsulin. Das Hormon entsteht normalerweise in der Bauchspeicheldrüse des Menschen und hilft, einen lebensbedrohlichen Zuckergehalt im Blut zu senken. Diabetes-Patienten wird heute meist Insulin verabreicht, das aus der Bauchspeicheldrüse geschlachteter Rinder und Schweine gewonnen wird.

Daneben gibt es aber auch die Möglichkeit, dieses lebensnotwendige Hormon gentechnisch herzustellen. Doch das ist nicht so einfach, wie es gern beschrieben wird: Insulin-Gen isolieren – rein in das Bakterium – fertig ist die Insulinfabrik.

Die Forscher können beispielsweise nicht von der Bauanleitung für Insulin ausgehen, wie sie die menschliche Erbsubstanz bereithält. Diese ist nämlich mit falscher Information, mit sogenannten Introns, durchsetzt. Die Zelle kennt allerdings einen Mechanismus, diese Introns loszuwerden: Sie kopiert das Insulin-Gen, eine Seite aus der DNA-Bibliothek, vernichtet die Falschinformation und schickt den Boten mit der korrigierten Anleitung auf den Weg zu den körpereigenen Eiweißfabriken. Diesen Boten, einen Einzelstrang aus RNA, können die Wissenschaftler abfangen. Sie müssen ihn aber in die universelle Sprache aller Organismen – die DNA – rückübersetzen. Erst dann kann die korrigierte Seite in ein Bakterium eingeschleust werden.

Für diesen Umbau der Erbsubstanz greifen die Forscher in ihren heutzutage gut sortierten Enzym-Werkzeugkasten, mit dem sie stükkeln, reparieren, verdoppeln, spalten oder abschreiben können. Wichtigster Helfer hierbei ist das Rückschreibe-Enzym Reverse Transkriptase, das der amerikanische Virologe Howard Temin bereits in den siebziger Jahren aus Retroviren isoliert hatte. (Diese Viren, zu denen auch der Erreger der Immunschwäche Aids gehört, enthalten als Genmaterial seltsamerweise keine DNA, sondern RNA. Die Reverse Transkriptase übersetzt diese zurück in DNA, die sich dann zeitlebens in die Erbsubstanz des Menschen einnistet.)

In den Händen der Molekularbiologen bringt die Reverse Transkriptase ein Insulin-Gen zustande, wie es von Natur aus nicht vorkommt – ein DNA-Stück, das keine Intronsequenzen mehr enthält. Eine Buchseite, auf der alle fehlerhaften Phrasen ausradiert und die verbliebenen Sätze zu einer Anweisung aneinandergereiht sind, die in Reinschrift und ohne Umschweife erklärt: So wird Insulin gemacht.

Die Mühsal der Genchirurgen hat damit noch lange kein Ende. Die Botschaft muß schließlich noch einem Bakterium zum Lesen vorgelegt werden. Als Genfähre dient wie immer ein Plasmid. Dieses, nichts als ein nacktes, ringförmiges DNA-Molekül, das in Bakterien vorkommt, wird aufgeschnitten, das bereinigte Insulin-Gen eingeklebt und die Nahtstellen versiegelt. Im Vergleich zu der großen DNA-Bibliothek ist das Plasmid ein dünnes Heftchen, in das eine neue Seite eingeklebt ist. Das Plasmid infiziert das Bakterium und schmuggelt auf diesem Weg das Insulin-Gen ein. Das Problem ist, daß sich das Bakterium für die Bauanleitung von Insulin nicht sonderlich interessiert. Die Mikrobe vermehrt das Gen zwar, liest es aber nicht.

Ein letzter Trick hilft den Molekularbiologen weiter: Sie kennen eine Seite in dem Plasmidheftchen, die der Mikroorganismus besonders gerne liest. Mitten auf diese Seite, auf der eigentlich «So stellt man Beta-Galaktosidase her» steht, kleben sie die Bauvorschrift für das Insulin. Beta-Galaktosidase ist ein Enzym, das dem Bakterium erlaubt, eine seiner Lieblingsspeisen, den Milchzucker Laktose, zu verdauen. Die Folge der Genbastelei: Bekommt das Bakterium jetzt Laktose zu fressen, liest es immer wieder die Seite für die Herstellung des Enzyms, um ausreichende Mengen des Verdauungsfermentes herzustellen. Dabei entsteht nun ein Mischprotein aus Beta-Galaktosidase und einem Insulinanteil. Dieses fremdartige Eiweiß kann das Bakterium nicht verwerten und lagert es deshalb als Ballaststoff ab. Am Ende stirbt es an der Überproduktion und hinterläßt den Forschern ein Gemisch – aus dem sich reines Insulin gewinnen läßt.

Die erste großtechnische Anlage für eine derartige Insulinsynthese steht bei der Firma Hoechst in Frankfurt. Ein mehrstöckiger Komplex, computergesteuert, voller Rohrleitungen und Ventile. Das Ganze gleicht eher einer Raffinerie, mitten in dem Gebäude ragt ein stählerner 45 000-Liter-Tank auf. Bislang konnte Hoechst die praktisch fertiggestellte Anlage nicht einmal versuchsweise in Betrieb nehmen, da die Behörden nach Protesten von Umweltschützern noch keine endgültige Genehmigung erteilt haben.

In einer zweijährigen Testphase würde sich in der Insulinküche folgendes abspielen: Aus einem Sicherheitslabor bringt ein Wissenschaftler eine nur stecknadelkopfgroße Menge genmanipulierter Bakterien herbei und schüttet sie in ein Fermentationsgefäß. Die Mikroorganismen teilen sich jede Stunde und füllen schon nach zwei bis drei Tagen den ganzen 45 000-Liter-Tank – eine Trillion (eine Eins mit 18 Nullen) Bakterienklone sind entstanden. Erst jetzt geben die Techniker grünes Licht für die Insulinfabrikation, indem sie eine große Menge Milchzukker in den Tank schütten. Die ganze Bakterienhorde beginnt gleichzeitig mit der Produktion des Mischproteins aus Beta-Galaktosidase und Insulin. Wenig später werden die 45 000 Liter übelriechender Kulturbrühe abgepumpt, sterilisiert, filtriert, zentrifugiert, aufbereitet und gereinigt. Wenn alles gutgeht, bleibt am Ende ein Kilogramm hochreines Insulin übrig.

Dieses gentechnische Produkt hat nur einen Nachteil: Es ist, wie selbst Hoechst-Mitarbeiter einräumen, teurer als jener heute gebräuchliche Stoff, der aus Schlachttieren gewonnen wird. Aber immerhin erfüllt es auch seinen therapeutischen Zweck und verhilft Zuckerkranken zu einem relativ beschwerdefreien Leben.

Weniger Erfolg hatte die Industrie mit den Interferonen, einer Stoffgruppe, von der man sich vor Jahren die reinsten Wunderdinge versprach. Interferone sind hochspezifische Signal- und Regulationssubstanzen des Immunsystems, die in winzigen Mengen vorkommen und von denen die Forscher glaubten, sie könnten generell die Krebsentstehung hemmen.

Noch vor einem Jahrzehnt mußten die Wissenschaftler Interferon mit riesigem Aufwand aus Blutspenden isolieren. Entsprechend hoch lag der Preis: Ein Gramm kostete damals 100 Millionen Mark. Kein Wunder, daß die jungen Gentechnikfirmen sich gleich zu Beginn auf das Interferon stürzten. Sollte sich die Substanz tatsächlich im Kampf gegen den Krebs bewähren, stünden unvorstellbare Gewinne in Aussicht. Diese Hoffnung auf den großen Goldrausch brachte die kommerzielle Gentechnik überhaupt erst in Schwung. Vor allem war es der Interferon-Boom, der die Aktien steigen ließ und Millionen Dollar mobil machte.

1980 gelang es dem Züricher Molekularbiologen Charles Weissmann, die Wundersubstanz in Bakterien zu züchten. Dann ging Interferon in die klinischen Tests und bald darauf wurde es ruhig um den «Krebskiller»: Gegen die häufigsten Tumorarten wie Lungen-, Brust- und Darmkrebs konnte die Substanz nichts ausrichten. Deutliche Erfolge zeigten sich lediglich bei der Haarzell-Leukämie, einer Bluterkrankung, die freilich so selten ist, daß sie kaum ein Internist jemals zu sehen bekommt. Dafür hat Interferon weit schlimmere Nebenwirkungen als ursprünglich erwartet. Und das hat auch seinen Grund: Die Signalstoffe greifen an vielen Stellen des hochkomplizierten, aber kaum verstandenen Nachrichtensystems des Organismus gleichzeitig ein. Was bei einer Zelle vielleicht eine Abwehrreaktion gegen Krebs hervorruft, löst womöglich schon bei der Nachbarzelle ein Tumorwachstum aus. Eine falsche Dosierung der Medikamente kann katastrophale Folgen haben.

Dennoch hat die Gentechnik enorm zur medizinischen Erkenntnis beigetragen. Die Wissenschaftler verstehen immer besser, wie das geregelte Wachstum einer Zelle funktioniert und auch dessen Gegenteil – wie Krebs entstehen kann. Aber je mehr sie verstehen, um so deutlicher wird: Die Mechanismen der Tumore sind so raffiniert und vernetzt, daß eine sinnvolle Therapie unerreichbar scheint. Von einem Impfstoff gegen Krebs ganz zu schweigen.

Diese Ausweglosigkeit wurde besonders deutlich, als Wissenschaftler erkannten, daß Krebs ein schlichtweg unvermeidbares, weil inhärentes Übel der Zelle ist. Anfang der achtziger Jahre entdeckten die Amerikaner Robert Weinberg und Geoffrey Cooper, daß in der normalen Erbsubstanz des Menschen die sogenannten Krebs-Gene vorkommen. Auf dieser Erbinformation steht die Bauanleitung für Eiweißstoffe, die im allgemeinen sehr wichtige Wachstums- und Entwicklungsfunktionen erfüllen. Wenn sich die Krebs-Gene, von denen es beim Menschen mindestens dreißig gibt, im Laufe des Lebens verändern, erlebt die Zelle eine Kaskade von Fehlinformationen. Dies konnten die Wissenschaftler nachweisen, indem sie aus Tumoren ein Krebs-Gen isolierten und in gesunde Versuchstiere einschleusten. So ließ sich eine Entartung der Zellen regelrecht anschalten. Ein Forscherteam aus London und den Niederlanden fand ein Schlüssel-Gen, das, wenn es einmal deformiert ist, unaufhaltsam Lungenkrebs auslöst.

Noch mehr Details lernten die Mediziner bei der Erforschung eines Krankheitserregers, der erst im Jahr 1983 entdeckt wurde: das «Human Immunodeficiency Virus», kurz HIV, jenes bedrohliche Retrovirus, das die Immunschwäche Aids auslöst. Fast alles, was die wissenschaftliche Gemeinde über dieses Halblebewesen weiß, hat sie mit Hilfe der Gentechnik herausbekommen. Doch auch hier gilt: Viel Wissen bedeutet noch lange keine erfolgreiche Therapie und keinen Impfstoff. Das einzige, was die Forscher mit Sicherheit vom Aidserreger gelernt haben, sind seine immer ausgeprägteren Tarnungs- und Überlebensmechanismen.

Wie schon die Kritiker auf der Konferenz von Asimolar befürchtet hatten, birgt die gentechnische Arbeit im Labor und erst recht im großtechnischen Maßstab ungeklärte Gefahren. Eine der Ängste von damals war allerdings tatsächlich unbegründet: Nach allen bisherigen Erfahrungen an Tausenden von Arbeitsplätzen auf der ganzen Welt lösen genmanipulierte Kolibakterien keine neuen Krankheiten oder Epidemien aus.

Nicht ganz so sicher können sich die Forscher bei dem Umgang mit Krebsgenen und Retroviren sein. Letztere sind im Labor besonders beliebt, weil sie sich als praktische Genfähren nutzen lassen. Genau wie ein Plasmid Erbsubstanz in Bakterien einschleust, bauen Retroviren DNA-Stücke in Säugetierzellen ein. Zellen, darunter auch die des Menschen, werden dadurch manipulierbar, Erbkrankheiten womöglich heilbar.

Für solche Experimente an Versuchstieren benutzen die Wissenschaftler vorsichtshalber meist nur Retroviren, die den Menschen nicht krank machen. Aber diese Viren haben noch immer die unangenehme Eigenschaft, rasch zu mutieren, also ihre Erbsubstanz zu verändern. Das kann, insbesondere wenn die Molekularbiologen dieser Evolution mit gentechnischen Veränderungen nachhelfen, zu einem sogenannten Wirtswechsel führen. Ein Virus, das zuvor beispielsweise in einem Affen lebte, ohne dort Schaden anzurichten, kann sich womöglich in einem Menschen einnisten – und diesen krank machen. 1988 berichteten der amerikanische Aids-Forscher Robert Gallo und seine Mitarbeiter von einer vermutlich ungewollten Aids-Infektion. Ein Wissenschaftler hatte zu Studienzwecken spezielle Aids-Viren gezüchtet, die nur die sogenannten T-Helfer-Zellen des Immunsystems befallen können. Unbemerkt veränderten sich die Mikroben unter der Hand des Forschers. Dann infizierten sie wider Erwarten seine Makrophagen – einen anderen Zelltyp des Immunsystems.

Das Heimtückische ist, daß Retrovirus-Erkrankungen eine oft jahrzehntelange Inkubationszeit haben. Ein Laborunfall, der heute passiert, würde also womöglich erst im nächsten Jahrtausend entdeckt. In der Zwischenzeit bliebe dem Erreger viel Zeit, sich unbemerkt neue Opfer zu suchen. Die hektische, weltweite Aids-Forschung scheint solche Risiken in Kauf zu nehmen. Ähnlich waghalsig sind die Experimente am amerikanischen National Institute of Health in Bethesda. Dort hat man Mäusen, die in Hochsicherheitskäfigen leben, das komplette Gen-Repertoire des Aids-Erregers ins Erbgut gepflanzt. Der größte Teil der Tiere ist mittlerweile verendet.

Auch einen Unfall beim Umgang mit Krebs-Genen hat es nach Meinung mancher Experten bereits gegeben. In den vergangenen Jahren erkrankten binnen kurzer Zeit am Pariser Pasteur-Institut mindestens sechs Molekularbiologen, die alle auf dem gleichen Flur und alle mit Tumor-Genen arbeiteten, an seltenen Krebsformen. Drei der Mitarbeiter, Françoise Kelly, Yves Malpièce und William Roskam, sind bereits gestorben. Kelly, soviel scheint klar zu sein, hatte versucht, ein sonst harmloses Virus durch das Einschleusen eines Krebsgens scharf zu machen. Was bei diesen Versuchen herauskam, ist bis dato unbekannt und wird es wohl auch immer bleiben: Françoise Kelly konnte die Ergebnisse vor ihrem Tod nicht mehr veröffentlichen.

Nicht nur bei der Bekämpfung von Krebs steckt der medizinische Fortschritt in einer Sackgasse. Bei vielen Krankheiten wissen die Ärzte heute viel über ihre Entstehung, aber können den betroffenen Patienten oft nicht helfen. Beeindruckende Diagnose – aber keine Therapie. Diese Diskrepanz wird sich in Zukunft – aufgrund der Gentechnik – dramatisch verschärfen.

Die DNA, die Bibliothek der Zelle, birgt auf ihren drei Milliarden DNA-Bausteinen 50000 bis 100000 Gene. Manche dieser Informationsstücke sind defekt, und auch die Reparaturmechanismen des Organismus können sie nicht wieder instand setzen. Die Folge sind Erbkrankheiten, die von einer Generation auf die nächste weitergegeben werden.

Schwere Erbleiden sind selten. Manche beruhen auf nur einem defekten Buchstaben in der Bibliothek, andere auf vielen fehlerhaften Seiten. Oft treten diese tödlichen Krankheiten erst in fortgeschrittenem Alter auf und sind dann in den seltensten Fällen heilbar. Die Betroffenen verbringen also den größten Teil ihres Lebens sorgenfrei – oder aber in dunkler Vorahnung: dann nämlich, wenn sie wissen, daß diese Krankheit Familientradition hat.

Gentechniker sind dabei, dieser Ungewißheit ein Ende zu bereiten. Sie können die Erbsubstanz – Buchstabe für Buchstabe – analysieren und damit alle genetischen Fehler aufspüren. Erbkrankheiten lassen sich so erkennen, lange bevor sie wirklich krank machen.

Die Genanalyse war vor einiger Zeit noch ein mühsames Geschäft. Sieben Jahre brauchte der Amerikaner Robert Holley mit seinen Kollegen, um ein nur 77 Bausteine langes Erbmolekül aus Hefezellen zu sequenzieren. Heutzutage ist dies eine stumpfsinnige Arbeit für schlechtbezahlte Doktoranden, die, wenn sie fix sind, bis zu tausend Buchstaben pro Tag entschlüsseln können. Laboranten der Firma Genentech bringen es gar auf 1400 Lettern, «sind aber nach zwei Jahren völlig ausgebrannt», wie Laborleiter Ellison Chen einräumt. Noch schneller sind nur jene neuartigen japanischen Vollautomaten, die irgendwann einmal pro Tag eine Computerfahne mit sage und schreibe 300 000 Buchstaben ausspucken sollen.

Mit Mensch und Maschine haben die Wissenschaftler bislang 30 Millionen Nukleotide – etwa 1000 Gene – der menschlichen Erbsubstanz aufgeklärt. Das aber ist den Gen-Durchleuchtern noch lange nicht genug. Sie wollen in den nächsten Jahren, in einer Art Manhattan-Projekt der Gentechnik, alle drei Milliarden Buchstaben entziffern, die einen Menschen definieren. Diese Informationsmenge, die in jedem menschlichen Zellkern von einem hundertstel Millimeter Durchmesser Platz findet, hätte wahrhaft ungeheure Ausmaße: Würde man Buchstabe an Buchstabe reihen und jeden der Lettern nur einen Millimeter groß, also gerade noch lesbar, drucken – so würde dieses Schriftstück von Flensburg bis nach Sizilien reichen.

Der Amerikaner Walter Gilbert hatte sich ursprünglich an die Spitze der Gen-Entschlüsseler gesetzt. Gilbert ist eine der schillerndsten Figuren der Bio-Branche. In den sechziger Jahren gab er eine vielversprechende Karriere als Physiker auf und wechselte auf das Gebiet der Molekularbiologie. 1977 entdeckte er gemeinsam mit Allan Maxam an der Havard-Universität in Boston eine effiziente Sequenzierungsmethode, eine Arbeit, die ihm später den Nobelpreis einbrachte. Dann wurde er Mitbegründer der Gentechnik-Firma Biogen, gab dafür seinen angesehenen Harvard-Posten auf, scheffelte Millionen, bis das Unternehmen in finanzielle Schwierigkeiten kam, massive Verluste machte und den im Management unerfahrenen Wissenschaftler vor die Tür setzte. Gilberts neuestes Abenteuer heißt «Genome Corporation» und soll nichts anderes tun, als die menschliche DNA entziffern und diese Information dann vermarkten. Die Mittel für dieses Projekt – die Rede ist von drei bis sechs Milliarden Dollar – möchte Gilbert allerdings gerne aus dem öffentlichen Forschungstopf beziehen.

Um Gilberts Entzifferungsprojekt ist es in jüngster Zeit sehr still geworden. Statt dessen koordiniert nunmehr der DNA-Mitentdecker

James Watson das offizielle Genom-Programm der amerikanischen Bundesanstalt für biomedizinische Forschung, das wiederum unter der Oberaufsicht der internationalen «Human Genome Organisation», kurz «Hugo», arbeitet. Ziel von Hugo ist es, den Menschen in zwei Abschnitten genetisch zu zerlegen: Zuerst wollen die Molekularbiologen die Reihenfolge der einzelnen Gene auf den Chromosomen ermitteln. Und anschließend soll die gesamte Erbsubstanz Nukleotid für Nukleotid analysiert werden. Watson will den ersten Schritt des Unternehmens mit Macht vorantreiben: «Ich habe meinen Ruf daraufgesetzt, daß wir es innerhalb von fünf Jahren schaffen. Die Leute, die uns das Geld geben, wollen schließlich, daß wir es in einer vernünftigen Zeit hinter uns bringen.»

Hugo ist allerdings nicht unumstritten: Viele, wie Robert Weinberg, der Entdecker der Krebsgene, halten das Megaprojekt für ausgemachten Unfug, für Zeit- und Geldverschwendung. «Es erstaunt mich», sagt Weinberg, «daß erwachsene Menschen über so etwas in der Öffentlichkeit reden. Es macht einfach keinen Sinn. Es gibt keinen Grund anzunehmen, daß es interessant sei, jeden einzelnen Buchstaben der Erbsubstanz zu kennen.»

Die Diskussion über Sinn und Unsinn der völligen genetischen Durchleuchtung des Homo sapiens ist wohl in jedem Fall müßig. Denn was Walter Gilberts Genome Corporation womöglich doch nicht zustande bringt, wird der Biophysiker Akiyoshi Wada von der Universität in Tokio sicher schaffen. Er hatte schon 1981 erkannt, daß es mit herkömmlichen Methoden nie den totalen Gen-Durchblick geben würde. Es gelang dem agilen Japaner, die Fotofirma Fuji und die Elektronikunternehmen Seiko und Hitachi zusammenzuführen, um die aufwendige Laborsequenzierung dramatisch zu vereinfachen. Fuji liefert die filmartigen Blätter, auf denen die Erbsubstanzfragmente aufgetrennt werden, Seiko die elektronischen Laboranten, die alle Handgriffe vollautomatisch und mit beeindruckender Geschwindigkeit ausführen. Und Hitachi baut ein Lasersystem, das die DNA-Abfolge liest. Mit drei dieser Maschinen will Wada jetzt das erste der 24 menschlichen Chromosomen knacken. Geschätzte Versuchsdauer: 160 Tage.

Ein Effekt derartiger Erkenntnisflut ist, daß man zukünftig immer mehr Erbkrankheiten immer früher wird diagnostizieren können. Genauer gesagt: bereits in den frühesten Stadien der menschlichen Entwicklung – also in den ersten Tagen nach der Befruchtung einer Eizelle.

In dieser Zeit, bevor sich die heranwachsende Zellmasse nach etwa sechs Tagen im Uterus der Frau einnistet, können die Mediziner ohne große Gefahr von dem Vorembryo ein paar Zellen abschneiden. Die darin enthaltene Erbmasse ließe sich dann analysieren und auf Fehler absuchen.

Eine pränatale Diagnose könnte demnach in Zukunft folgendermaßen aussehen: Eine Befruchtung sollte möglichst in vitro vorgenommen, Ei- und Samenzelle also im Reagenzglas vereinigt werden. Diese Urzelle teilt sich mehrfach und wächst zu einem Vorembryo heran. Der 8- oder 16-zellige «Mensch» ist in diesem Stadium noch ziemlich robust. Man kann ihn beispielsweise für längere Zeit einfrieren, in zwei Hälften teilen, um identische Zwillinge zu erhalten, oder ihm, wie gesagt, ein paar Zellen abschneiden. Diese tragen bereits die gesamte Erbinformation des zukünftigen Menschen in sich.

Die winzige DNA-Menge in diesen Zellen läßt sich künstlich vermehren, um darin mögliche Erbdefekte aufzuspüren. Wird der Embryo für gut befunden, können die Reproduktionsmediziner ihn letztlich einer Frau in den Uterus einsetzen. (Theoretisch wäre das sogar bei einem Mann denkbar, der zuvor allerdings kastriert oder hormonbehandelt werden müßte.) Welche Krankheiten aber sollen an einem Embryo untersucht werden? Welche Leiden gelten für Kind und Eltern als so unzumutbar, daß der Embryo verworfen wird?

Da gibt es beispielsweise das Down-Syndrom, auch Mongolismus genannt, eine schwere geistige Behinderung, die sich heutzutage auch ohne die Gentechnik in der achten bis zehnten Schwangerschaftswoche erkennen läßt. Ärzte raten bei Fällen von Down-Syndrom meist zu einer Abtreibung. Zum gleichen Zeitpunkt können mit gentechnischen Methoden andere gravierende Erbleiden erkannt werden. So die zystische Fibrose, eine tödliche Sekretionsstörung, die den Organismus innerlich mit einem zähflüssigen Schleim überschwemmt; die Huntingtonsche Krankheit, die auf fatale Weise das Nervensystem schädigt; oder die Sichelzellanämie, eine Blutkrankheit, die oft zum Tode führt.

Doch selbst «harmlosere» Erscheinungen sind zu einem gewissen Anteil genetisch bedingt – und können diagnostiziert werden: Bluthochdruck, Diabetes oder Arterienverkalkung; die Alkoholverträglichkeit und die Fähigkeit, bestimmte Umweltgifte abzubauen. Die menschliche Genbibliothek enthält auch – bisher unbekannte – Bauanleitungen für Substanzen, die Stimmungen und Gefühle beeinflussen, beispielsweise Depressionen, Angst oder Streß.

Mit anderen Worten: Die Genanalyse ermöglicht eine Art von Vorschau auf das ganze Leben. Diese Diagnose ist zwar alles andere als sicher, aber dennoch beängstigend. So befremdlich es klingt, Mediziner sehen darin auch Vorteile. Wer etwa weiß, daß sein Organismus zu Lungenkrebs neigt – so die Überlegung –, wird vielleicht eher das Rauchen einstellen. Wer anfällig für Diabetes ist, könnte rechtzeitig seine Ernährung ändern und die Krankheit so vermeiden oder lindern. Und wem die Enzyme für den Abbau einer bestimmten Klasse von Chemikalien fehlen, wird kaum in einer Fabrik arbeiten, die diese Produkte herstellt.

Er wird dort womöglich auch gar keinen Job bekommen. Dann nämlich, wenn die Firma bei der Einstellung einen genetischen Test verlangt, um einer Berufskrankheit vorzubeugen. Solche Untersuchungen führen amerikanische Unternehmen bereits seit Jahren durch. Genauso interessant können die Daten einer genetischen Durchleuchtung für Versicherungen sein. Werden diese Gesellschaften genetisch kranken Menschen deshalb die Aufnahme verweigern oder von ihnen erhöhte Prämien verlangen?

Ein alter Traum der Mediziner ist es, Erbkrankheiten an der Wurzel zu heilen – also: ein defektes Gen zu reparieren. Der Amerikaner Paul Berg war es, der 1979 erstmals mit zwei Kollegen ein fremdes Gen in eine Säugetierzelle übertragen konnte. Seither ist der Erbmassentransfer an Versuchstieren längst zur Routine geworden. Die Forscher verpflanzen das Gen meist in ein Retrovirus und schleusen diesen «Vektor» dann in das Tier. Das Problem dabei ist, daß sie bisher nicht vorausbestimmen können, an welcher Stelle in der Gen-Bibliothek sich das Gen einnisten wird. Es kann beispielsweise passieren, daß es sich mitten in wichtige, körpereigene Erbsequenzen einfügt und so schweren Schaden anrichtet.

Zudem läßt sich durch die Genübertragung nur eine Erbkrankheit kurieren, die auf einem fehlenden Gen beruht. Den meisten Erbdefekten liegt jedoch ein gestörtes, aber aktives Gen zugrunde. Noch kennen die Molekularbiologen keine Methode, diese Falschinformation gezielt aus der Bibliothek herauszuschneiden.

Vergleichsweise einfach hingegen ist es, Gene in die Keimbahn, also in eine befruchtete Eizelle oder in sehr junge Embryonen zu verpflanzen. Die Experten benutzen dafür eine haarfeine Injektionsnadel und spritzen das fremde Erbgut unter dem Mikroskop in den Kern der Eizelle. Irgendwo nistet sich das Genmaterial dann von alleine ein.

So entstanden jene berühmt gewordenen «Supermäuse», die Ende 1982 das Titelblatt der amerikanischen Fachzeitschrift *Science* zierten. Die Wissenschaftler hatten den Mäuse-Embryonen die Erbinformation für ein Wachstumshormon aus Ratten eingesetzt. Einige der Mäuse, die das Gen aufgenommen hatten, wuchsen zu ungeahnter Größe heran. Und sie übertrugen diese neue Eigenschaft auch auf ihre Nachkommen.

Unter anderem weil die Manipulation von Eizellen heute noch recht viel «Ausschuß» – Embryonen, die früh absterben – produziert, schrecken die Forscher davor zurück, die gleichen Experimente auch an menschlichen Eizellen auszuprobieren. Sollte die «Keimbahntherapie» in Zukunft risikoärmer werden, eröffnet sich eine zweischneidige Perspektive: Erbdefekte ließen sich nicht nur für die betroffene Person, sondern für alle folgenden Generationen beseitigen. Die Tür wäre aufgestoßen zur genetischen Veränderung – zur Zucht – des Menschen.

Möglich wäre sie heute schon. Jeder Forscher, der Keimbahnzellen von Mäusen, Ratten oder Schweinen manipuliert, räumt ein: Was an Mäusen funktioniert, ist auch am Menschen machbar.

Jörg Albrecht

Klonieren für Anfänger

Gentechnik ist einfacher als viele denken

Klonieren – das klingt so geheimnisvoll. Wer imstande ist, mit Erbgut zu hantieren, gilt als moderner Dr. Mabuse. Dabei ist die Technik eigentlich simpel und alles andere als unzugänglich. Wer einige tausend Mark auszugeben bereit ist und über elementare Chemie- und Rechenkünste verfügt, kann sich die Grundstoffe bei Firmen besorgen und damit im Keller theoretisch seine eigene Genbank anlegen – keine besonders gute, aber immerhin. An die Erbsubstanz Desoxyribonukleinsäure (DNA) kommt man auf unterschiedliche Weise heran; am leichtesten zu isolieren ist sie aus Blut- und aus Samenzellen. Für Übungszwecke tut es auch käufliche DNA aus Heringssperma – ein Gramm zu 70 Mark, zu beziehen zum Beispiel über die Firma Boehringer Mannheim.

Praktische Anleitungen für das Klonieren lesen sich ähnlich wie anspruchsvolle Kochrezepte. Die beste – und wohl am weitesten verbreitete – Sammlung findet sich in dem Buch «Molecular Cloning», zusammengestellt von den Autoren Maniatis, Fritsch und Sambrook und 1982 vom Cold-Spring-Harbor-Labor in Long Island herausgegeben. Ferner braucht der Hobby-Genetiker eine Reihe von Laborgeräten, angefangen vom Kühlschrank mit Gefrierfach über eine sogenannte «Eppendorf-Pipette» und eine kleine Tischzentrifuge, bis hin zu allerlei Meßzylindern und Reaktionsgefäßen. Am besten wendet er sich vertrauensvoll an eine Firma für Laborbedarf.

Schon kann es losgehen Möglichst schonend wird die DNA aus den Zellen isoliert, damit sie ihre natürliche Größe behält; am Ende sollte sie die Konsistenz einer chinesischen Glasnudel besitzen und sich mit Hilfe eines Glasstabs aufwickeln lassen. Eine kleine Menge davon, etwa ein zehntel Milliliter, reicht für einen Versuch schon aus. Überhaupt ist es ein Kennzeichen der Gentechnik, daß nicht im Litermaßstab herumgepanscht wird, sondern winzige Substanzmengen eingesetzt werden. Die Herings-DNA – falls es sich um solche handelt – wird mit einer Art biochemischer Schere zerschnitten. Dies ist ein Restriktionsenzym, von denen inzwischen mehrere hundert bekannt und käuflich zu erwerben sind. Sehr empfehlenswert ist das Enzym Bam-HI (Boehringer Mannheim, kleinste Menge 1000 Einheiten, 60 Mark): Bam-HI ist nach dem Bakterium Bacillus amyloliquefaciens benannt, aus dem es isoliert wird. Das Enzym kann in gewisser Weise DNA «lesen» und kappt den DNA-Strang überall dort, wo es die «Buchstaben»-Reihenfolge GGATCC entdeckt. Jetzt ist das Erbgut des Herings in handliche kleine Stücke zerlegt, die sich einzeln «klonieren», das heißt identisch vermehren lassen. Dazu klebt der Gen-Heimwerker die DNA-Bruchstücke am besten mit einem Plasmid zusammen.

Ein Plasmid ist eine Art Trojanisches Pferd, ein ringförmiges Stück DNA, das sich in Bakterien selbständig vermehren kann. Das bekannteste Plasmid heißt pBR 322, benannt nach den Gentechnikern Bolivar und Rodriguez (Boehringer Mannheim, 50 Mikrogramm 160 Mark). Schneidet der Gentechniker das Plasmid genau wie die Herings-DNA mit Bam-HI, haben beide die gleichen «klebrigen» Enden und lassen sich mit Hilfe eines weiteren Enzyms namens T4-Ligase (Sigma Chemie GmbH, Deisenhofen, 100 Einheiten ca. 98 Mark) mühelos zusammenfügen. Auf diese Weise läßt sich das Erbgut ganz verschiedener Lebewesen miteinander verschmelzen, egal ob Hering, Mücke, Erbse oder Mensch. Der Genmanipulation sind theoretisch keine Grenzen gesetzt. Doch um mit den einzelnen DNA-Fragmenten wirklich etwas anfangen zu können, müssen sie erst noch vermehrt werden. Dies geht am einfachsten mit Bakterien. Sehr beliebt ist es, sie in Bakterien der Art Escherichia coli einzuschleusen. E. coli, wie die Mikrobe oft kurz genannt wird, gehört zu den bestuntersuchten Lebewesen der Welt. Willig nehmen die Kolibakterien fremde DNA auf, sofern sie sich auf einem Plasmid befindet und die Bakterien zuvor einer Schockbehandlung unterzogen wurden. Quält man sie durch Unterkühlung und setzt ihnen ein Salz namens Kalziumchlorid vor, sind sie nach einer Weile «kompetent», das heißt, sie schlucken fremde DNA. Wer sich die Mühe sparen will, bestellt tiefgefrorene kompetente Coli-Zellen bei der Firma Gibco BRL in Eggerstein (ein Milliliter 245 Mark).

Unter günstigen Bedingungen teilt sich ein Bakterium alle dreißig Minuten und bringt es so innerhalb von zwölf Stunden auf knapp eine Million Nachkommen. Jedes Bakterium enthält ein Stück Herings-DNA, und aus jedem Bakterium wird durch Teilung und Vermehrung ein ganzer Klon – Hunderttausende identischer Kopien.

Bis zu diesem Punkt ist das Anlegen einer Genbank keine allzu große Kunst. Manipulieren und Klonieren bis zu einem bestimmten Grad kann auch der Bastler. Und das Schöne ist: Es ist auch nicht verboten. Zwar gibt es in der Bundesrepublik Richtlinien für den Umgang mit genmanipulierten Organismen, aber nur die Universitäten und staatlichen Forschungseinrichtungen sind daran gebunden. Die Industrie befolgt diese Regeln freiwillig; ein Privatmann, der sie ignoriert, macht sich nicht einmal strafbar. Ist also zu befürchten, daß demnächst ein findiger Unternehmer den «Kleinen Gen-Baukasten» auf den Markt wirft? Das nun doch nicht. Mit seinem Gemisch von Bakterien kann der Laie nämlich nichts anfangen. In der Praxis müssen – und damit ist der Hobby-Genetiker wohl überfordert – alle Klone voneinander isoliert werden. Erst dann finge die eigentliche Arbeit des Gentechnikers an: aus diesem Riesenhaufen von DNA-Bruchstücken ein einzelnes Gen herauszufischen.

Teil 2

Was kann die Gentechnik?

Reiner Klingholz

Neues Leben für Stall und Acker

Steht die Landwirtschaft vor einer gentechnischen Revolution?

Er ist ein Superbulle, sie eine preisgekrönte Kuh. Die beiden haben sich nie gesehen, doch Anfang 1988 bekamen sie ungewöhnlichen Nachwuchs: sieben Kälber, alle stramme Jungs, alle schwarz wie Vater und Mutter, und alle wuchsen sie ganz prächtig – sieben kleine Klone. Bald waren sie groß und stark wie Mutter Kuh und Vater Bulle. Schade nur, daß die stolzen Eltern ihre Sprößlinge nie zu Gesicht bekommen haben. Die Kälber erblickten das Neonlicht der Welt in Abwesenheit ihrer Zeuger in einem Stall der Granada Corporation in Houston, Texas, einer der größten amerikanischen Nutztierfabriken.

Die Veterinärmediziner der Firma hatten im April 1987 einer Preiskuh eine Portion Superbullensperma verabreicht. Dank einer Hormonbehandlung brachte diese Befruchtung nicht wie gewöhnlich eines, sondern zehn Embryonen zustande. Diese spülten die Veterinäre wenige Tage später aus der Kuh heraus. Einer der Embryonen, das zeigte eine Geschlechtsanalyse, sollte ein männlicher Nachkomme werden – er war damals fünf Tage alt und 32 Zellen groß. Mit einer Mikrooperation, die sehr viel Fingerfertigkeit verlangt, gelang es den Wissenschaftlern, aus der heranwachsenden Embryonenmasse 16 einzelne Zellen abzutrennen und daraus die mikroskopisch kleinen Zellkerne zu isolieren. Sie alle enthielten die identische Erbinformation für ein komplettes Rind.

Kollegen hatten derweil aus normalen Durchschnittskühen unbefruchtete Eizellen entnommen und auch dort den Kern entfernt. In diese 16 leergeräumten Eizellen injizierten die Forscher jetzt je einen der isolierten Superkerne, ließen das Ganze zu kleinen Embryonen heranwachsen und pflanzten sie in den Uterus von Leihmütterkühen ein.

Nach einer normalen Tragzeit wurden acht genetisch identische Kälber geboren, sieben überlebten. Sieben Klone, denen vermutlich allen eine preisgekrönte Bullen-Zukunft bevorsteht. Bullen für die normierte landwirtschaftliche Hochleistungs-Viehzucht – ein Gebiet, auf dem die moderne Reproduktionsmedizin und die Gentechnik zu einer abenteuerlichen Hybridwissenschaft verschmelzen. «Das Klonieren», kommentierte anschließend die *New York Times* die Pioniertat, «liefert einheitliche Produkte für die Landwirtschaft, wie man sie bisher nur aus der Industriefertigung kennt.»

Die Landwirtschaft steht vor einer Revolution. Es wird, nach der Mechanisierung und der Chemiewelle, die dritte innerhalb von hundert Jahren sein. Was sie bringen wird, ist schon heute abzusehen: geklonte Nutztiere, hormongesteuerte Schweine und Rinder, Kartoffeln und Weizen aus dem gentechnischen Design-Labor.

Die Ziele dieser modernen Agrarwirtschaft sind dem Laien nicht immer verständlich. Einerseits bereitet die maßlose Produktivität der Landwirtschaft schon heute große Sorgen. Andererseits arbeiten Tier- und Pflanzenzüchter unablässig daran, die Erträge weiter zu steigern. Vor allem mit dem Argument, die wachsende Menschheit mit Nahrungsmitteln zu versorgen. «Schon im Jahr 2000», warnt beispielsweise Hoechst-Manager Hansgeorg Gareis, «müssen wir uns fragen, wie wir die Weltbevölkerung mit der herkömmlichen Landwirtschaft ernähren wollen. Da ist die Gentechnik gefordert.»

Voraussichtlich werden sich gegen Mitte des nächsten Jahrhunderts auf Erden zehn Milliarden Menschen drängeln – das sind doppelt so viele wie heute.

Um diese zehn Milliarden Mäuler zu stopfen, werden sich in der Tat die Strukturen der Landwirtschaft ändern müssen. Wer glaubt, man könne einfach die heutigen Agrarflächen vergrößern, nimmt die schlimmsten ökologischen Katastrophen in Kauf: Die tropischen Wälder würden vollends verschwinden, Millionen von Hektaren würden verkarsten, versteppen oder zur Wüste werden, weil sie für eine landwirtschaftliche Nutzung nicht geeignet sind.

Wie aber kann die Gentechnik dies alles verhindern helfen? Wird sie mehr und bessere Nahrung liefern – vor allem in der Dritten Welt, wo es am nötigsten wäre, dann aber einer noch schlimmeren Bevölkerungsexplosion Vorschub leisten? Wird sie den Boden schonen, ihn nicht weiter auslaugen und vergiften? Oder wird sie, wie die Kritiker befürchten, die altbekannten Probleme der Landwirtschaft eher noch verstärken? Wird sie Monokulturen begünstigen, das Artensterben beschleunigen und noch gewaltigere Überschüsse für die Reichen bringen, noch mehr Hunger für die Armen?

Schon immer hat die Agrarwirtschaft dramatisch in den Naturhaushalt eingegriffen – und sie wird es weiter tun, denn es führt kaum ein Weg zurück zu einem technisch und ökologisch unbedenklichen Landbau. Nach Schätzungen wird sich im nächsten Jahrhundert die Hälfte aller Arten auf der Erde ein für allemal von uns verabschieden. Hauptschuldig daran wird erneut die Landwirtschaft sein.

Was wir also brauchen, sind Nutzpflanzen, die mit weniger Chemie und Düngemitteln auskommen, die mehr Nahrung und wertvolle Rohstoffe liefern und die eine natürliche Vielfalt nicht bedrohen. Die Pflanzen der Zukunft müssen sich den natürlichen Bedingungen besser anpassen können als bisher, Schädlinge und Trockenheit leichter überstehen und das Angebot an Licht und Wasser besser ausnutzen.

Mit konventioneller Pflanzenzüchtung, davon gehen viele Experten aus, ist dieses hochgesteckte Ziel nicht zu erreichen. Denn sie arbeitet im Prinzip noch immer so wie der alte Herr Mendel in seinem Klostergarten: Pflanzen mit interessantem Erbgut werden so lange gekreuzt, bis dabei irgendwann einmal eine neue Sorte herauskommt, die möglichst viele erstrebenswerte Anlagen in sich vereint.

Dieses Züchten ist ein mühsames Geschäft. Denn wer zwei Pflanzen miteinander kreuzt, der mischt nach dem Zufallsprinzip Tausende von erwünschten und unerwünschten Erbanlagen. «Fast dreißig Jahre hat ein ganzes Team von Züchtern gebraucht», schreibt der belgische Gentechniker Jozef Schell vom Kölner Max-Planck-Institut für Züchtungsforschung, «um eine Gerste, die den Winter übersteht, erfolgreich mit einer Gerste zu kreuzen, die gegen Mehltau resistent ist.»

Dies könnte, fügt der Experte Schell an, mit den modernen Methoden der Molekularbiologie weitaus schneller und einfacher gehen. Die Wissenschaftler bräuchten theoretisch nur ein bestimmtes Gen zu isolieren, beispielsweise jenes für die Resistenz gegen Mehltau, und in Wintergerste einzuschleusen, die bereits hohe Erträge liefert. Im Idealfall entsteht im Handumdrehen eine ertragreiche Pflanze – die zugleich winterfest und gegen den Mehltau gefeit ist.

Ganz so einfach ist die gentechnische Pflanzenzucht freilich nicht. So fehlte es den Forschern lange an dem wichtigsten Werkzeug, um das

Erbgut ihrer Studienobjekte zu manipulieren: einem Vektor, der ein Stück Erbinformation in eine Pflanzenzelle einschmuggelt. Alle in der Pionierzeit der Genmanipulation als Fähren bekannten Plasmide oder Retroviren eigneten sich nicht für pflanzliche Organismen.

Eher zufällig und völlig unerwartet fanden die Wissenschaftler Mitte der siebziger Jahre eine geeignete Genfähre, als sie eigentlich eine besondere Art pflanzlicher Tumoren untersuchten. Diese unförmigen Zellwucherungen, sogenannte Wurzelhalsgallen, können bei bestimmten Pflanzen an Verletzungsstellen entstehen, wenn dort eine Mikrobe namens Agrobacterium tumefaciens eindringt. Wie sich später herausstellte, nötigt das Bakterium der Pflanze ein Stück neuer Erbsubstanz auf. Diese Gene lösen ein Krebswachstum aus und «versklaven» die Wirtszelle. Sie produziert fortan spezielle Substanzen, die nur das Bakterium als Nährstoff verwerten kann.

Wie aber gelangt das fremde Erbmaterial in die Pflanzenzelle? Die Antwort fanden die beiden belgischen Wissenschaftler Marc Van Montagu und Jozef Schell: Sie entdeckten im Agrobacterium eine Genfähre, ein Plasmid, das für den Einbau der Tumor-DNA in die Pflanzenzelle verantwortlich ist. Sie nannten es folgerichtig Ti-Plasmid (Tumor-induzierendes Plasmid).

Das neugefundene Gen-Taxi war allerdings ungewöhnlich groß und dadurch für künftige Experimente etwas unhandlich. Bald gelang es den Forschern, zwei Fliegen mit einer Klappe zu schlagen: Sie schnitten die tumorauslösenden Gene aus dem Plasmid heraus und schufen in der Genfähre neuen Platz für eine x-beliebige neue Erbinformation. Ein Vektor war entstanden, mit dem die Forscher erstmals Erbmaterial in eine Pflanzenzelle einschleusen konnten – ein ideales Mittel für die Züchtung. Jetzt brauchten die Genetiker nicht mehr die gesamte Erbmasse einer Pflanze mit ihren guten und schlechten Eigenschaften in eine zweite Pflanze einzukreuzen, sondern konnten sich gezielt an den Einbau ganz spezieller Anlagen machen. Um beim Züchten noch mehr Zeit zu sparen, verbesserten die Biologen in den vergangenen Jahren noch eine weitere ungemein wichtige Arbeitsmethode: die Laborkultur von einzelnen isolierten Pflanzenzellen.

Die Zellen aller höheren Lebewesen entwickeln sich im Laufe ihres Lebens von undifferenziertem Embryonalgewebe zu spezialisierten Organzellen mit besonderen Aufgaben. Dieser Weg ist bei tierischen Organismen nicht rückgängig zu machen. Eine Blutzelle ist und bleibt eine Blutzelle und kann nie zu einer Nervenzelle werden. Bei Pflanzen ist das anders: Das spezialisierte Gewebe aus Blatt oder Wurzel kann sich sehr wohl wieder zu «totipotenten» Embryonalzellen zurückentwickeln, und daraus können neue vollständige Pflanzen erwachsen.

Derartiges Gewebe bildet sich, wenn eine Pflanze verletzt wird. An der Wunde wächst ein «Kallus», eine wuchernde Masse, die die Verletzung verschließt. Diese Kalluszellen geben die Forscher in eine Kulturflüssigkeit mit Salzen, Zucker, Aminosäuren und pflanzlichen Wachstumshormonen. Die einzelnen Zellen beginnen sich zu teilen, und es entsteht zunächst ein unorganisierter Klumpen. Wenige Tage später sprießen daraus die ersten Blätter. Erfahrene Biologen schaffen es auf diese Weise, aus einer einzigen Zelle im Labor eine ganze Pflanze aufzuziehen. Das erfordert zwar eine Menge Fingerspitzengefühl, ist heutzutage aber bei vielen Pflanzenarten möglich.

Das Praktische ist, daß sich Zellkulturen gentechnisch viel einfacher manipulieren lassen als ausgewachsene Pflanzen. Ein jahrelanger Züchtungsaufwand auf einem großen Feld schrumpft so zu einer Laborarbeit in kleinen Glasschalen zusammen, die in ein paar Monaten zu bewältigen ist. Natürlich waren die Pflanzengenetiker begeistert, als sie vor einigen Jahren Zugriff zu dieser neuen Methode bekamen. Rasch waren die wichtigsten Züchtungsziele abgesteckt: Die Pflanzen sollten lernen, das Sonnenlicht besser auszunutzen, also aus Strahlungsenergie und Kohlendioxid mehr Kohlenhydrate aufzubauen. Sie sollten streßresistent werden – gegen Trockenheit, gegen brackiges und salziges Wasser und gegen Schädlinge und Krankheiten. Vor allem aber hatte es den Wissenschaftlern eine Eigenschaft bestimmter Bodenbakterien angetan: Diese Mikroorganismen, die in einer symbiotischen Gemeinschaft mit Leguminosen wie Bohne oder Erbse leben, können Dünger produzieren. Sie setzen den in der Luft reichlich vorhandenen, aber für Pflanzen nutzlosen Stickstoff in wertvolle Stickstoffverbindungen um. Diese Fähigkeit wollten die Forscher auf Nutzpflanzen wie Weizen oder Mais übertragen.

Die Ziele der Gentechniker waren also nicht gerade bescheiden. Entsprechend schwierig waren dann auch die Pobleme, die es zu lösen galt. Zum einen fehlte ein Werkzeug, die auf Pflanzen übertragene Erbsubstanz auch «anzuschalten». Mit dem Ti-Plasmid ließen sich zwar Gene von Zelle zu Zelle übertragen, sie blieben aber in ihrem neuen Zuhause erst einmal stumm und funktionslos. Dieses Handicap konnten Jozef

Schell und seine Mitarbeiter im Jahr 1983 ausräumen. Die Forscher bauten vor dem Fremd-Gen einen Promotor ein, ein kleines Stück Erbinformation, das dafür sorgt, daß die darauffolgende DNA-Sequenz von der Zellmaschinerie abgelesen wird.

Unüberwindbar aber blieb eine andere Hürde: Die meisten wirklich interessanten Eigenschaften wie Streßtoleranz oder Stickstoffixierung beruhen auf einer ganzen Serie von Genen, die alle einzeln und zu verschiedenen Zeitpunkten ab- und angeschaltet werden müssen. Unklar ist bislang, wie ein solches Sortiment von Erbinformationen mit all ihren Kontrolleinheiten in eine Pflanze übertragen werden soll. Die Stickstoffverbindung beispielsweise ist einer der kompliziertesten symbiotischen Regelkreise, die Wissenschaftler bisher untersucht haben.

Deshalb beschränkten sich die anwendungsorientierten Biologen vorerst auf das Machbare – und das ist, wie so vieles in der Gentechnik, heftigst umstritten: Unter den ersten Züchtungen, die aus dem Labor in das Freiland entlassen werden sollten, ist eine Nutzpflanze, die resistent gegen Herbizide ist. Diese «Mittel gegen unerwünschten Pflanzenzuwachs», wie sie in den Werbebroschüren der Agrarchemie heißen, sind nichts anderes als industriell hergestellte Giftstoffe zum Abtöten von Pflanzen. Da sie auf verschiedene Pflanzen unterschiedlich stark wirken, lassen sie sich als Unkrautvernichtungsmittel nutzen. Ein Beispiel: Der Mais übersteht eine Dusche mit dem Pflanzengift Atrazin von Natur aus unbeschadet, andere Pflanzen auf dem gleichen Acker gehen binnen weniger Tage ein. Da die chemische Sense billiger und praktischer ist als mechanisches Unkrautjäten, greift der Landwirt gern zum Atrazin.

Die Herbizidspritzung aber hat zwei wesentliche Nachteile: Das Gift ist langlebig, und der Bauer kann im nächsten Jahr auf diesem Acker beispielsweise keine Sojabohnen anpflanzen. Außerdem reichert sich das Atrazin seit Jahren immer mehr im Grundwasser von Maisanbaugebieten an. Eine Tatsache, die den Wasserwerken zunehmend Sorge bereitet.

Die Bauern ärgert vorwiegend die erste Einschränkung. Denn auf dem atrazinbehandelten Feld wächst im wahrsten Sinne des Wortes kein Gras mehr. Hier soll jetzt die Gentechnik helfen. Mit einem künstlichen Resistenz-Gen gegen Atrazin, wie es der Mais natürlicherweise besitzt, könnte auch die Sojabohne auf einem chemisch bereinigten Feld überleben.

Die meisten großen Chemiekonzerne stellen Herbizide her. Dies ist bei einem Weltumsatz von jährlich etwa sieben Milliarden Mark zwar kein allzu großes Geschäft – aber es könnte bald schon größer werden. Alle Firmen haben rasch begriffen, welch wirtschaftliches Potential in den herbizidresistenten Pflanzen steckt. «Ein cleverer Weg, um in neue Märkte einzudringen», kommentiert das amerikanische Wissenschaftsblatt *Science*. Zum einen ließen sich generell mehr dieser Pflanzenschutzmittel absetzen. Zum anderen gingen Saatgut und Herbizid in Zukunft nur noch als Paket vom gleichen Hersteller über den Ladentisch. Nicht ohne Grund haben sich die meisten Agrarchemie-Produzenten in den letzten Jahren vorsorglich bei Züchtungsfirmen eingekauft.

Ein Resistenz-Gen läßt sich denkbar einfach herstellen: Die Forscher brauchen nur eine Bakterienkultur mit dem Gift zu überschütten, anschließend aus den zufällig überlebenden Mikroben das Gen für die Widerstandsfähigkeit zu isolieren und es dann via Ti-Plasmid in eine Nutzpflanze zu verfrachten. Der amerikanische Chemiemulti Monsanto, Ciba-Geigy in Basel oder die Hoechst AG in Frankfurt, alle haben sie bereits herbizidresistentes Saatgut in der Hinterhand. Weltweit arbeiten rund 40 Firmen an diesem gentechnischen Bauernfang. Kommen die neuen Pflanzen auf den Markt – und daran zweifelt zumindest in Amerika niemand –, könnte sich der Absatz von Breitbandherbiziden drastisch erhöhen.

Merkwürdigerweise behaupten die Hersteller, daß gerade das Gegenteil davon eintreten werde. Die Bauern, so heißt es, würden, schon allein um Geld zu sparen, fortan weniger, dafür aber hochwirksame Herbizide einsetzen. Die Industrie könnte sich dann vermehrt der Erforschung der momentan noch unbeliebten Totalherbizide widmen und in dieser Substanzklasse nach besonders umweltverträglichen Chemikalien suchen. «Die Gentechnik», frohlockt Howard Schneiderman, Chefwissenschaftler von Monsanto, «ermöglicht uns die Partnerschaft mit Mutter Natur.»

Diese Argumente erscheinen selbst dem eher industrienahen amerikanischen Fachblatt *Technology Review* unglaubwürdig. David Pimentel, Agrarwissenschaftler der Cornell University, zählt dort eine ganze Reihe vernichtender Kritikpunkte gegen die herbizidresistenten Züchtungen auf: Seiner Meinung nach werden von der Unzahl der heute gebräuchlichen spezifischen Herbizide nur einige wenige hochpotente übrigbleiben. Da diese Gifte immer großflächiger zum Einsatz kommen, steigt die Gefahr, daß unerwünschte Wildkräuter gegen die Gifte resistent werden. Die Folge: noch mehr Gift, um das Unkraut im Zaume zu halten.

In dem einheitlichen Herbizidnebel bliebe zudem immer seltener die Möglichkeit, herkömmliche Pflanzen – also solche ohne Resistenz-Gen – anzubauen. Folge: weniger Vielfalt auf größeren Monokulturen; kein Platz mehr für den bunten Wildwuchs am Feldrain. Da in den Vereinigten Staaten Herbizide oft mit dem Flugzeug versprüht werden, müßten sich obendrein ganze Regionen für Einheitspakete aus Gift und Saatgut entscheiden. Keine schlechte Perspektive für die Hersteller. Aber trübe Aussichten für die Ökologie, denn je effektiver die Breitband-Herbizide den Acker unkrautfrei halten, desto leichter können Wind und Regen die nährstoffreiche Krume abtragen.

Letztlich, schreibt David Pimentel, werden Pflanzen durch Herbizideinsatz meist anfällig für Pilzkrankheiten oder Insektenbefall. Die Folge: Herbizidresistente Sorten bräuchten schlußendlich mehr chemischen Schutz vor Schädlingen – also noch mehr Pestizide. Dies ist nicht gerade das, was die Propagandisten der gentechnischen Pflanzenzüchtung einst verkündet hatten: weniger Chemie und eine größere Artenvielfalt. Den meisten Forschern ist die Diskussion um die ersten Einsatzmöglichkeiten gentechnisch veränderter Pflanzen daher eher lästig und peinlich. Die Front verläuft beispielsweise mitten durch das Kölner Max-Planck-Institut für Züchtungsforschung, an dem auch der Pionier Jozef Schell arbeitet. Während «Mister Ti-Plasmid», wie Schell gerne genannt wird, von dem Sinn der herbizidresistenten Pflanzen überzeugt ist, hält Institutsleiter Klaus Hahlbrock das drohende Paket-Geschäft der Industrie für «nicht unbedenklich». «Ich werde auch nicht», sagt der Chemieprofessor, «an diesem Thema arbeiten.»

Für wichtiger hält es Hahlbrock, die Widerstandskraft von Nutzpflanzen gegen Krankheiten und Schädlinge zu stärken. Dafür ergeben sich nach Meinung des Max-Planck-Forschers zahlreiche Möglichkeiten. So ist bekannt, daß Pflanzen schon wenige Stunden nach einem Pilzbefall als natürliche Schutzreaktion ein Enzym namens Chitinase synthetisieren. Damit versuchen sie die Chitin-Zellwände der angreifenden Pilze zu zerstören. Wehrt sich die Pflanze nach einer Infektion schnell genug mit der Massenproduktion des Anti-Pilz-Enzyms, so kann sie den Schädling abwehren und ist resistent. Verschiedene Wissenschaftler haben bereits mehrere Gene für die Chitinase isoliert. Der nächste Schritt wäre der Einbau dieser Erbsubstanz in pilzanfällige Pflanzen.

Vermutlich haben zahlreiche Pflanzen ähnlich einfache Abwehrmechanismen gegen diese und andere Feinde. Womöglich gibt es gar eine übergeordnete Strategie, die eine Verteidigung gegen die Widersacher steuert. Diesen Mechanismus will Hahlbrock mit seinen Mitarbeitern aufklären, das Erbgut dafür isolieren und in Nutzpflanzen einkreuzen.

Belgische Forscher der Firma Plant Genetic Systems haben vor einiger Zeit in eine Tabakpflanze ein Gen für ein Insektengift eingebaut: für das sogenannte BT-Toxin, einen Eiweißstoff aus dem Bakterium Bacillus thuringiensis, das seit Jahren als biologisches Schädlingsbekämpfungsmittel gegen bestimmte Raupen eingesetzt wird. Der Nachteil dieser für Säugetiere, Vögel und die meisten Nutzinsekten harmlosen Substanz war bisher, daß sie in der freien Natur rasch zersetzt und unwirksam wird. Die gentechnisch manipulierten Tabakpflanzen hingegen produzieren kontinuierlich kleine Mengen des Gifts und halten so unerwünschte Raupen von Blatt und Stengel fern. Derzeit sind die Biologen dabei, mit dem BT-Toxin-Gen Kartoffelpflanzen für Kartoffelkäfer ungenießbar zu machen. «Als nächstes», ergänzt Dieter Brauer von der Hoechst AG, «könnte man das Gen so verändern, daß es nicht nur für wenige Raupenarten, sondern auch für viele andere Schadinsekten giftig wirkt.»

Ökologen, aufgeschreckt durch die oft unberechenbaren Folgen der modernen Landwirtschaft, haben allerdings gegenüber diesen allzu widerstandsfähigen Pflanzen gewisse Bedenken. Denn zwischen dem gentechnischen Züchten und dem herkömmlichen Kreuzen gibt es prinzipielle Unterschiede: Bislang konnten die Züchter nur die Erbeigenschaften nahe verwandter Arten miteinander vereinigen. Die Geningenieure hingegen können die Artgrenzen willkürlich überspringen und so das Erbreservoir der gesamten Evolution anzapfen. Es lassen sich theoretisch binnen weniger Monate Pflanzen züchten, die mit vielen äußerst wirkungsvollen Abwehrmechanismen ausgerüstet sind – Eigenschaften, die sich unter natürlichen Bedingungen erst in Millionen Jahren entwickeln würden. Normalerweise könnten sich pflanzenfressende Insekten mit der gleichen evolutionären Gemächlichkeit diesen veränderten Umständen anpassen. Das führte zu einer biologischen Ausgewogenheit von Fressen und Gefressenwerden, die wir ökologisches Gleichgewicht nennen. Selbstverständlich stört jede Art von Landwirtschaft dieses Äquilibrium. «Doch je größer ein Feld mit widerstandsfähigen Pflanzen ist», schreibt die Zeitschrift *Bio Science*, «desto schneller bringt die Evolution angepaßte Schädlinge zustande.» Die gentechnisch stark gemachten Feldfrüchte können sich so als ein «verhängnisvoller Segen» entpuppen: Die vor allem in Wildpflanzen natürlich vorkommenden Resistenz-Gene, die der Gentechniker für seine Manipulation dringend braucht, könnten regelrecht verschlissen werden. Eine der wichtigsten genetischen Reserven der Pflanzenzüchter ginge damit fahrlässig verloren.

Außerdem können künstlich eingefügte DNA-Sequenzen in die Keimbahnzellen, also in die Pollen übergehen und dann mit dem Wind verwehen. Da mit dieser natürlichen Verbreitungsmethode selbst entfernt verwandte Wildarten bestäubt werden, kann es zu einer unkontrollierten «genetischen Leckage» kommen, deren Folgen niemand kennt. Wildpflanzen würden dann womöglich jene Eigenschaften erwerben, die eigentlich für die Nutzpflanzen bestimmt waren. Zwar sind über den Pollenflug Gene vom Acker in die Wildnis entkommen, seit es die Landwirtschaft gibt, aber eben keine künstlich manipulierten. Und diese enthalten aufgrund ihrer Herkunft aus dem Labor obendrein immer noch intakte oder zerstörte Genfragmente aus Pflanzen, Viren, Bakterien oder Tieren.

Genaue Prognosen, ob es zu derartig apokalyptischen Folgen kommen könnte, vermögen die Biologen mangels Erfahrungen kaum zu geben. Deshalb plädieren Experten wie der Kieler Ökologieprofessor und schleswig-holsteinische Umweltminister Berndt Heydemann für ein 10 bis 15jähriges Moratorium aller Freisetzungsversuche. In dieser Zeit soll der Wissensrückstand der ökologischen Sicherheitsforschung gegenüber der Gentechnik zumindest teilweise aufgeholt werden. Mit anderen Worten: erst denken – dann freisetzen.

Doch die Zeit drängt. Denn in Zukunft wollen die Züchter eine ganze Reihe genmanipulierter Pflanzen ins Freiland entlassen. Denkbar wäre vieles. Man könnte beispielsweise aus Tomaten wieder Tomaten machen. Diese köstliche Frucht haben Pflanzenzüchter in jahrzehntelanger Kleinarbeit zu uniformen dickfleischigen und blaßroten Wasserbehältern verunstaltet, die zwar lange Transportwege gefahrlos überstehen – aber leider ihren Geschmack verloren haben. Amerikanische Bio-Technologen haben jetzt sechs Tomaten-Gene entdeckt, die mitverantwortlich für den ursprünglichen Geschmack der roten Frucht sein sollen. Gegen diese Wiederauffrischung des Tomaten-Erbguts sollten auch den schärfsten Kritikern keine Argumente einfallen.

Ein anderes beliebtes Forschungsobjekt ist die Kartoffel. Die Nachtschattengewächse Tomate und Kartoffel sind bei den Pflanzengenetikern so beliebt, daß sie die beiden Arten schon einmal zu der berühmten Tomoffel gekreuzt haben. Der Erfolg war allerdings mäßig, da sich die Natur gegen die Zwangsverschmelzung wehrte: Die Hybriden blieben unfruchtbar und ließen sich somit nicht weitervermehren. «Ansonsten aber», erzählt Max-Planck-Forscher Helmut Uhrig, «kann man mit der Kartoffel gentechnisch nahezu alles machen.» Eines der Ziele: Die Wissenschaftler wollen den Nährstoffgehalt der Knolle verbessern. Kartoffeln enthalten viel Stärke und vergleichsweise wenig Patatin-Protein. Man müßte also nur ein paar zusätzliche Patatin-Gene in das Kartoffel-Erbgut einschleusen.

Uhrig denkt aber noch viel weiter: Vielleicht ließen sich gar die Erbinformationen für seltene Rohstoffe auf die Kartoffel übertragen. Alles, was heute noch die winzigen Bakterien unter großem Aufwand und in bescheidenen Mengen produzieren – Insulin, wertvolle Kunststoffe, Wachstumshormone oder Interferon –, könnte in 10 bis 15 Jahren in der braunen Knolle heranwachsen. Die Landwirte würden dann die Insulinkartoffel gleich zentnerweise ernten. Inzwischen haben Wissenschaftler der belgischen Firma Plant Genetic Systems einen Raps gezüchtet, der ein menschliches Gen für die Produktion für Enkephalin enthält. Dieses Eiweiß, das normalerweise in geringen Mengen im Gehirn entsteht, hat eine ähnlich betäubende Wirkung wie das Opiat Morphin.

Dieses Konzept der «nachwachsenden Rohstoffe» birgt interessante Perspektiven: Pflanzen wachsen mit Hilfe der Sonnenenergie – also ohne fossile Energiereserven aufzubrauchen. Sie binden zudem das Kohlendioxid, jenes Verbrennungsgas, das mitverantwortlich ist für den sogenannten Treibhauseffekt, eine langsame und unerwünschte Aufheizung der Erdatmosphäre. Je mehr grüne Pflanzen heranwachsen, um so langsamer steigt der Kohlendioxidgehalt.

Ein nachwachsender Rohstoff ist im einfachsten Fall das Brennholz. Wirtschaftlich wichtiger sind pflanzliche Öle als Chemie-Rohstoffe, Stärke und Zucker für die Herstellung von Bioalkohol oder Produkte wie Terpentin, Farbstoffe und Kautschuk. Bisherige Erfahrungen mit der Massenerzeugung der Bio-Rohstoffe sind allerdings eher abschrekkend: Brasilien startete im Jahr 1975 sein «Proálcool-Programm», um von den Erdöl-Importen unabhängig zu werden. Inzwischen fährt ein Großteil der neuzugelassenen Fahrzeuge Brasiliens mit Bio-Sprit, der aus Zuckerrohr gewonnen wird. Bis zum Jahr 2000 sollen zwölf Prozent der landwirtschaftlichen Nutzfläche des Landes nichts als Treibstoff liefern – eine gigantische Monokultur, die einen immensen Düngemittel- und Pestizideinsatz erfordert. Zudem fallen bei der Bio-Sprit-Herstellung riesige Abfall- und Abwassermengen an, die nur schwer und unter großen Kosten entsorgt werden können. «Wenn wir uns auf so etwas einlassen», kommentiert der Max-Planck-Forscher Klaus Hahlbrock, «kommt die nächste Katastrophe auf uns zu.»

Ob Hahlbrock sie wird aufhalten können, ist ungewiß. Weltweit haben Geningenieure bisher fast 50mal manipulierte Organismen ins Freiland ausgesetzt – im übrigen oft illegal und ohne auf eine Genehmigung der zuständigen Behörden zu warten. Weil es keine internationalen Regelungen gibt, ist eine Kontrolle ohnehin nicht möglich: So ging die Hoechst AG kurzerhand ins Ausland, als sie hierzulande keine Genehmigung bekam, um ihr herbizidresistentes Saatgut im Freiland zu testen. Doch auch in der Bundesrepublik ist mittlerweile der Bann gebrochen: 1989 gab das Bundesgesundheitsamt grünes Licht für einen Versuch des Kölner Max-Planck-Institutes. Die Wissenschaftler wollen 1990 erstmals rund 40000 Petunien auspflanzen, die mit zwei Fremdgenen ausgestattet sind. Zweifellos ein harmloses Experiment der Grundlagenforschung. Aber ein Präzedenzfall, mit dem die Tür für weitere Experimente unter freiem Himmel geöffnet werden soll. Die 40000 Petunien jedenfalls hätten die Kölner Züchtungsforscher ohne Probleme in ihren Gewächshäusern großziehen können.

So müssen die Molekularbiologen mit ihren hehren Zielen vorerst weiter an den wissenschaftlichen Grundlagen arbeiten, während vor den Toren der Institute längst die Diskussion über Sinn und Unsinn der gentechnischen Experimente in der Landwirtschaft entbrannt ist. Die Kritiker haben derzeit gute Karten. Denn was die Befürworter momentan auf den Markt werfen wollen, ist wenig überzeugend: An der Schwelle zur Anwendung stehen die besagten herbizidresistenten Pflanzen und, womöglich noch unsinniger, ein gentechnisch hergestelltes Wachstumshormon für die Rinderzucht. Mit diesem Wirkstoff setzen die Tiere schneller Fleisch an und produzieren mehr Milch. Ein

Ertragsziel, das angesichts der hochsubventionierten EG-Überschüsse geradezu aberwitzig anmutet. Obendrein scheint die Hormonkur den Rindern auf die Gesundheit zu schlagen. Bei Versuchen erlitten einige Tiere Stoffwechselstörungen und Leberschäden, andere verloren ihre Fruchtbarkeit. «Viel fehlt nicht», sagt der Biologe Adolf Weber von der Universität Hamburg, «und wir haben die Kuh mit verkrüppelten Beinen, die nur noch liegen kann und der man das Kraftfutter mit dem Förderband ins Maul schaufelt. Dafür aber hat sie ein gigantisches Euter.» Weniger sarkastisch sieht der Kieler Ökosystem-Forscher und schleswig-holsteinische Umweltminister Berndt Heydemann die ersten Erfolge der Gentechnik in der Landwirtschaft: «Rinderwachstumshormone, noch größere Getreideerträge, Resistenzerzeugungen bei Pflanzen, die nur das Ziel haben, den Einsatz größerer Mengen von Herbiziden zu ermöglichen, sind das Gegenteil von umweltverträglich. Ziele, deren Realisierung schon im Ansatz erkennbar falsch sind, müssen mit einem Verbot belegt werden.»

Christiane Grefe

Kein Brot für die Welt

Die Gentechnik taugt wenig gegen Hunger und Leid in der Dritten Welt

Eine unbarmherzige Sonne, ein unendlich weiter Horizont. Der Boden, sand- und steinfarben, bricht vor Trockenheit in rissigen Schollen auseinander. Doch aus den kargen Erdspalten wachsen, auf kräftigen Halmen, reich tragende Getreideähren dem gleißenden Licht entgegen... Eine Fata Morgana? Nein – ein Unternehmensprospekt. Auf Hochglanzpapier fragt die amerikanische Saatgut-Firma Northrup-King: «Können ideale Wachstumsbedingungen gleich im Korn mitgeliefert werden?» Und das scheinbar Unmögliche, die reiche Ernte mitten in der Wüste, soll Wirklichkeit werden: «Wir forschen daran.»

Für die amerikanischen Farmer schon von «revolutionärem Wert», seien die bio- und gentechnischen Verfahren «für die Bauern der Dritten Welt noch weit dienlicher», meint Nyle Brady, der frühere Direktor des Internationalen Reis-Instituts auf den Philippinen. Doch Howard Schneiderman aus der Forschungsabteilung des amerikanischen Chemiemultis Monsanto holt die Euphoriker auf den Boden zurück: «Niemand sollte sich hinreißen lassen, zu meinen, daß die Biotechnologie dem Welthunger-Problem ein schnelles wissenschaftliches Pflaster verpaßt.»

Widersprüchliche Aussagen. Was also bringt die «zweite industrielle Revolution» der Dritten Welt? Werden Bio- und Gentechnik endlich den Hunger besiegen? Wird man schließlich die Infektionskrankheiten beherrschen können, die auf der südlichen Hemisphäre jährlich Millionen Menschenleben kosten – vor allem das Leben von Kindern?

«Jetzt beginnt das Zeitalter der biotechnologischen Industrie!» sagte der Mitbegründer der Firma Genentech, Robert Swanson, als er das gentechnisch hergestellte menschliche Wachstumshormon Protopin vorstellte. Dieses Medikament kommt derzeit etwa zehn- bis fünfzehntausend amerikanischen Kindern mit Wachstumsstörungen zugute. Andererseits gibt es jährlich 200 Millionen neue Malaria-Fälle; zwei Millionen Menschen sterben an der Tropenkrankheit. Als die gleiche Firma Genentech 1983 von der Weltgesundheitsorganisation WHO gebeten wurde, die Entwicklung eines gentechnischen Impfstoffes gegen Malaria zu übernehmen, platzten die Verhandlungen. Die rein kommerzielle Begründung: Genentech verlangte die Exklusivrechte für das Präparat.

Die Industriemanager machen keinen Hehl daraus, daß die Entwicklung von Medikamenten gegen die großen Tropeninfektionen für sie kein Thema sei. Die Malaria stellt da sogar noch eine Ausnahme dar – zum einen, weil die WHO die Impfstoffentwicklung auch finanziell unterstützt, zum anderen wegen der globalen Bedeutung: Das Präparat wird vor allem die Tropentouristen begeistern, die keine lästigen und belastenden Vorbeugungspillen mehr schlucken müssen, Mittel, die ohnehin die Resistenz des Krankheitserregers fördern und so ihre Wirkung verlieren. 1986 haben die Behringwerke angekündigt, dann doch zu tun, was Genentech abgelehnt hatte: Gemeinsam mit der Schweizer Firma Biogen arbeiten dort Forscher an einer Malaria-Vakzine.

In der Erprobung sind gentechnisch hergestellte Impfstoffe gegen die virusbedingte Lebererkrankung Hepatitis B. Mit diesem Virus sind weltweit 315 Millionen Menschen infiziert. Über die Hälfte davon lebt im Pazifischen Raum – ein großer Teil der Betroffenen aber auch in den Industrieländern. Dort zumindest könnten die Firmen mit einem sicheren Absatz rechnen.

Bei Krankheiten wie der Flußblindheit jedoch, die ausschließlich in den Tropen vorkommt, seien «die Unternehmen weitgehend uninteressiert», bestätigt Dietrich W. Büttner vom Hamburger Bernhard-Nocht-Institut für Schiffs- und Tropenkrankheiten. Die Entwicklung von Impfstoffen gegen die Lepra oder die Chagas-Krankheit läßt sich offenbar nur staatlich oder durch Spender finanzieren.

Ein 1979 noch konventionell entwickeltes Präparat gegen die Parasitenkrankheit Bilharziose beispielsweise, das die Firmen Bayer und Merck herstellen, können sich nur wenige Patienten leisten. Auch die betroffenen Länder selbst hatten nicht genügend Geld für den notwendigen Einsatz des Medikaments; 200 Millionen Menschen sind an Bilharziose erkrankt, 600 Millionen davon bedroht. Mittlerweile mußten die beiden Unternehmen die Preise für das Präparat senken – ein koreanischer Hersteller hatte es billiger auf den Markt gebracht.

Entsprechend klagt der Leverkusener Konzern denn auch in seiner Werkszeitung, man würde zwar gern mehr für die Tropen forschen – doch kämen die dafür notwendigen Kosten einfach nicht wieder herein. Und der Biotechnologie-Direktor Clifford Thompson erklärt für sein Unternehmen: «Dow ist ganz außerordentlich auf das Gesundheitswesen der nördlichen Hemisphäre konzentriert.»

«Wenn Preis und Vertrieb bisher schon die zentralen Hindernisse für die Versorgung der Dritten Welt mit Medikamenten waren», meint Joachim Spangenberg, wissenschaftlicher Mitarbeiter bei der SPD-Bundestagsfraktion und Vorstandsmitglied beim Bundesverband Bürgerinitiativen Umweltschutz (BBU), «dann gilt das gleiche auch für die gentechnisch hergestellten.» Größeren Nutzen traut Büttner den Diagnostika für tropische Infektionskrankheiten zu.

Insgesamt ist eine Impfung, ob mit oder ohne Gentechnik, ohnehin oft nur die Arbeit an Symptomen. In vielen Fällen wäre es sinnvoller, Krankheiten durch die rechtzeitige Vorsorge, durch Infrastrukturentscheidungen und eine erzieherische Gesundheitspolitik zuvorzukommen.

Nur durchschnittlich ein Drittel der Menschen in den Entwicklungsländern ist zum Beispiel an ein einwandfreies öffentliches Trinkwassernetz angeschlossen. 80 Prozent der Infektionskrankheiten werden durch verseuchtes Wasser übertragen. Auch in Europa half – mehr noch als die Entdeckung des Penicillin – vor allem die verbesserte Wasserhygiene beim Kampf gegen ansteckende Krankheiten. In vielen Entwicklungsländern sterben die Menschen an vermeidbaren, im allgemeinen heilbaren und scheinbar banalen Infektionen – Tuberkulose, Masern, Durchfall, oft sogar an Erkältung. Der Grund für die geringe Widerstandskraft sind Unter- und Mangelernährung. 700 Millionen Menschen haben nicht genug oder nur einseitig zu essen. 35 Millionen Menschen sterben im Jahr an den Folgen des Hungers. Das sind fast 100 000 jeden Tag – darunter täglich 40 000 Kinder.

Mehr als sechs Milliarden Menschen werden im Jahr 2000 auf der Erde leben. Sie alle wollen essen. Muß deshalb die «green revolution» durch die «gene revolution» abgelöst werden? Die sogenannte «Grüne Revolution» trieb die Erträge dank neuer Reis-, Mais- und Weizensorten und dank der systematischen Verteilung von Pflanzenschutz-

und Düngemitteln in die Höhe. Jetzt soll die Pflanzenzüchtung gentechnisch revolutioniert werden und die Ertragssteigerung bei der Nahrungsmittelproduktion noch übertreffen.

Neben der Ernteverbesserung bei der einzelnen Pflanze verfolgen die Forscher darüber hinaus weitere Ziele: Sie versuchen, sie ihrer Umwelt, auch der rigidesten, noch besser anzupassen. So sollen in Zukunft auch Flächen, die für die intensive Landwirtschaft bisher nicht nutzbar waren, der Lebensmittelerzeugung dienen. Allein in Südostasien verhindern schlechte Böden auf 86,5 Millionen Hektar Land, daß dort Hochertragssorten angebaut werden können. Die gezielte Pflanzenzüchtung und beschleunigte Vermehrung im Labor und die direkte Übertragung von Erbmaterial sollen gegen Krankheiten, Schädlinge und Herbizide, Hitze, Wind, Kälte und Dürre resistente Pflanzen hervorbringen. «Biotopia», wie die Zeitschrift *Natur* fragte?

Die Bilanz der «Grünen Revolution» ist eindrucksvoll: Von 1965 bis Anfang der 80er Jahre stieg die Weizenanbaufläche in Indien, Pakistan und Bangladesh von praktisch null auf 25 Millionen Hektar an. In Lateinamerika wurden von 1970 bis 1983 die Felder, auf denen die neuen Getreidesorten geerntet wurden, von 270 000 auf 9,6 Millionen Hektar ausgedehnt. Und während in den Entwicklungsländern die Anbaufläche für Reis und Weizen um insgesamt nur 20 Prozent stieg, wuchsen die Erträge der Züchtungen doch um 75 Prozent. Indien begann sogar, Getreide zu exportieren. Gleichzeitig hungern Millionen Menschen in Indien.

Allein die Produktionssteigerung, allein die Menge löst also noch nicht das Problem. Es sind vor allem die politischen und organisatorischen Strukturen für die Nahrungsmittelverteilung, die fehlen. Ausgerechnet Monsantos Howard Schneiderman fordert «wirtschaftliche und politische Reformen, Bildung, die Lösung der Probleme der landlosen Bauern ... und Dutzende von anderen Maßnahmen» – als Voraussetzung für den Erfolg neuer biotechnischer Eingriffe. Auch Joachim Spangenberg nimmt der Euphorie gegenüber der «Gen-Revolution» den Wind aus den Segeln: «Der Versuch, politisch-soziale Probleme technisch zu lösen, wird auch hier nicht gelingen.»

Rund 230 Millionen kleinbäuerliche Betriebe in den Entwicklungsländern standen bei der Grünen Revolution nämlich ohnehin außen vor: Die hohen Investitionen, die für den Einsatz neuer Sorten, für chemische Mittel und die notwendige Mechanisierung notwendig sind, konnten sich nur Großgrundbesitzer leisten. In die dringend förderungsbedürftige Selbstversorgerwirtschaft wird sich analog auch die Gen-Revolution nicht einbauen lassen. Im Gegenteil: Noch mehr Farmer könnten den Anschluß verlieren.

Auch ökologisch ist die Einführung der industrialisierten Anbauweise heftig umstritten: es entstehen anfällige Monokulturen, die immer mehr Pestizide und Düngemittel benötigen. Gerade in die Entwicklungsländer werden häufig die in den Industrieländern längst verbotenen Pflanzenschutzmittel geliefert. Laut Internationaler Organisation der Verbrauchervereine vergiften sich jährlich zwei Millionen Menschen durch überzogenen, unsachgemäßen Einsatz von Chemikalien. Angeblich sterben dabei 40000 von ihnen. Sogar ein Hoechst-Manager fragte bei einem Pressegespräch nachdenklich nach den Langzeitwirkungen von Pestiziden: «Wie hoch ist die Menge, die ein Mensch tagtäglich sein Leben lang aufnehmen kann, ohne Schaden zu erleiden?» Afrika hat von den Segnungen der neuen Hochertragssorten am wenigsten profitiert. Denn die 50 Millionen bäuerlichen Familien bauen kaum Reis oder Weizen an. Die «Grüne Revolution» war eher das Nebenprodukt einer Entwicklung in den Industrieländern. Erst vor wenigen Jahren haben internationale Agrarforschungsinstitute begonnen, auch Hirse, Yam und Cassava zu erforschen. Im Gegensatz zur Grünen Revolution, die vorwiegend von der Landwirtschaftsorganisation der Vereinten Nationen, der FAO, und von den dreizehn in der CGIAR zusammengeschlossenen internationalen Agrarforschungsinstitutionen vorangetrieben und gesteuert wurde, ist die Bio- und Gen-Revolution fest in der Hand multinationaler Konzerne. Um den Absatz von gentechnisch optimierten Pflanzen besser kontrollieren zu können, haben sich vor allem amerikanische Großunternehmen Saatgutfirmen einverleibt. So verschmelzen die Interessen der chemischen Industrie mit denen der Pflanzenzüchtung.

Für die Dritte Welt hat das fatale Konsequenzen: Zum einen interessieren sich die Multis kaum dafür, deren Nutzpflanzen zu erforschen. In den Industrienationen hingegen werden sich die Überschüsse dank der Neuzüchtungen noch weiter erhöhen, was schon jetzt zu einem absurden Konkurrenzkampf führt. Dessen Ergebnis: Getreide aus Europa und den USA wird auf den Märkten der Entwicklungsländer im Sonderangebot verhökert. Die lokale Landwirtschaft wird gelähmt und immer weniger konkurrenzfähig.

Zum anderen sind die Großunternehmen logischerweise daran interessiert, ihre Forschung möglichst schnell in Gewinn umzusetzen. So ist es beispielsweise interessanter und billiger, herbizidresistente Pflanzen zu entwickeln als krankheitsresistente. Herbizidresistente Züchtungen haben folgenden Sinn: Ein Bauer kann auf einem Acker mit derart manipulierten Pflanzen wirksamere Unkrautvernichtungsmittel ausbringen, ohne dabei auch – wie sonst – die Nutzpflanze zu schädigen. Herbizidresistente Sorten gehören bezeichnenderweise zu den ersten gentechnischen Produkten der Agrarindustrie. Sie sind vergleichsweise einfach zu entwickeln. Schädlings- und krankheitsresistente Züchtungen hingegen stellen die Mikrobiologen vor wesentlich größere Probleme.

Schon jetzt liefert Ciba-Geigy Hirse-Saatgut in einem chemischen «Schutzmantel» in die Region am Horn von Afrika (wo Hirse ihren Ursprung hat) – Saatgut, das wie Smarties aussieht. Sogenannte Pellets mit einer Nährstoff- und Pflanzenschutzchemikalien-Umhüllung sind eine immer weiter verbreitete Verkaufsform. Die gentechnisch herbeigeführte Resistenz der Pflanze gegen die firmeneigenen Unkrautvernichtungsmittel würde dieses Verfahren noch raffinierter machen. So wären jene Bauern, die sich das Hochleistungs-Saatgut überhaupt leisten können, zum «Paketkauf» Saatgut-Dünger-Pflanzenschutz gezwungen. «Die Landwirtschaft der Dritten Welt wird nun gleichzeitig ‹chemisiert› und ‹biologisiert› werden», schreibt der Publizist Praful Bidwai in der *Times of India*, «in einer Weise, die selbst zum Zeitpunkt der allergrößten Euphorie über die Grüne Revolution völlig unvorstellbar gewesen wäre.» Kritiker warnen davor, daß der Herbizid-Verbrauch durch die Gentechnik noch in die Höhe schnellen würde: «Wir beschäftigen die Wissenschaftler da, wo das Geld liegt», zitiert Bidwai einen Sandoz-Manager. Doch andere Industrievertreter behaupten das Gegenteil: «In zwei Jahrzehnten werden wir überhaupt keinen Dreck mehr auf die Pflanzen sprayen», prophezeit Sam Dryden, der Präsident der amerikanischen Firma Agrigenetics.

Auch Klaus Hahlbrock vom Kölner Max-Planck-Institut, ökologisch engagiert und Gegner von Agrochemikalien, hält die Resistenzforschung «als Lösung für morgen» für einen sinnvollen Übergangskompromiß, der den Einsatz von weniger und von abbaubaren Agrochemikalien ermögliche. «Ohne Chemie kommen wir erst übermorgen aus», meint Hahlbrock. Für die devisenarmen Entwicklungsländer ist das eine Schlüsselfrage.

Allen technischen Bemühungen zur Verbesserung der Pflanzenleistung steht die traurige Tatsache entgegen, daß viele Tropenböden schneller auslaugen und verarmen, allein deshalb, weil es dort mehr regnet und das Wasser die Nährstoffe nach einem heftigen Guß hemmungslos fortspült. Unter diesen harten Klimabedingungen wird sich auch die Gentechnik schwertun.

Deshalb setzt Jochen de Haas, Agrarwissenschaftler im Bundesministerium für wirtschaftliche Zusammenarbeit (BMZ), auch darauf, landwirtschaftliche Anbausysteme zu fördern; dabei kann sich der Boden durch bestimmte Fruchtfolgen immer wieder regenerieren. Es komme darauf an, für die jeweilige Region «technologisches Handwerkszeug bereitzustellen, mit dem man besser angepaßtes Saatgut für einen sicheren Ertrag schafft», meint auch Andreas Büchting von der Kleinwanzlebener Saatzucht (KWS), dem größten deutschen Saatguterzeuger. Und sein Mitarbeiter Reinhard von Broock sagt: «Für die meisten Entwicklungsländer wäre das der richtige Weg: schrittweise über die Züchtung zu einer wissenschaftlich fundierten Landwirtschaft zu kommen. Da steht die Gentechnik absolut am Ende eines langen Prozesses.»

Auf die übrigen großen Versprechungen der Geningenieure werden die Bauern der Dritten Welt vermutlich noch lange warten müssen. Eigenschaften wie Widerstandskraft gegen Trockenheit und Bodenversalzung sind nicht auf einem einzigen Gen lokalisierbar. Sie werden meist von einer Vielzahl von Erbfaktoren gesteuert. Das gleiche gilt für den von den Protagonisten der Gentechnik besonders lautstark propagierten «Stickstoff-Käse», wie Andreas Büchting von der KWS das Wunschziel der Gentechniker beschreibt. Demnach sollen Nutzpflanzen so verändert werden, daß sie den Stickstoff direkt aus der Luft beziehen und nicht mehr gedüngt werden müssen. Büchting hält dieses Ziel, wie die meisten Experten, für reine Zukunftsmusik. Wenig bis gar nichts wisse man außerdem über die Lebensfähigkeit von Pflanzen, denen verschiedene Resistenzen «gleichzeitig» aufgepfropft werden sollen. «Resistenz kostet eine Pflanze Kraft», sagt der Pflanzenzüchter Reinhard von Broock. Also kosten viele Resistenzen mehr Kraft: «Hochertrag *oder* Trockenresistenz ist machbar, Hochertrag *und* Trockenresistenz nicht», lautet Joachim Spangenbergs Schlußfolgerung. Gekrönt wird diese Entwicklung durch das Bestreben der Gen-Firmen und Konzerne, ihre gentechnisch entwickelten Produkte patentieren zu lassen. In den Augen Joachim Spangenbergs ist der Wunsch, Natur besitzen zu wollen, völlig absurd: «Wissenschaftliche Entdekkungen über das Leben als Eigentum zu definieren – das ist so, als ob ich ein fremdes Auto sehe, zufällig auch noch den Schlüssel dazu auf der Straße finde und dann sage: weil ich beides habe, ist es meins.» Von 1078 amerikanischen Patenten im Bereich der Gentechnik gehören nur 21 Prozent Universitätsinstituten – der Rest ist im Besitz von Firmen, vorwiegend multinationalen Unternehmen.

In Europa sind Pflanzen, Tiere und neue Lebensformen bisher noch nicht patentierbar – doch die Diskussion hat begonnen. Die Patentierung eines Pflanzengens könnte im Extremfall bedeuten, daß alle Sorten, in denen dieses Gen eingebaut ist, vom Patentbesitzer kontrolliert würden. Bauern dürften nicht einmal mehr einen Teil ihrer Ernte als Saatgut verwenden und wären gezwungen, es alljährlich neu zu kaufen – ähnlich wie heute schon bei den Hybridzüchtungen.

Dabei beziehen die Industrieländer die pflanzlichen Rohstoffe aus den Entwicklungsländern, ähnlich wie Gold, Kupfer und Zinn. Für die Züchtung bestimmter Pflanzeneigenschaften brauchen sie Genmaterial, das in den Tropen in viel größerer Vielfalt vorhanden ist. Rund 90 Prozent der gesammelten genetischen Reserven stammen aus der Dritten Welt. Doch in den Genbanken der Entwicklungsländer lagern nur rund 31 Prozent dieser Schätze. 55 Prozent haben die Industrieländer archiviert, den Rest internationale Organisationen.

Der Austausch der Gene sollte offen sein, frei verfügbar für freie Forschung. Tatsache allerdings ist, daß die Entwicklungsländer zwar für die mit ihren eigenen Gen-Ressourcen gezüchteten Produkte nie einen Pfennig erhalten haben – daß sie für den Rohstoff Gen aber kräftig bezahlen müssen. Ein Beispiel: Mexiko produziert seit über siebzig Jahren Naturgummi aus der Pflanze Guayule. Doch die gesamte Forschung über diese Pflanze wird im Ausland durchgeführt. Die leistungsfähigsten Sorten kommen nicht aus Mexiko, sondern aus amerikanischen Genbanken. Das Land hat so die Verfügungsgewalt über seine Ressource vollständig verloren. Mittlerweile ist in der Dritten Welt das Bewußtsein für diese Problematik gestiegen. So haben beispielsweise Indien, Kenia, Indonesien und auch andere Länder damit begonnen, das Saatgut bestimmter wertvoller Wildpflanzen zurückzuhalten.

Symptomatisch ist ein Konflikt zwischen der Bundesregierung und der Regierung Äthiopiens. Die äthiopische Genbank wurde von der Gesellschaft für Technische Zusammenarbeit (GTZ) im Auftrag des BMZ aufgebaut. Äthiopien besitzt wichtiges Erbgut zahlreicher Pflanzen – angefangen von Fingerhirse, Gerste und Hartweizen über Körner-Leguminosen bis hin zu Flachs, vielen Kohlarten und Kaffee. Trotz einer alten Vereinbarung, der zufolge die afrikanischen Wissenschaftler «Sicherheits»-Duplikate des äthiopischen Materials an die Gesellschaft für Biotechnologische Forschung in Braunschweig abgeben müssen, ist das bisher kaum geschehen. Kaffee stellen die Äthiopier prinzipiell nicht mehr zur Verfügung. Den im Informationsdienst des Rural Advancement Fund International (RAFI) erhobenen Vorwurf, die Bundesregierung habe die weitere Finanzierung des ausgelaufenen Projekts mit der Herausgabe des Genmaterials erpresserisch verknüpft, bestreiten sowohl GTZ-Mitarbeiter Jan Engel als auch Jochen de Haas vom BMZ: «Vielleicht ist die Tatsache, daß wir auf der Einhaltung der Vereinbarung insistiert haben, so verstanden worden», meint de Haas. «Das ist ja oft so in echten Partnerschaften – daß uns das Hartbleiben als Kolonialismus ausgelegt wird.» Jan Engels ergänzt: «Viele Entwicklungsländer erhoffen sich jetzt als Genbesitzer einen großen Durchbruch. Doch das ist eine Fehleinschätzung. Denn in den meisten Ländern fehlten bisher die wissenschaftliche Infrastruktur und die technische Ausrüstung, um die Ressourcen überhaupt nutzen zu können.»

Kritiker der Forschungsprivatisierung warnen auch vor den großen Umweltrisiken, die mit der Gentechnik verbunden seien. Die ökologische Zerstörung, die durch freigesetzte veränderte Organismen angerichtet werden könne, schreibt Praful Bidwai, Autor der *Times of India*, könne «Bhopal als kleine Episode am Rande erscheinen lassen». Viele Länder der Dritten Welt haben völlig unzureichende oder gar keine Regelungen zur Kontrolle der Genforschung. In Indien beispielsweise, schreibt Bidwai, wo ausländische Biotechnik-Unternehmen mit Steuervorteilen angelockt werden, «braucht man ein Produkt nicht einmal im Feldversuch zu erproben. Man kann es verkaufen, wo und wie man will, ohne Zulassung oder Hindernisse – so wie viele Unternehmen das längst schon tun». Es bestehe die Gefahr, schreibt der Inder weiter, daß die Bewohner der Dritten Welt «unbemerkt und ohne gefragt zu werden als Versuchskaninchen dienen». Ein Beispiel liefert die Firma Biogen: Sie testet das Interferon als Krebsmittel in chinesischen Krankenhäusern.

Die Kassandra-Rufer, die davor warnten, daß in Europa und den USA verbotene Freilandversuche in die Dritte Welt ausgelagert werden könnten, verweisen auf einen Fall in Argentinien: Dort hatten Wissenschaftler auf einer landwirtschaftlichen Versuchsstation der lateinamerikanischen Gesundheitsorganisation PAHO, die gemeinsam mit dem US-Forschungsinstitut Wistar betrieben wird, illegal zwanzig Rinder mit einem gentechnisch hergestellten Tollwut-Vakzin geimpft; es enthält lebende, wenn auch abgeschwächte Erreger. Das Experiment war nirgendwo angemeldet worden. Auch die elf Arbeiter, die sich über den Genuß der Milch mit den Erregern infizierten, wußten nichts von dem Versuch. Der größte Teil der Milch ist verkauft worden; wie viele Menschen insgesamt jetzt das Virus aufgenommen haben, ist unbekannt. «Das Problem ist», meinte der argentinische Unterstaatssekretär Jorge Ahumada, «daß wir nicht wissen, was mit diesem Virus passieren kann. Theoretisch müßte es unschädlich sein. Aber wir wissen nicht, wie sich ein im Genlabor hergestellter Organismus in der Natur verändern kann und welche Gefahr er für die menschliche Gesundheit darstellt.»

Nicht nur die Grundnahrungsmittel wollen die Biotechnologen optimieren. Auch die devisenbringenden «Cash Crops», die Exportpflanzen wie Kaffee, Kakao oder Ölfrüchte, sollen gentechnisch aufgerüstet werden. Zum Beispiel Kakao, das zweitwichtigste tropische Exportprodukt überhaupt. Seit 1986 haben die 15 größten amerikanischen Kakaofirmen wegen der Abhängigkeit von den in ihren Augen «politisch instabilen» Kakao-Exporteuren ein großes Forschungsprojekt an der Pennsylvania State University finanziert, das neue, biologisch hochwertige Ertragssorten hervorbringen soll.

Kakao ist für Krankheiten besonders anfällig. Oft fällt die Ernte bis zur Hälfte den Schädlingen zum Opfer. Das Bemühen der Biologen und Genetiker gilt also der Entwicklung von Resistenzen gegen Viren, Kälte und Schädlingsbekämpfungsmittel, aber auch der Zucht von größeren Früchten, möglichst einheitlich geformt. Außerdem soll die lange Wachstums- und Reifezeit abgekürzt werden.

Die Befürworter dieser Hochleistungs-Kakaobohne nach Maß argumentieren nun, die neuen Züchtungen würden eines Tages den Ländern der Dritten Welt zugute kommen; deren Exportraten und damit Deviseneinnahmen würden durch die höheren Erträge nach oben schnellen. Doch wahrscheinlich sind Verschiebungen, die wiederum zuungunsten der Kleinbauern ausgehen: So kann die immense Steigerung der Kakaoproduktion auch die Preise dramatisch sinken lassen. Die gentechnische Produktion begünstigt außerdem große Plantagen, deren Besitzer Know-how, Kapital und die nötigen Marktanteile besitzen. Nur sie werden durch die Ertragssteigerung ihre Gewinne zumindest auf gleichem Niveau halten können.

Ein weiterer Verdrängungswettbewerb ist auf internationaler Ebene denkbar: Auf der einen Seite könnten Malaysia, Indonesien und Brasilien als Sieger hervorgehen, weil dort die Plantagenwirtschaft vorherrscht – auf der anderen Seite könnten die afrikanischen Kakaoländer Nigeria, Kamerun, Elfenbeinküste und Ghana mit vorwiegend kleinbäuerlicher Struktur den kürzeren ziehen.

Für Ghana wäre das eine Katastrophe: der westafrikanische Staat lebt zu drei Vierteln vom Kakao-Export.

Gleichermaßen fatal wirkt sich für große wie kleine Kakaofarmer aus, was auf der Schokoladenseite des Erdballs längst schon geplant wird: Das Kakaofett soll nämlich mit Hilfe gentechnischer Verfahren aus billigeren Fetten wie Palm-, Oliven- oder Rapsöl gewonnen werden. So wollen sich die Firmen vom Kakao-Weltmarkt gänzlich unabhängig machen. Daran arbeiten zum Beispiel Nestle, Hershey, Cadbury-Schweppes und eine Handvoll japanischer Unternehmen.

Auch die Palmöl-Story demonstriert die möglichen gravierenden Erschütterungen der Dritte-Welt-Ökonomien durch die Bio- und Gentechnik. Etwa ein Drittel des Weltmarktes kontrolliert ein einziges Unternehmen, der britisch-holländische Konzern Unilever. Unilever besitzt 90000 Hektar Plantagen in sechs Entwicklungsländern. Bis zum Jahr 2000 soll diese Anbaufläche fast verdoppelt werden.

Der Grund für Unilevers Expansionskurs: In den Londoner Labors wurde ein Verfahren entwickelt, Ölpalmen in Zellkulturen zu vermehren, dreißigmal schneller als bei der natürlichen Züchtung. Die besten dieser Klone liefern bis zu einem Drittel mehr Ertrag und sollen nun in soldatisch gleicher Kopie millionenfach zur Anpflanzung in der Dritten Welt hergestellt werden. Das Verfahren wurde patentiert – der Konzern sitzt auf dem Saatgut-Monopol.

Ärgerlich ist für die Firma bisher, daß sich die Natur dem Experiment noch verweigert: Auf den Feldern wollten die gleichen Palmen einander nicht gleichen und wuchsen unerwartet zu vielfältiger Größe und Form.

«Gute Nachricht für die Bauern in der Dritten Welt?» fragt Henk

Hobbelink. Seine Antwort: wohl nicht – oder zumindest wieder nur für wenige. Denn wenn irgendwann die Palmöl-Flut den Markt überschwemmt, dann werden die Konsequenzen für die Hersteller anderer Öle und Fette fatal sein – für die Erdnußfarmer im Senegal zum Beispiel, oder für die rund 700000 Bauern, die auf den Philippinen kleine Kokospalm-Plantagen besitzen. Ein Viertel der Bevölkerung dort ist ganz oder teilweise vom Kokosfett-Handel abhängig. Er brachte dem Land bis zu einem Fünftel seiner Exporterlöse ein. «Erinnern Sie sich noch an Indigo?» fragt Praful Bidwai in der *Times of India*. «Indigo, die traditionelle Textilfarbe?» Ganz sicher, schreibt er, wüßten die meisten Menschen nicht mehr, daß die Pflanze einst auf Hunderttausenden von Hektar Land in Nord- und Ostindien angebaut wurde – und nur wenigen sei ihre Bedeutung für die europäische Textilwirtschaft des 19. Jahrhunderts bewußt. Noch weniger Menschen wüßten, fährt Bidwai fort, was mit den indischen Indigo-Züchtern geschah, als die deutsche chemische Industrie synthetischen Ersatz für die Farbe entwickelte und das künstliche «Blau» in Massenproduktion herzustellen begann. In nicht einmal fünfzehn Jahren brach der gesamte Indigo-Markt zusammen. Die Anbaufläche in Indien schrumpfte innerhalb kürzester Zeit auf ein Sechstel. Die Bauern waren ruiniert: «Plötzlich lag ihre Welt verwüstet da», schreibt der Journalist, «äußerstes Elend, bittere Not, chronische, schwere Verschuldung und neue Leibeigenschaft waren ihr Los.»

Der noch weiter voranschreitende, noch billigere, noch ausgefeiltere Ersatz von Rohstoffen und deren Überproduktion in den Industrieländern nimmt vielen Entwicklungsländern auch jetzt wieder das wenige, das sie überhaupt in die ungleichen Tauschbeziehungen mit dem Norden einbringen können.

Ein Beispiel: Thaumatin. Dies ist ein Süßstoff-Protein, das zur Zeit noch arbeitsintensiv und teuer aus einer westafrikanischen Regenwaldpflanze gewonnen wird. Unilever-Wissenschaftlern und ihren amerikanischen Kollegen bei der Firma Ingene gelang es vor zwei Jahren, Thaumatin auf gentechnischem Wege künstlich herzustellen. Dieser Stoff ist 100000mal süßer als Zucker – ein ideales Diätmittel. Die Gentechnik könnte damit auf längere Sicht den Zucker überflüssig machen. Labortüftler planen sogar, das Thaumatin-Gen direkt ins Erbmaterial der Kakaobohne einzuschleusen: das würde so «natürlich» süß. Schon jetzt haben sich Zucker-Ersatzprodukte auf dem

Markt etabliert; sie demonstrieren die Geschwindigkeit, mit der billige Substitute den Weltmarkt erschüttern. Der fructosehaltige Mais-Extrakt HFCS (High Fructose Corn Sirup) zum Beispiel siegte auf der ganzen Linie: 1983 stieg der größte amerikanische Zuckerverbraucher, die Coca Cola Company, auf das bis zu einem Drittel billigere HFCS um. Die Zuckerimporte der USA sanken seit der Einführung Ende der siebziger Jahre von 6,1 Millionen Tonnen auf nur noch 1,5 Millionen im Jahr 1985. In diesem Zeitraum gingen die Einnahmen der Philippinen aus dem Zuckerverkauf um rund vierzig Prozent zurück. Sie werden womöglich, dank Thaumatin, noch weiter sinken. Hier zeigt sich allerdings ein typisches Dilemma. Denn ökologisch wäre der Süßstoff-Trick ein Geniestreich, würde er doch gewaltige, heute genutzte Agrarflächen entlasten. Sozial und ökonomisch hingegen könnte die Umrüstung auf den Zuckerersatz einer Katastrophe gleichkommen. Insgesamt wären auf dem Zuckermarkt der Entwicklungsländer 15 bis 20 Millionen Arbeitsplätze bedroht.

Oder Vanille: Wissenschaftler der Universität Delaware sind auf dem besten Weg, die Kosten für die Herstellung des Aromastoffs durch Zellkultur-Produktion um ein Drittel zu verringern. 70 000 Kleinbauern würden allein in Madagaskar ruiniert, weitere in Réunion, auf den Komoren und in Indonesien.

«Echten Vanillegeschmack im Labor zu entwickeln könnte eine Ergänzung zum traditionellen Anbauprozeß sein», sagte Skip Rosskam von der Herstellerfirma David Michael & Co., «oder eine Alternative zur traditionellen Produktion. Damit könnte man die kartellartige Kontrolle umgehen, die die Vanille produzierenden Länder jetzt ausüben.»

«Wenn Sie Mist sammeln wollen, müssen Sie dem Elefanten folgen, nicht dem Spatzen» – kommentiert ein Manager von der US-Genfirma Mycogen. Wenn also die Bio-Fabriken von morgen erst die Arbeit aufnehmen, dann wird sich die Lebensmittelproduktion endgültig zur Fließbandmontage entwickeln. Nicht mehr Rohmaterialien werden gefragt sein, sondern nur noch ihre Inhaltsstoffe: Fette, Öle, Stärke, Protein. «Die Fischer in Peru, die Sojabohnen-Produzenten in Brasilien und die Fertigungsstätten von ICI und Hoechst werden dann auf dem gleichen Proteinmarkt konkurrieren», schreibt Henk Hobbelink – und genauso «die Zuckerrohrarbeiter in Kuba, die Kartoffelbauern in Holland, die Hersteller synthetischer Süßmittel in Fabriken des Nordens, die thailändischen Tapioca-Farmer und die Maisbauern in der ganzen Welt um den gleichen Süßstoffmarkt.»

Was es für die Verhandlungsstärke der Dritte-Welt-Länder bedeutet, wenn andere ihre Waren produzieren, ist leicht vorstellbar. Internationale Rohstoff-Abkommen, die den Entwicklungsländern bestimmte Preise und Abnahmemengen garantieren, würden dann hinfällig.

Jochen de Haas vom BMZ hält dieses Szenario für übertrieben: Der Zeitgeist, die öffentliche Diskussion gingen doch genau in die andere Richtung; Natürlichkeit sei wieder gefragt. Wer, meint de Haas, hätte denn beispielsweise vor zehn Jahren noch gedacht, daß Flachs und andere Naturfasern wieder in Mode kommen? Auch Gerd Junne, Hochschullehrer in Amsterdam, sieht mögliche Gegenentwicklungen. Die Attraktivität natürlicher Rohstoffe müsse herausgestellt werden.

Skeptisch ist jedoch Ernst Ludwig Winnacker vom Münchner Gen-Zentrum. «Ich sehe das als sehr problematisch an», meint der stellvertretende Vorsitzende der Deutschen Forschungsgemeinschaft, der im Bericht der Enquetekommission «Chancen und Risiken der Gentechnik» den Abschnitt «Dritte Welt» verfaßt hat. Und er fühlt sich an die Stahlkrise in Rheinhausen erinnert: «Das sind Prozesse des Strukturwandels», meint der Professor. «Die gibt es auch bei uns. Und die sind nicht aufzuhalten – wir wollen nun mal immer besser werden.» Angesichts der Notlage, die in Asien, Afrika und Lateinamerika entstehen könnte, wird er nachdenklich: «Unsere Stahlarbeiter müssen wir bei solchen Strukturveränderungen eine Generation lang bezahlen – und das sollten wir dann im Grunde auch mit den Kleinbauern dort tun, wenn wir Vanille plötzlich nicht mehr aus Schoten machen.» So wenig realistisch das auch sein mag – Winnacker insistiert: «Die Firma Henkel darf diese Länder nicht zerstören, indem sie sich von ihren Fetten langfristig unabhängig macht!»

Beispielsweise dürften Substitutionsprozesse «nicht von heute auf morgen passieren» – was freilich ohnehin nicht möglich sei. Damit «die Entwicklungsländer nicht immer Entwicklungsländer bleiben», sieht Winnacker außerdem große Chancen darin, daß die Rohstoffproduzenten eine eigene bio- und gentechnologische Forschung und Produktion aufbauen – daß sie «einen Wettbewerb eingingen», so Winnackers vielleicht etwas utopische Vorstellung, «der die Kolonisation zerstört».

Das New Yorker Autoren-Team Dembo, Morehouse und Dias schlägt für die Entwicklungsländer optimistisch den Aufbau einer eige-

Ein Vanille-Kartell, wer hätte …

...das gedacht. Da trinkt man ein köstliches Glas Vanillemilch, und worum geht es? Um das Objekt einer Preisabsprache. Da ist es doch gut zu wissen, daß man bei der Anlage seines Spargroschens die freie Wahl hat.

nen Zellkulturproduktion als mögliche Gegenstrategie vor. Nur so könnten sie der grotesken Situation entgehen, «den Produzenten der entwickelten Länder eines Tages Rohstoffe abkaufen zu müssen, die sie einst selbst angebaut haben». Freilich ist die Aussicht, sich mit der biotechnischen Herstellung von «nachwachsenden Ressourcen» womöglich selbst Konkurrenz gegenüber dem gleichzeitig weiterlaufenden natürlichen Anbau zu machen, nicht weniger absurd.

Ein möglicher Ausweg aus dem Dilemma wäre die Suche nach anderen Nutzungsmöglichkeiten für manche Rohstoffe. So könnte sich beispielsweise Zucker, wenn schon nicht mehr als Süßstoff, dann doch als Ausgangsbasis bestimmter biotechnischer Produkte einen neuen Markt erobern. Im Bundesforschungsministerium schwört man darauf, daß die Energiegewinnung aus kohlehydrathaltigen Pflanzen Länder mit zerrütteten Staatsfinanzen von teuren Ölimporten unabhängig machen könnte.

Das brasilianische «Proalcool»-Programm zeigt die Probleme dieser Strategie: Als Mitte der siebziger Jahre der Ölpreis stieg und der Zuckerpreis sank, begann man in Brasilien, aus gegorenem Zuckerrohr Alkohol als Benzin-Ersatz zu destillieren. Doch die ökologischen Folgen waren erheblich: Monokulturen und ein immens hoher Wasserverbrauch bei der Herstellung – pro Liter Alkohol braucht man vierzig Liter Wasser, die zudem noch hochgradig verschmutzt werden. Auch die ökonomische Bilanz ist ernüchternd: Nach Untersuchungen der Universität São Paulo hat sich das ganze Unternehmen Proalcool nicht rentiert. Die Effizienz des Verfahrens ist extrem gering: Weit über die Hälfte der Alkoholenergie ist schon für die Herstellung des Biosprits notwendig.

Mehr Gewinn versprechen sich die Wissenschaftler bei der Alkoholfermentation von Holz. Denn die Photosyntheseleistung von Bäumen läßt sich – mit biotechnischen Methoden – voraussichtlich steigern; und durch die enzymatische Spaltung der verschiedenen Zellulosearten kann, teils mit Hilfe der Gentechnik, die Ausbeute noch weiter erhöht werden.

Auch Energieholz-Plantagen würden aber als Monokultur wieder in Konkurrenz zum Nahrungsmittelanbau treten. Eine sinnvolle Energiequelle scheint die biotechnische Nutzung von Abfallstoffen aus dem Pflanzenanbau zu sein – doch auch nur dann, meint Joachim Spangenberg, wenn die Abfälle nicht besser als Dünger ausgebracht werden könnten. Robert Goodland vom Büro der Weltbank für Wissenschaft und Umwelt schränkt diese Nutzung ein – ökologisch ausgedrückt: «Es gibt eben nichts umsonst. Wenn man beispielsweise», sagt Goodland, «Abfälle aus der Land- oder Forstwirtschaft in Treibstoffe umwandelt, dann kann das der Bodenstruktur und der -fruchtbarkeit schaden, weil man organische Materie aus dem Kreislauf herausgenommen hat.»

Dezentral eingerichtete, kleine Biogas-Anlagen liefern schon seit langem einen wichtigen Beitrag zur ländlichen Entwicklung. Auch dieses Beispiel macht deutlich, wie komprimiert der Einsatz neuer Techniken sein kann: Gentechnisch entwickelte Hochleistungsorganismen etwa, die den Wirkungsgrad solcher Biogas-Einrichtungen steigern würden, komplizieren die gerade für die Dritte Welt sinnvolle Technologie und machen sie von neuer Technik abhängig. Solche High-Tech-Anlagen benötigen konstante Temperaturen und Luftfilter, aufwendige Regelsysteme und spezialisiertes Personal. «Die Einführung einer solchen Technik ist jedenfalls nicht sinnvoll, wenn man eine umweltverträgliche Low-Input-Landwirtschaft fördern will, die vielen zugute kommt», meint Spangenberg. Einige Schwellenländer haben längst eigene gentechnische Forschungszentren aufgebaut. In China gilt die Gentechnik schon seit 1978 als eines der acht «Nationalen Projekte mit Priorität». Schwerpunkte sind die Suche nach einem Hepatitis-B-Impfstoff, die Entwicklung von Impfstoffen gegen Nutztierkrankheiten und Verbesserung in der Landwirtschaft. Brasilien betreibt vorwiegend Agrarforschung; Kuba arbeitet an der Interferon-Entwicklung, will ertragreiche Zuckersorten züchten und Möglichkeiten erforschen, Nebenprodukte der Zuckerherstellung in Futtermittel umzuwandeln. Die Kubaner sind auf dem biotechnischen Pfad inzwischen so weit vorangeschritten, daß – allen ideologischen Grenzen zum Trotz – auch amerikanische Universitäten am Austausch mit kubanischen Wissenschaftlern interessiert sind.

Kontakte mit Wissenschaftlern aus der Dritten Welt und die Ausbildung von Biologen und Gentechnikern hält Ernst Ludwig Winnacker für eine wichtige Aufgabe. «Wir dürfen den Entwicklungsländern nichts vorenthalten», fordert er. «Es muß Leute geben, die wissen, was es überhaupt gibt, und die dann Entscheidungen fällen können. Sonst bestimmen wir allein darüber, was in Südostasien geschieht.» Solange aber in den meisten Ländern grundlegende Infrastruktur-Voraussetzungen wie Labors und ein entwickeltes Bibliothekswesen fehlen, so lange werden es vor allem internationale Institute wie das CGIAR sein, die die Bio- und Gentechnik an die Bedürfnisse der Entwicklungsländer anpassen.

In Triest und Neu-Delhi wurde ein von der Entwicklungsorganisation der Vereinten Nationen, UNIDO, angeregtes Internationales Genforschungszentrum (ICGEB) eingerichtet. Doch der Etat für Forschungsprojekte, Ausbildung und Informationsaustausch ist niedrig, und unter den 43 Förderländern ist keine einzige große Industrienation. Der Bundestags-Enquete-Bericht zur Gentechnologie empfiehlt die Unterstützung des ICGEB. Doch im Bundesforschungsministerium und im Ministerium für wirtschaftliche Zusammenarbeit ist die Haltung gegenüber «derartig unflexiblen internationalen Einrichtungen» eher negativ.

Ganze zwölf Seiten hat der Enquete-Bericht des Bundestages den Konsequenzen der Gentechnologie für die Dritte Welt gewidmet; er hat sich fast nur auf die Forschungsförderung konzentriert. Er ignoriert «die gewachsenen historischen Entwicklungen, die ungleichen Tauschbeziehungen, den technischen und kulturellen Imperialismus» zwischen Industrieländern und Entwicklungsnationen, kritisierten die Grünen in ihrem Sondervotum. Wenn man berücksichtigt, wie sehr die Gentechnik das Ungleichgewicht zwischen Nord und Süd noch verstärken kann, dann zeugt die zentrale Schlußfolgerung der Kommission von einem kräftigen Nachholbedarf in Sachen Information: «Die Kenntnisse», heißt es da, «sind derzeit noch sehr gering.»

Wolfgang Gehrmann

Das Geschäft mit den Genen

Die Industrie und die biotechnische Innovation

Im Fahrstuhl geht es in den Frühling. Während draußen grimmiger Frost die weite, winterliche Ödnis des amerikanischen Corn Belt beherrscht, sprießen oben im sechsten Stock des Forschungszentrums Baumwolle und Mais. Auf dem Hochhausdach wachsen im wohligen Klima von zwei Dutzend Gewächshausreihen neben Tomaten und Tabak Kartoffeln, Weizen und Sojabohnen. Die fahle Wintersonne von Missouri, die über den Glasdächern steht, leistet einen ganz überflüssigen Beitrag zum Gedeihen der jungen Pflanzen.

Ein Stockwerk tiefer sind Wetter und Jahreslauf erst recht ausgeschaltet. Zu beiden Seiten kahler Gänge reihen sich schwere Stahltüren aneinander, hinter jeder eine hermetisch dichte Klimakammer. In den Räumen können Forscher mit Computerhilfe jedes Klima der Welt schaffen – feuchtschwüle Dschungelatmosphäre oder trockenheiße Wüstenluft.

Nichts als Pflanzen auch hier. Vertrautes aus dem Vorgarten darunter, aber auch amorphe grüne Wucherungen in Hunderten von Petrischalen und bläßliche Fadenbündel, die in Reihen von Reagenzgläsern stecken.

Die technische Isolation entzieht die Tomaten oben auf dem Dach, die bizarren Gewächse hinter Panzertüren nicht nur dem lästigen Wechsel der Jahreszeiten und bewahrt sie vor ungünstigem Klima. Sie sichert auch – umgekehrt – die Natur gegen diese Pflanzen, die den geltenden Regeln der Biologie trotzen. Ihre Erbanlagen sind von Forschern mit den Methoden der Gentechnik verändert worden. Die Pflanzen sollen so neue nützliche Eigenschaften bekommen, aber die Umwelt muß vorerst vor ihnen geschützt sein.

Die artifiziellen Gewächse gedeihen im Life Science Research Center des amerikanischen Chemiekonzerns Monsanto in St. Louis. Sie sind Sproß einer neuen Liaison: der Geschäftsverbindung von Big Business und Biotechnik. Seit vor eineinhalb Jahrzehnten Molekularbiologen in Kalifornien und Neuengland das «genetic engineering» entwickelten, verfolgt die Industrie gespannt jeden Schritt der neuen Technik. Wer immer mit biologischen Produktionsprozessen zu tun hat – Chemie- und Pharmaindustrie, Lebensmittelkonzerne und Landwirtschaft, Ölmultis und Minengesellschaften – rechnet mit einer industriellen Revolution ohne Beispiel.

Wenn etwa Howard Schneiderman, Monsantos Forschungschef, über das ökonomische Potential der neuen Techniken spricht, schwärmt er: «Stellen wir uns einmal die Erde in tausend Jahren vor: Dampfmaschine, Elektroenergie, Atomkraft, Fusionsenergie, Transistoren, Mikroprozessoren – das werden dann längst Neuerungen von nur noch historischer Bedeutung sein. Biotechnik aber wird es dann immer noch geben. Indem sie natürliche Methoden anwendet, wird die Menschheit die Natur als zuverlässigen Partner bei einem großen Projekt gewonnen haben: der Zivilisation der Erde.»

Wenigstens ebenso wie der zivilisatorische Nutzen all dieser Verheißungen interessieren die Industrie deren geschäftliche Potentiale.

Schon sind die Prognostiker mit gewagten Hochrechnungen zur Hand. Bis zum Jahr 2000 tut sich danach für neue Methoden der Biotechnik weltweit ein Markt von fünfzig Milliarden Mark auf – es könnten auch 350 Milliarden sein.

Eine mittlere Schätzung des seriösen Stanford Research Institute (SRI) nimmt an, daß gegenwärtig der globale Wert der Biotechnik-Produktion gut vier Milliarden Mark beträgt; bis zur Jahrtausendwende könnten das dank Gentechnik 100 Milliarden Mark werden.

Das größte Potential steckt zunächst im Pharmamarkt. Bis zum Jahr 2000 erwartet SRI hier einen Weltumsatz von achtzig Milliarden Mark. In der Landwirtschaft sollen zum gleichen Zeitpunkt acht, in der Nahrungsmittelproduktion dreizehn Milliarden Mark umgesetzt werden. Auf längere Sicht aber, da sind alle Experten sich einig, bietet die Agroindustrie die weitaus größten Chancen, aus Genen Geld zu machen.

Die Manager auf den Chefetagen der Chemieindustrie nehmen solche Zahlen nicht für bare Münze – der Geschäftsführer einer deutschen

Pharmafirma: «Das ist Science-fiction.» Gleichwohl haben die Konzerne rund um den Globus, teils im stillen, teils unter lautem PR-Getöse, ihre «claims» in der Gentechnik abgesteckt.

Keiner fehlt: Aus der Bundesrepublik sind die Chemiegiganten Bayer, Hoechst und BASF ebenso dabei wie etliche Pharmafirmen von Boehringer Ingelheim und Schering bis zu noch namenlosen Familienunternehmen aus der Provinz. Wo immer auf der Welt eine Neuerung die Genlabors verläßt, sind die Basler Pharmariesen Hoffmann-La Roche und Ciba Geigy nah. Nicht weniger wachsam sind die britische ICI, die französische Rhône-Poulenc und die Arzneimitteltöchter der großen japanischen Industriekonglomerate. Daß Amerikas Chemie-Establishment, von Dow Chemicals bis Eli Lilly, längst tief in der Gentechnik steckt, versteht sich.

Kein Unternehmen der Welt aber setzt so auf die neue Technik wie Monsanto. Nirgends ist die ökonomische Schubkraft der Gentechnik spürbarer als im weitläufigen Hauptquartier des Multis in der Midwest-Metropole St. Louis. Erfahren läßt sich dort, daß die schlichte Chiffre vom Profitstreben als Treibsatz prekärer Innovationen den Blick auf die komplexen Motive und Reaktionsschemata industrieller Wandlungsprozesse trübt. Sichtbar werden dort die Strukturen internationaler Konkurrenz und Verflechtung, die dem technischen Fortschritt Momentum und Richtung geben. Die vielgestaltige Taktik, mit der Konzerne den öffentlichen Bedenken gegen ihr Tun begegnen, ist dort zu erkennen. Vorläufig prüfen lassen sich dort auch die Hoffnungen und Befürchtungen, welche die Gentechnik weckt. Monsanto – das war für Ökonomen bis vor kurzem Paradigma jenes Vergreisungsprozesses, der allen großen Industrien Amerikas und Europas zu schaffen macht. Jahrzehntelang war die 1901 gegründete Chemiefirma aus Missouri unter günstigen Bedingungen zum weltweit operierenden Multi gewachsen. Preiswertes Erdöl aus heimischen Quellen bot den Rohstoff, aus dem sich leichtverkäufliche Chemieprodukte destillieren ließen: Pflanzenschutzmittel für die riesigen Farmen des amerikanischen Mittelwestens, Chemiefasern für Amerikas Textilfabriken, Verpakkungskunststoffe, billige Plastikprodukte und Allerweltsarzneien wie Aspirin.

Doch der Preisverfall auf dem Weltölmarkt und aufkommende Konkurrenten aus den Schwellenländern, die Fasern und Kunststoffe günstiger herstellen konnten, änderten Anfang der siebziger Jahre die Spielregeln gründlich. Behäbige Multis wie Monsanto gerieten unter Druck. Ohne neue Produkte und Techniken drohte ihnen der Untergang. Einem Mann wie Monsantos Chef Richard Mahoney kam die Gentechnik da gerade zur rechten Zeit. Mit vollem Einsatz steuerte er den Industriegiganten in Richtung Biotechnik.

Monsanto hat sich seine Zukunft bis heute weit über fünf Milliarden Mark kosten lassen. Allein 250 Millionen Mark – die größte Sachinvestition in der Firmengeschichte – wurde in das 1984 eröffnete «Life Science Research Center» gesteckt.

Der Konzern verleibte sich etliche Firmen ein, die für den Einstieg in die Gen- und Biotechnik von Nutzen schienen. Teure Beteiligungen an Forschungsfirmen wie Genentech, Genex und Invitron sollen steten Zugriff auf das neueste Know-how der Gentechnik sichern.

Monsantos massives Engagement in der neuen Technologie ist eine Strategie der Verzweiflung. Anantha Raman, Chef einer auf Chemieaktien spezialisierten Brokerfirma, urteilt: «Monsanto gibt wahnsinnig viel Geld für seine Forschung aus. Die ganze Zukunft der Firma hängt davon ab. Es ist ein Spiel um alles oder nichts.»

Der kommerzielle Erfolg der Gentechnik ist für den Giganten deshalb ein Muß. Doch er ist alles andere als sicher.

Ein Mann, der den Markt übersieht, ist Jon Miller vom Stanford Research Institute: «Bislang sind vielleicht zwanzig Produkte erkennbar, die voraussichtlich marktreif werden, vor allem Arzneimittel. An jedem dieser Produkte arbeiten wenigstens zwanzig Firmen. Mehr noch – alle wirklich starken Unternehmen haben sich auf drei Entwicklungslinien geworfen: Immunstoffe, Hormone und Blutfaktoren. Das sind zum Teil sehr kleine Märkte. Da können nur wenige überleben.»

Der Biotech-Wettbewerb ist scharf, weil das Wissen um die Genmanipulation und ihre ökonomischen Möglichkeiten sich weltweit so rapide vermehrt und ausgebreitet hat wie Bakterien in einem idealen Medium. Die Keimzellen dafür sind die Bioboutiquen von Kalifornien und Boston. Ermuntert durch die Beispiele der jungen Informatik-Wissenschaftler, die Anfang der siebziger Jahre mit ihrem frischen Uni-Wissen erfolgreich eigene Mikroelektronik-Firmen gründeten, versuchten auch die Genforscher, ihre Kenntnisse zu Geld zu machen.

Am 26. Oktober 1985 wurde weithin sichtbar, daß sie damit erfolgreich waren. Es war ein schöner kalifornischer Herbsttag, und doch mußte abends der Flughafen von San Francisco den Betrieb einstellen. Der Grund war ein verschwenderisches Feuerwerk am Himmel über der Bay.

Mit dem Spektakel feierte eine Firma den Höhepunkt ihres beispiellosen Aufstiegs: Genentech, ein gerade neun Jahre altes Gentechniklabor, hatte am nämlichen Tag von der Food and Drug Administration (FDA) die Zulassung für das Medikament «Protropin» bekommen. Das war ein menschliches Wachstumshormon, gentechnisch hergestellt, und es sollte die erste Arznei sein, welche die Firma selbst vermarkten wollte. Ein Wachstumsfaktor für die Firma selbst: Genentech, das schien nun möglich, konnte von einer kleinen Forschungsfirma zu einem großen Pharmaunternehmen werden.

Die Hoffnung darauf wurde drei Jahre später bestätigt, als die Firma abermals Grund zum Feiern hatte: am 13. November 1987 ließ die FDA das Genmedikament «Activase» zu – ein Blutfaktor, der völlig neue Wege in der Behandlung von Herzinfarkten eröffnet. Das Wachstumshormon Protropin war lediglich zur Behandlung zwergwüchsiger Kinder gedacht, ein kleiner, kaum umsatzträchtiger Markt. Mit dem Infarktmittel Activase aber war Genentech ein großer Wurf gelungen: Allein in den USA erleiden jährlich 1,5 Millionen Menschen einen Herzinfarkt.

Als Genentechs Chef Robert Swanson Anfang des Jahres 1988 die Bilanz für 1987 in den Händen hielt, kommentierte er deshalb überschwenglich: «Unsere Verkaufszahlen sind um 225 Prozent gestiegen, auf 141 Millionen Dollar. Mit der Zulassung von Activase wird nicht nur die Lebensqualität von Millionen Amerikanern verbessert – es sind damit jetzt auch die Verheißungen der Biotechnologie Wirklichkeit geworden.»

Das stimmt wohl. Genentechs Weg dahin ist eine Success-Story, wie sie die Wirtschaftsgeschichte selten gesehen hat. Sie begann eines Nachmittags im Jahre 1976, als ein smarter junger Mann im gedeckten Anzug mit Weste das Labor von Herbert Boyer in Berkeley betrat. Boyer war einer der jungen Stars der Gentechnik, der die Anwendung von Restriktionsenzymen zur Aufspleißung der DNA vorangetrieben hatte – aber lassen wir die wissenschaftlichen Details.

Der Besucher war Robert Swanson, 28 Jahre alt und Teilhaber der

Anlageberater Kleiner, Perkins, Caufield & Byers, die vor allem Wagniskapital für junge High-Tech-Firmen vermittelten. Er überredete Boyer, 500 Dollar Kredit aufzunehmen und mit ihm gemeinsam eine Firma zu gründen, die gentechnische Methoden und Produkte entwikkeln und verkaufen sollte: Genentech.

Swanson, wer sonst, war fürs Geschäftliche zuständig, Boyer für die Wissenschaft. Wie man heute weiß, verstanden beide ihren Job. Boyer scharte bald ein Team von Top-Wissenschaftlern um sich, die das Genentech-Konzept reizvoll fanden. Natürlich hatten die Akademiker Vorbehalte gegen den Kommerz, aber andererseits war Geldverdienen so schlecht auch wieder nicht.

Die Bezahlung erfolgte zum Teil in Aktien der Firma, die auch nur dann weiterverkauft werden durften, wenn das Unternehmen bestimmte Planziele erreicht hatte. Das war Swansons Trick: Er schonte die Kasse und interessierte die Eierköpfe am Erfolg der Firma. Sie waren die ersten, die das Erbmaterial für menschliches Insulin und Wachstumshormon klonierten. Auf der Liste ihrer Coups stehen Interferone, das potentielle Krebsmittel Tumornekrosefaktor, der Blutgerinnungsfaktor VIII und tPA – die Wirksubstanz des Infarktmittels Activase.

Genentechs wissenschaftliche Erfolge erleichterten Bob Swanson das Geschäft – es bestand vor allem darin, Geld aufzutreiben. Die erste Million Dollar machte er bei Großunternehmen locker, die sich an der Gentechnik interessiert zeigten – zum Beispiel beim Chemiekonzern Monsanto und bei der Bergwerksgesellschaft International Nickel. Weitere Millionen kamen über «Venture capital»-Fonds herein.

Vier Jahre nach der Gründung schließlich, im Oktober 1980, brachte Swanson die junge Firma an die Börse. Es wurde eine Aktienemission, von der man in der Wall Street noch lange reden sollte. Der Ausgabetermin wurde wieder und wieder verschoben, weil die Börsenaufsicht fand, daß Swanson im Prospekt zu dick aufgetragen hatte. Schließlich wurde der Ausgabekurs auf 35 Dollar festgesetzt und der Handel konnte beginnen. Binnen zwanzig Minuten war der Kurs auf 89 Dollar hochgeschossen – ein Debut wie dieses hatte die New York Stock Exchange selten gesehen. Am Abend des Emissionstages war der einstige 500-Dollar-Unternehmer Herbert Boyer, der selbst ein ordentliches Aktienpaket hielt, ein Mann, den man auf gut achtzig Millionen Dollar zu taxieren hatte.

Die Genentech-Plazierung heizte einen aberwitzigen Bioboom an. Überall in den Vereinigten Staaten gründeten jetzt Professoren Genlabors, denn die Finanziers rannten ihnen die Türen ein. Am Ende gab es 200 solcher Firmen, es mögen auch 300 gewesen sein. Rund fünf Milliarden Mark steckten Banken, Pensionsfonds, Industrieunternehmen und private Anleger, die dafür Steuervergünstigungen erhielten, in die Bioboutiquen.

Der Genrausch hielt aber nicht lange an. Mitte 1983 begann der Aktienindex für Biotechnik-Papiere, den die Investmentfirma Kidder Peabody mittlerweile führte, rapide zu sinken. Ende 1984 – die Börsen setzten gerade zum tollsten Höhenflug der Finanzgeschichte an – war der Biotech-Index hoffnungslos im Keller. Die Anleger waren aus gutem Grund verbiestert. Die Professoren verbrauchten in ihren Firmen zwar jede Menge Geld und meldeten auch wacker wöchentlich neue Patente an. Nur eines erbrüteten ihre geklonten Bakterien leider nicht: Profite.

Von den rund vierzig börsennotierten Genlabors hatte Anfang 1986 keines Umsätze von mehr als zweihundert Millionen Mark vorzuweisen. Nicht eines machte mehr als zehn Millionen Mark Gewinn, im Gegenteil: Verluste, hohe Verluste, waren die Regel. Die bescheidenen Einnahmen kamen zudem nicht etwa aus dem Verkauf von Genprodukten, Geld kam nur in die Kassen, weil die US-Regierung über die National Institutes of Health immense Forschungssubventionen verteilte, weil die Großindustrie Forschungsaufträge gab und gegen Gebühr Lizenzen nahm.

Schnell zeigte sich, daß die Professoren zwar gute Forscher, aber miserable Manager waren. Die meisten Genlabors waren darauf aus, neue Pharmazeutika zu entwickeln. Doch sie hatten den Aufwand völlig unterschätzt, den jahrelange Zulassungsverfahren für Arzneimittel erfordern. Und sie hatten keine Ahnung, mit welchen Methoden man ein Medikament auf dem schwierigen Pharmamarkt durchsetzt.

Die Entwicklung eines neuen Medikaments kostet leicht 300 Millionen Mark und dauert fast eine Menschengeneration – mit Gentechnik ist da wenig zu machen. Die eigentliche Erforschung des Wirkstoffs – das konnten die Genlabors – erfordert nur ein Viertel dieser Kosten und zwei Drittel der Zeit. Die kurze Schlußphase vor der Marktreife aber ist teuer, und an dieser unerwarteten Kostenbelastung mußten viele Bioboutiquen scheitern.

Etliche gingen in Konkurs. Andere wurden von Großunternehmen geschluckt – die darauf nur gewartet hatten. Der Pharmariese Eli Lilly etwa verleibte sich die Genfirma Hybritech ein, Bristol Myers kaufte Genetic Systems. Selbst jene vier Genlabors, die sich inzwischen als top four der Branche etabliert hatten – Genentech und Cetus in San Francisco, Biogen in Boston und Genex in Rockville, Maryland – gerieten in ernste Schwierigkeiten.

Am härtesten traf es Biogen. Weil die Verluste zeitweise fünfzig Prozent des Umsatzes erreichten, verloren die Geldgeber die Geduld. Firmengründer Walter Gilbert, ein Nobelpreisträger, der für seine Unternehmerkarriere einen Harvard-Lehrstuhl verlassen hatte, mußte gehen. Die europäische Biogen-Niederlassung in Genf wurde an den britischen Pharmakonzern Glaxo verkauft, der Schweizer Chemiemulti Hoffmann-LaRoche kam in den Besitz der Biogen-Labors im belgischen Gent.

Biogens Probleme alarmierten die Branche. Es sah ganz so aus, als könnten die kapitalstarken Pharmariesen vom Kaliber Roche, Hoechst und DuPont in aller Ruhe zusehen, wie den innovativen Genlabors die Luft ausging, um sie dann zum Discountpreis zu kaufen.

Lange nämlich hatten sich die Großunternehmen mit dem Einstieg ins Gengeschäft zurückgehalten und sich dem Vorwurf ausgesetzt, eine technologische Revolution zu verschlafen. Stanley T. Crooke, Forschungschef der US-Pharmafirma Smith, Kline & French, sprach vielen Experten aus der Seele, als er auf dem Höhepunkt des Biobooms meinte: «Das Aufkommen so vieler unabhängiger Biotech-Unternehmen stellt den etablierten Pharmafirmen ein sehr schlechtes Zeugnis aus.»

Doch nun schien es so, als hätte das Pharma-Establishment sich ziemlich clever verhalten. Die Laborfirmen hatten die neue Technologie durchgesetzt, aber die ökonomischen Früchte schien Big Business einzuheimsen, weil die konkursreifen Labors den mächtigen Multis zu Dutzenden in den Schoß fielen.

Die Manager der Pionierfirmen witterten diese Gefahr. Niemandem war entgangen, was 1982 mit dem ersten gentechnisch hergestellten Produkt überhaupt, Humaninsulin, geschehen war: Die manipulierten Bakterien, die das Insulin produzierten, stammten aus den Genentech-Labors. Doch das fertige Produkt – Markenname Humulin – hatte der Pharmakonzern Eli Lilly, lizensiert von Genentech, auf den Markt gebracht. Die Laborfirma hatte keine Chance, das Produkt selbst auf dem hart umkämpften Insulin-Markt durchsetzen zu können. Mit dem zweiten marktreifen Produkt war es Genentech nicht anders ergangen. Das in San Francisco klonierte Alpha-Interferon verkaufte unter der Marke Roferon Hoffmann-LaRoche.

Die Labors entdecken die Produkte, Big Business macht damit die Profite – Genentech und Co. mißfiel das schon lange, und nun schickten sich die Multis auch noch an, die Pioniere zu schlucken. Genentechs Robert Swanson machte 1986 klar, daß es so eigentlich nicht gedacht war: «Ich habe immer gesagt, daß wir selbst eine richtige Pharmafirma mit einer Milliarde Dollar Umsatz werden wollen. Daran hat sich nichts geändert. Ich füge aber neuerdings hinzu, daß wir eine unabhängige Firma bleiben wollen.» Cetus' Marketingchef James E. Rurka sah das nicht anders: «Wir bleiben kein Labor, wir werden eine Pharmafirma. Wenn es eines gibt, das wir nicht tun werden, dann ist es dies: unser Know-how den Großen geben und sie damit davonziehen lassen.»

Wenn das gelingen sollte, war eine neue Strategie vonnöten. Um die Biobaisse der frühen achtziger Jahre durchzustehen, mußten die Erfinderfirmen ihr Geschäft stark einschränken. Genentech etwa konzentrierte sich deshalb darauf, nur noch wenige Produkte selbst zu entwickeln und zu vermarkten. Weniger wichtige Teile des Geschäfts werden heute in Kooperation mit anderen Firmen betrieben. Mit Unternehmen wie Travenol, Corning Glass und Hewlett Packard wurden Gemeinschaftsfirmen gegründet.

Was Firmen wie Genentech aber vor allem brauchten, das waren erfahrene Pharmamanager, die wußten, wie man Produkte auf dem Markt durchsetzt. Genentech heuerte deshalb Kirk Raab als neuen Präsidenten an, der zuvor den Arzneimittelhersteller Abbott Laboratories, eines der führenden Unternehmen in den USA, geleitet hatte. Raab sorgte als erstes dafür, daß nicht mehr Unsummen in die Forschung flossen, sondern investierte statt dessen kräftig ins Marketing. Als Genentech Ende 1987 das Infarktmittel Activase einführte, konnte die Firma dafür 200 Pharmavertreter einsetzen, die sie zuvor für viel Geld bei der Konkurrenz abgeworben hatte.

Andere Genfirmen folgten Genentechs Strategie. Cetus zum Beispiel war vor allem deshalb stets nur die Nummer zwei der Branche hinter Genentech geblieben, weil Firmengründer Ronald Cape – auch er ein

Molekularbiologe mit hohen Meriten – an zu vielen Produkten auf einmal arbeiten ließ. Heute setzt Cetus vor allem auf die Entwicklung von Medikamenten zur Krebsbekämpfung – auch das noch eine ausreichend riskante Strategie.

Wall Street honorierte die neue Bescheidenheit der Bioboutiquen. Die Kurse stiegen wieder. Anfang 1987 lag der Kidder Peabody-Index so hoch wie nie. Den entscheidenden Schub hatte erkennbar die Zulassung von Genentechs Wachstumshormon Protropin gegeben – jenes Ereignis, das Anlaß zu dem spektakulären Feuerwerk in San Francisco gewesen war.

Doch der Feuerzauber hat zugleich wohl auch dem letzten Manager in der Großindustrie signalisiert, daß der Bioboom weitergeht, vielleicht erst jetzt so richtig beginnt. Die Kurse der Genaktien sind auch deshalb gestiegen, weil Big Business offenbar mächtig dabei ist, sich in die Labors einzukaufen.

Kein Zweifel – der harte Kampf um die Erträge der neuen Technologie hat gerade begonnen. Der Fight findet nicht allein zwischen Pionierfirmen und Industrie-Establishment statt. Die Gentechnik heizt auch die Konkurrenz der Chemie- und Pharmagiganten untereinander an. Schließlich wird es auch ein Wettbewerb zwischen ganzen Volkswirtschaften um neue Wohlstandsquellen: Die Konkurrenz zwischen den Vereinigten Staaten, Europa und Japan, schon bekannt aus der Mikroelektronik, erlebt eine spannende Neuauflage.

Die Frage ist, ob sich das Entwicklungsmuster der Mikroelektronik wiederholt: Amerika darf stolz sein auf die Basiserfindung, aber Japan kopiert und erobert mit reifen Produkten die Märkte und Europa schaut staunend zu.

Die ersten Erfahrungen mit den neuen Biotechniken sprechen nicht zwingend für eine Reprise.

Anders nämlich als die Mikroelektronik braucht die Entwicklung der Bioprodukte viel Zeit, und die Anwendungen der neuen Technik sind vielfältig. Niemand erzielt deshalb einen dauernden Wissensvorsprung, in dessen Schutz er bequem seine Schäfchen ins trockene bringen könnte. Kapitalkraft und traditionell starke Marktstellungen werden ausschlaggebend für unternehmerische Erfolge in der Gentechnik.

Europas Chemiekonzerne brauchen deshalb die amerikanische und japanische Konkurrenz nicht zu fürchten. Die drei deutschen Multis Bayer, Hoechst und BASF etwa werden in der Weltrangliste der Chemiegesellschaften nur noch vom US-Giganten DuPont übertroffen – sie können sich auf ihre Stärke verlassen. Das sieht man auch in Amerika so. Das Wirtschaftsmagazin *Business Week* urteilt: «Anders als in der Mikroelektronik, wo Europa hinter den USA und Japan immer weiter zurückfällt, hat die Alte Welt in der Biotechnik eine vielversprechende Zukunft. Die Fertigkeiten, gentechnische Methoden für die Herstellung kommerzieller Produkte zu nutzen, wachsen dort rapide. Dank großer Erfahrung in der Vermarktung von Arzneimitteln, dank ehrgeiziger Wissenschaftler und dank üppiger Investitionen von Regierungen, Unternehmen und ‹venture funds› ist Europa ein heißer Tip in der Biotechnik.»

Keinesfalls auch ist heute schon klar, daß Japans Industriekonglomerate am Ende das Rennen in der Biotechnik machen. Befürchtet worden ist das oft genug, und Anlaß dazu gab es schon.

Zum Beispiel 1981 auf einem Gentechnik-Seminar in San Francisco. Genentech-Forscher zeigten zum ersten Mal ein Dia mit der chemischen Blaupause für das potentielle Krebsmedikament Gamma-Interferon. «Da holten sie die Kameras heraus», erinnert sich David Goeddel, einer der Forscher-Stars von Genentech. Sie – das waren japanische Kollegen, die für den Nahrungsmittelkonzern Suntory arbeiteten. Sechs Wochen später gab die Firma bekannt, daß sie Gamma-Interferon synthetisiert hatte.

Die Japaner ließen nichts unversucht, schon früh den Anschluß an die Gentechnik zu finden. Während die amerikanische Großindustrie anfangs nur zögernd bereit war, die Forschung in den Bioboutiquen zu fördern, zeigten japanische Unternehmen sich stets spendabel – und bekamen im Gegenzug Know-how.

Das Office of Technology Assessment (OTA), das für den US-Kongreß technologische Entwicklungen analysiert, kam 1983 in der bislang gründlichsten Untersuchung des internationalen Biotechnik-Wettbewerbs zu dem Schluß, daß Japan ein gefährlicher Konkurrent der amerikanischen Industrie zu werden drohe. Hauptargument: Japanische Unternehmen hätten lange, überlegene Erfahrung mit Bioprozessen, weil viele Nahrungsmittel wie Sojasoße, Reiswein oder der Sojabohnenquark Tofu biotechnisch hergestellt würden. Zudem sei Japans Industrie schon Ende der siebziger Jahre weltweit führend in der Enzymtechnik gewesen – von 26 Enzymen, die kommerziell hergestellt wurden, kamen tatsächlich allein 21 aus Japan. Außerdem beherrschten die Japaner den Weltmarkt für synthetische Aminosäuren, und von den Antibiotika, die seit 1980 neu auf den Markt gekommen waren, stammten zwanzig Prozent aus Japan – absolut waren das mehr, als die USA, Großbritannien und die Bundesrepublik zusammen entwickelt hatten.

Noch eines schürte die Sorge des OTA: Das Ministerium für Internationalen Handel und Industrie (Miti) hatte die Entwicklung der Biotechnik zur nationalen Aufgabe erklärt und in einem 260-Millionen-Mark-Subventionsprogramm die Forschung der vierzehn führenden Chemie- und Pharmaunternehmen zusammengeführt. Das alles sprach dafür, daß Japan schon bald die Nummer eins in der Biotechnik würde.

Doch nüchtern betrachtet verliert die Japan AG viel von ihrem Schrecken. Die Miti-Subventionen machen nur ein Zehntel dessen aus, was die US-Regierung ihrer Industrie im gleichen Zeitraum an Forschungshilfen zukommen ließ. Erfahrung mit Biotechnik haben auch deutsche Bierbrauer – ohne daß sie deshalb als Geheimtip der Gentechnik gehandelt würden. Das Können der Japaner in der Fermentierung und Reinigung von Aminosäuren und Antibiotika ist anerkannt – die Herstellung großer Proteine für revolutionäre neue Therapeutika ist aber eine andere Sache. Vor allem aber haben japanische Pharmaunternehmen bislang auf den Arzneimittelmärkten der Welt noch keine Rolle gespielt. Marketing – sonst ihre Stärke – ist hier nur mühsam zu erlernen und zugleich von entscheidender Bedeutung; es scheint ihnen zu fehlen.

Die internationale Konkurrenz um die kommerzielle Ernte der Gentechnik ist jedenfalls noch offen. Nicht zu übersehen ist aber, daß ausgerechnet die deutsche Industrie – seit hundert Jahren Weltspitze auf den Märkten für Agrochemie und Arzneien – mit schweren Handicaps an den Start gegangen ist.

Die Bioboutiquen von San Francisco und Boston, die in den siebziger Jahren die fruchtbare Kreuzung von Kommerz und Forschung zustande brachten – sie fehlen hierzulande. Ermuntert durch das Beispiel der amerikanischen Kollegen haben zwar auch deutsche Bioprofessoren mittlerweile eigene Forschungsfirmen gegründet. Der Hamburger Biochemiker Hubert Köster etwa machte schon 1982 sein Laborunternehmen Biosyntech auf. In Heidelberg, dem führenden Zentrum der deutschen Genforschung, gibt es inzwischen bald ein Dutzend Wissenschaftlerfirmen mit so klingenden Namen wie Progen, Organogen, Fermigen, Gen-Bio-Tec oder Denagen. Doch gemessen an den Genentechs und Biogens der Branche sind die deutschen Labors bescheidene Hobbywerkstätten.

Weil jenseits der Grenzen das große Geld lockte und weil anderswo die Forschungsbedingungen eben besser waren als zu Hause, gingen begabtere deutsche Molekularbiologen erklärlicherweise lieber ins Ausland. Die Kolibakterien für das erste gentechnische Produkt auf dem Markt, humanes Insulin, klonierte der deutsche Biologe Axel Ullrich – nicht in Heidelberg, sondern in den Labors von Genentech in San Francisco. Sein Landsmann und Kollege Peter Seeburg manipulierte für Genentech die Bakterien, die das Wachstumshormon Protropin erbrüten sollten. Den Deutschen Georges Köhler, der zusammen mit dem Briten Cesar Milstein die monoklonalen Antikörper entwickelte, erreichte 1984 die Nachricht von der Verleihung des Nobelpreises in Basel, wo er am Hoffmann-LaRoche-Institut für Immunologie arbeitete.

Daß die Bundesrepublik in der Gentechnik Provinz war, machte der Chemiekonzern Hoechst 1982 mit einer spektakulären Geste klar: Er dotierte ein Hochschulinstitut mit fünfzig Millionen Dollar, um im Gegenzug den Zugriff auf Ergebnisse der Grundlagenforschung zu bekommen. Der Empfänger der Hoechst-Millionen saß nicht in der Bundesrepublik, sondern im fernen Boston. Er war der renommierte Harvard-Professor Howard Goodman am Massachussetts General Hospital. Die Hoechst-Aktion – sie signalisierte zugleich den vehementen Einstieg des Multis ins Gengeschäft – machte deutlich, daß die deutsche Industrie eine Zukunftstechnik zu verschlafen drohte.

Doch das hat sich geändert. Seither ist viel geschehen. Drei Dutzend deutsche Unternehmen sind mittlerweile in der Gentechnik aktiv. Sie mischen kräftig mit im internationalen Biobusiness, auch wenn sie wenig Ehrgeiz zeigen, das nach außen sichtbar zu machen. Der Grund dafür, daß sie lieber in der Stille ihrer Labors arbeiten, ist am Main zu besichtigen.

Die Anlage ist imposant. Sechs Stockwerke hoch reckt sich im Block D 741 der Hoechster Farbwerke ein undurchschaubares Geflecht blanker stählerner Rohre. Alles wirkt aseptisch. Wände und Böden sind lückenlos gekachelt, die Fugen sorgsam mit Dichtungsmasse gefüllt. Fenster und Türen sind hermetisch dicht, alle Luftöffnungen mit sicheren Filtern versehen. In der Mitte ein haushoher Kessel, ein Fermenter, der 60000 Liter faßt. Im regelmäßigen Rhythmus soll er Chargen einer trüben Nährlösung hergeben, in der Kolibakterien gewachsen sind. Die Einzeller sollen prall gefüllt sein mit einem Stoff, den sie nur dank genetischer Manipulation synthetisieren können: menschliches Insulin, ein wichtiges Medikament für die Behandlung Zuckerkranker. Doch Europas größte gentechnische Anlage steht seit Monaten still. Hoechst kann die siebzig Millionen Mark teure Apparatur nicht in Betrieb nehmen – Denkmal eines ökonomischen Desasters.

Der Regierungspräsident in Darmstadt hat die Betriebserlaubnis zurückgezogen, weil die «Hoechster Schnüffler und Maagucker», eine Umweltschutzinitiative, Einsprüche geltend gemacht haben. Sie halten den Umgang mit gentechnisch veränderten Bakterien für riskant, fürchten, die Mikroben könnten trotz aller Sicherheitsvorkehrungen in die Umwelt gelangen und dort ökologischen Schaden stiften.

Die Hoechst-Wissenschaftler versuchen, mit einer Fülle von Argumenten die Sicherheit der Anlage zu belegen. Danach sind die Kolibakterien vom Sicherheitsstamm K 12 genetisch eigens so manipuliert, daß sie in der natürlichen Umwelt gar nicht überleben können – was über Jahre in unzähligen Experimenten nachgewiesen sei. Die technische Sicherheitsvorkehrung in der Anlage – Filter, Dichtungen, Sterilisation aller bakterienhaltigen Flüssigkeiten – seien mit Absicht überdimensioniert worden. Die Zentrale Kommission für biologische Sicherheit, ein Expertengremium beim Bundesgesundheitsamt, habe der Firma das ausdrücklich bescheinigt.

Die Rechtslage ist unklar, weil das Immissionsschutzgesetz von 1974, nach dem Chemieanlagen genehmigt werden, die Besonderheiten gentechnischer Produktionen nicht berücksichtigt. Hoechst muß auf ein jahrelanges Verfahren gefaßt sein – mit bitteren wirtschaftlichen Folgen.

Der Weltmarkt für Insulin – Wert 1,5 Milliarden Mark – ist hart umkämpft. Traditionell wird das Hormon, mit dem sieben Millionen Diabetiker behandelt werden, aus den Bauchspeicheldrüsen geschlachteter Rinder und Schweine gewonnen. Doch seit 1982 verkauft der amerikanische Pharmariese Eli Lilly Insulin, das gentechnisch nach einer Genentech-Lizenz hergestellt wird. Lilly hat mit dem neuen Produkt schon fast den halben Weltmarkt erobert. In der Bundesrepublik gehören Hoechst mit herkömmlichem Insulin noch sechzig Prozent des

Marktes. Doch Lilly holt dank seines Genprodukts auf, und auch der dritte große Konkurrent, die dänische Novo Industri, wird bald mit einem Bakterien-Insulin auf dem Markt sein. Hoechst droht seinen heimischen Markt zu verlieren. Vor allem aber bleibt die deutsche Firma auf dem sehr viel größeren amerikanischen Markt ohne Chance, wenn die Genproduktion in Frankfurt stillgelegt bleibt.

Härter als etwaige Einbußen auf dem Insulinmarkt träfen den führenden deutschen Pharmakonzern allerdings die langfristigen Folgen, wenn ihm jetzt der Einstieg in die Gentechnik nicht gelänge. Die Hoechst-Tochter Behringwerke hat eine Reihe von Genprodukten – zum Beispiel den Blutgerinnungsfaktor VIII –, die bald marktreif sind. Behrings Forschungsvorstand Ernst-Günter Afting: «Was wir jetzt dringend brauchen, sind genehmigte Produktionsanlagen.»

Doch der Pharmakonzern, der entschlossener als alle europäischen Konkurrenten in die Gentechnik eingestiegen ist, droht weiter zurückzufallen – er liegt schon heute weit hinten, abgehängt auch von deutschen Wettbewerbern. Zwei Unternehmen nämlich betreiben seit 1986 Gen-Anlagen in der Bundesrepublik – ohne daß es Widerstand von Kritikern gegeben hätte. Im bayerischen Flecken Laupheim, nahe Ulm, stellt die Firma Bioferon den Wirkstoff Gamma-Interferon her. Der Pharmahersteller Thomae – eine Tochterfirma von Boehringer Ingelheim – produziert im schwäbischen Biberach das Infarktmittel tPA. Beide Firmen weisen den typischen Weg, auf dem die etablierte Industrie den Anschluß in der Gentechnik sucht: durch Kooperation mit den Pionierunternehmen. Boehringer Ingelheim hatte schon 1985 für vierzig Millionen Mark eine Fünf-Prozent-Beteiligung an Genentech in San Francisco erworben. Ergebnis: Die Boehringer-Tochter Thomae wird das Infarktmittel Activase, das für Genentech den Durchbruch auf dem Pharmamarkt brachte, in Lizenz herstellen und weltweit verkaufen – mit Ausnahme von Nordamerika, dort will Genentech selber verdienen, und Japan, wo der Chemiekonzern Mitsubishi die Vertriebsrechte hat.

Ob das neue Medikament – deutscher Markenname Actilyse – einen ausreichenden Teil der Boehringer-Investitionen in die Gentechnik von über 250 Millionen Mark je einspielen wird, ist freilich zweifelhaft. Während Genentech in den USA sechs Wochen nach der tPA-Zulassung über 60 Millionen Mark eingenommen hatte, kam Thomae in den ersten acht Verkaufswochen in der Bundesrepublik gerade auf kümmerliche 2,5 Millionen Mark. Grund: die Finanzprobleme im deutschen Gesundheitssystem. Eine einzige Actilyse-Behandlung kostet 4200 Mark. Dem Infarkt-Patienten bringt sie den Vorteil, das Krankenhaus schnell verlassen zu können. Doch die Klinik, deren Ärzte über die tPA-Therapie entscheiden, ist aus ökonomischen Gründen interessiert, Patienten lange bei sich zu behalten – und das gewährleisten nur traditionelle Infarkttherapien ohne das Genmedikament tPA. Auch Bioferon, die zweite deutsche Firma an der Biotechnikfront, setzt auf Kooperation mit einem der großen Laborunternehmen. Doch hier ist die Kapitalbeteiligung umgekehrt: Die Bostoner DNA-Boutique Biogen hält seit 1984 fünfzig Prozent an Bioferon. Das Engagement war den Amerikanern vierzehn Millionen Mark wert, weil sie Bioferons Fähigkeiten brauchten, Bioprodukte in großen Mengen herzustellen und zu reinigen. Neben gentechnischem Gamma-Interferon wird auch Bioferon das Infarktmittel tPA produzieren – der manipulierte Organismus dafür kommt von Biogen, das fertige Produkt will der US-Pharmakonzern Smith Kline vertreiben.

Boehringer und Bioferon – die Beispiele belegen, daß das Gengeschäft global ist. Nie zuvor ist eine technologische Neuerung über international so verflochtene ökonomische Strukturen verbreitet worden wie die Gentechnik. Den Grund dafür – er ist wiederum in den Bioboutiquen zu suchen – nennt Bioferon-Chef Johann-Friedrich von Eichborn: «Ausgelöst durch ihren notorischen und unersättlichen Finanzbedarf sehen sich die Genfirmen genötigt, aus allem Kapital zu schlagen, was sich irgendwie vermarkten läßt. Das hat zur notwendigen Konsequenz, daß sie mit mehreren Firmen gleichzeitig in regen Geschäftsbeziehungen stehen.»

Von seinem Partner Biogen etwa kennt von Eichborn ein Dutzend namhafter Geschäftspartner: die japanischen Firmen Suntory, Shionogi, Yamanouchi, Fujisawa und Green Cross; aus der Bundesrepublik Schering, die Behringwerke und die BASF-Tochter Knoll; dazu noch die Pharmariesen Roche, Smith Kline, Novo und Kabi Vitrum.

Beim Biogen-Konkurrenten Genentech sieht die Liste der Partner nicht anders aus: die Schweizer Konzerne Roche und Ciba Geigy sind dabei; Boehringer Ingelheim und Chemie Grünenthal aus der Bundesrepublik; die Japaner Mitsubishi, Fujisawa, Kyowa Hakko und Toray; aus den USA schließlich Hewlett Packard, Eli Lilly und die Cutter Laboratories – eine Tochter des deutschen Bayer-Konzerns. Die Pioniere stehen also in regem Austausch mit Pharmagiganten, die sonst weltweit hart gegeneinander konkurrieren. Dem Industrie-Establishment gefällt das wenig, doch es hat keine andere Wahl. Von Eichborn: «Die anfängliche Entschlußlosigkeit und Unbeholfenheit der klassischen Pharmaunternehmen haben es den jungen Genfirmen der USA ermöglicht, mit wenigen energischen Forschungsanstrengungen einen Vorsprung zu erlangen, der nun die Großfirmen auf Jahre von den kleinen Neugründungen abhängig macht.»

Der Multi Hoechst hat im Vertrauen auf die eigene Größe diese Abhängigkeit vermeiden wollen und die Gentechnik weitgehend aus eigener Kraft zu entwickeln versucht – mit deprimierendem Ergebnis. Deutlich geschickter hat Hoechst-Konkurrent Bayer sich die Gentechnik angeeignet. Der Weltkonzern aus Leverkusen wird vermutlich die deutsche Nummer eins im Biobusiness werden.

Seit Jahren schon steckt Bayer per anno weltweit 200 Millionen Mark in seine Bioforschung, ein Viertel davon in reine Gentechnik. Laute Kommentare war den Leverkusener Konzernlenkern das nie wert. Nüchtern urteilt der Bayer-Forschungsmanager Wolf-Dieter Busse: «Unsere Strategie war konservativ, aber solide.»

Vor allem war sie auf Amerika gerichtet. Schon 1981 gründete der Konzern zusammen mit drei Yale-Professoren in West Haven, Connecticut, die Genfirma Molecular Diagnostics. Vier Jahre später folgte die Firma Molecular Therapeutics. Als Glücksfall erwies sich, daß Bayer in den siebziger Jahren sein traditionelles Pharmageschäft in den USA stark ausgebaut und die leicht angeschlagenen Unternehmen Miles und Cutter aufgekauft hatte. Der Alka Seltzer-Hersteller Miles war immer schon stark im Enzym-Geschäft, Cutter stellte Blutplasmaprodukte her – beides wurden strategisch wichtige Felder, als die Gentechnik aufkam.

Gelassen und mitleidig verfolgen die Bayer-Leute deshalb den Trouble, den Konkurrent Hoechst mit der Genehmigung seiner Insulinanlage hat. Die sonst bei solcher Gelegenheit gern aus Managermund gehörte Drohung – «Wenn die Standortbedingungen in Deutschland nicht mehr stimmen, müssen wir die Arbeitsplätze leider ins Ausland verlegen» – können sie sich sparen – sie sind längst kommentarlos in die USA abgewandert. Wenn alles planmäßig läuft, wird Cutter 1990 im kalifornischen Berkeley mit der gentechnischen Produktion des Blutfaktors VIII beginnen – das Know-how stammt, wie auch sonst, von der nahebei residierenden Firma Genentech. Zwar ist das Präparat als Verkaufsprodukt unbedeutend. Für die Behandlung der weniger als 30000 Hämophilen in den USA und der Bundesrepublik genügen jährlich 230 Gramm der Substanz, der Weltumsatz beträgt nicht mehr als 250 Millionen Mark. Doch entscheidend ist, daß Bayer damit der Einstieg in die Fertigung gelingt. Dem ersten gentechnischen Produkt werden bald weitere folgen, und die 200 neuen Jobs in Berkeley werden nicht die letzten sein – daran lassen die Leverkusener Manager keinen Zweifel.

Sie können sicher sein, daß ihre US-Produktion in zwei Jahren läuft. Ein Bayer-Forscher: «In Deutschland brauchen Sie drei Jahre, ehe Sie ein Verfahren genehmigt bekommen – wenn Sie Glück haben. In den USA ist das problemlos, da laufen schon etliche gentechnische Produktionen. Das ganze Klima gegenüber der Gentechnik ist dort günstiger.»

Das war nicht immer so. Doch die US-Industrie hat mit Geduld, Geschick und viel Geld auf Sicherheitsbedenken gegen die Gentechnik bei Genehmigungsbehörden, Politikern und Publikum reagiert. Ein gutes Beispiel bietet auch dafür Amerikas Bioriese Monsanto. Was bei Hoechst die nicht genehmigte Insulinanlage ist, das war bei Monsanto vor vier Jahren Ps-3732. In sechs Jahren Arbeit war es dem Wissenschaftler Robert Kaufman gelungen, dem Bodenbakterium Ps-3732 ein Gen einzupflanzen, das aus einem anderen Bakterium, dem «Bacillus thuringiensis», isoliert worden war. Das Gen kodiert für ein Insektengift. Ps-3732-Bakterien, die an den Wurzeln von Maispflanzen siedeln, konnten dadurch das Toxin synthetisieren und damit Mais gegen verschiedene Schädlinge schützen. Monsanto hofft, später einmal Saatgut verkaufen zu können, das mit den insektenkillenden Bakterien besprüht war – Pflanzenschutz ohne Chemie.

Robert Kaufman hatte lange in den Gewächshäusern des Monsanto-Forschungszentrums experimentiert. Doch als er seine Bakterien auf einem Ackerstück in St. Charles, Missouri, ausprobieren wollte, verhinderte das amerikanische Umweltschutzamt EPA den Feldversuch. Der Environmental Protection Agency genügten die von Monsanto vorgelegten Studien nicht, die belegen sollten, daß die genetisch veränderten Bakterien harmlos für die Umwelt wären. Die Hauptbefürchtung – sie wurde vor allem von dem Gentechnik-Kritiker Jeremy Rifkin öffentlich propagiert – war, daß die manipulierten Mikroben sich im Boden verbreiteten, ihr Erbgut mit anderen Organismen vermischten und dadurch womöglich neue, gefährliche oder ökologisch schädliche Mikroben entstünden.

Nach langem Hin und Her hat Monsanto den Versuch aufgegeben. Das gescheiterte Vorhaben hat die Firma eine Million Dollar gekostet. Dennoch will Leonhard Guarraia, Direktor für Technologiepolitik bei Monsanto, Groll weder gegen die Umweltbehörde noch gegen Gen-Gegner Rifkin zeigen: «Diese Million war gut angelegt. Sie hat uns gelehrt, daß wir anders vorgehen müssen. Die Zeiten, wo die Wissenschaft einfach sagen konnte ‹Traut uns›, sind vorüber. Wir sind überzeugt, daß die Gentechnik sicher ist. Aber wir haben die verdammte Pflicht, das der Öffentlichkeit auch zu beweisen. Recht zu haben reicht nicht. Wir müssen auch überzeugen. Eins muß allerdings auch klar sein – wir müssen uns an wissenschaftlich prüfbare Fakten halten. Wir wollen eine faire Chance. Daß Leute die intellektuelle Freiheit einschränken wollen, daß man aus purer politischer Absicht, aus ideologischen Gründen Entwicklungen stoppen will, das ist ‹bullshit› – mit dem Wort zitieren Sie mich besser nicht.»

Die Konsequenzen aus dieser Einsicht, von der die meisten Manager in der Bundesrepublik noch meilenweit entfernt sind, hat Monsanto längst gezogen. Im November 1987 startete die Firma zusammen mit der Clemson University in Blackville, South Carolina, einen Feldversuch, der einzig den Zweck hat zu beweisen, daß genetisch manipulierte Mikroben sich nicht unkontrolliert im Boden ausbreiten – diesmal kam die EPA-Genehmigung prompt. Bakterien vom Stamm «Pseudomonas fluorescens» sind zwei Markierungsgene von gewöhnlichen Kolibakterien eingesetzt worden. Werden Bodenproben mit einem Testreagens besprüht, leuchten die veränderten Bakterien strahlend blau auf.

Drei Monate nach Versuchsbeginn hatten die Bakterien sich nicht weiter als fünfzehn Zentimeter im Boden bewegt – zumindest für Monsanto-Forscher David Drahos der Beweis, daß sie unter Kontrolle bleiben: «Das ist wirklich ein Durchbruch. Zum erstenmal haben wir mit Bakterien im Freien arbeiten können, denen fremde Gene eingesetzt sind.» Zwar hatte die Laborfirma Advanced Genetic Sciences schon im April 1987 genetisch veränderte Bakterien ins Freie bringen dürfen, mit denen Erdbeeren vor Frost geschützt werden können. Doch diesen Eis-Minus-Mikroben war nur ein Gen entfernt, kein fremdes eingesetzt worden.

Bei kostspieligen wissenschaftlichen Beweisen hat Monsanto es nicht bewenden lassen, um die Gentechnik in den Vereinigten Staaten akzeptabel zu machen. Die Abteilung für Public Relations war nicht weniger fleißig als die Forscher in den Labors und auf den Äckern. Schon 1985 hieß es in einem firmeninternen Papier: «Es gibt eine ernsthafte Gefahr: Nachdem Monsanto Hunderte von Millionen Dollar für die Genforschung ausgegeben hat, könnte am Ende ein gewichtiges Hindernis den Markteintritt blockieren. Potentielle Kunden könnten sich den Produkten der Gentechnik verweigern – vor allem wenn es den Kritikern gelingt, das öffentliche Wissensvakuum auf diesem Feld mit faktisch unbegründeten, emotionsgeladenen Kontroversen zu füllen.» Das Unternehmen hat das Seine gegen das Vakuum getan. In zwei Kampagnen in Columbus, Ohio, und Columbia, South Carolina, wurde drei Monate lang getestet, wie sich die öffentliche Einstellung zur Gentechnik verändern ließ. Pressekonferenzen, Postwurfsendungen, eine Ausstellung, von Monsanto gedrehte Filme in lokalen Fernsehprogrammen und häufige Auftritte von Wissenschaftlern und Managern der Firma in Talk-Shows und bei öffentlichen Veranstaltungen hatten die erwünschte Wirkung.

Die Meinung, daß die Biotechnik in der Landwirtschaft segensreich sei, verbreitete sich unter 86 Prozent der Bevölkerung von Columbia und unter 81 Prozent in Columbus – vor der Kampagne waren es nur 73 und 71 Prozent gewesen. Nach drei Monaten waren nur noch 21 und 14 Prozent jener Leute in beiden Städten, welche die Monsanto-PR nachweislich wahrgenommen hatten, gegen Freilandexperimente mit genetisch veränderten Mikroben – vorher waren es 27 und 25 Prozent gewesen.

In der Bundesrepublik zöge so ein Public-Relations-Feldzug schnell den Vorwurf auf sich, daß da ein mächtiges Industrieunternehmen die öffentliche Meinung zu seinen Gunsten beeinflusse. Die Amerikaner verstehen das eher unbekümmert als legitime Interessenwahrnehmung. Sie ziehen dieses Verfahren allemal dem deutschen vor, nach dem die Industrie im allgemeinen wenig Wert darauf legt, ihre Vorhaben öffentlich zur Diskussion zu stellen.

Statt aus eigenem Antrieb den öffentlichen Kenntnisstand über die Gentechnik zu verbessern, beschränken sich deutsche Manager lieber aufs Nörgeln: darüber etwa, daß die Schulen zu wenig naturwissenschaftliche Grundkenntnisse vermitteln und zur Wissenschaftsfeindlichkeit beitrügen, oder darüber, daß man hierzulande «immer erst Hinz und Kunz fragen muß, ehe man eine neue Produktion einrichten darf» – so ein Chemiemanager. Typisch auch die Äußerung eines Pharmamanagers zum Thema öffentliche Risikobedenken: «Das ist doch aussichtslos, die Öffentlichkeit in alle Tiefen der Gentechnik einführen zu wollen, die Menschen können das doch gar nicht verarbeiten. Das einzige, was wir tun können, ist dies: bessere, neue Arzneimittel machen. Das wird die Leute dann schon vom Segen der Gentechnik überzeugen.»

Einstweilen sieht es nicht so aus, als ob das gelänge. Die diffuse Furcht vor wildgewordenen Chimären, geklonten Menschen und Killerbakterien aus den Genlabors scheint in der Bundesrepublik eher zu wachsen. In den Vereinigten Staaten dagegen ist die erste Welle der Anti-Gen-Bewegung längst verebbt, die Debatte dreht sich mittlerweile um eher handfeste Fragen. Näher als die Angst vor gentechnisch verursachten Seuchen und Ökokatastrophen liegen nämlich möglicherweise Zweifel am ökonomischen Nutzen der jüngsten technologischen Revolution.

Gegen die medizinischen Segnungen neuer Arzneien – wenn sie denn halten, was sie versprechen – wird niemand argumentieren wollen. Viel spricht aber einstweilen dafür, daß die gentechnische Innovation in der Medizin nur zu immensen Kosten zu haben sein wird. Die Vermutung, daß die neue Biotechnik die Arzneimittelherstellung verbilligen werde, hat sich bisher jedenfalls nicht bestätigt. Gentechnisches Insulin kostet nicht weniger als traditionell produziertes. Interferone, das Wachstumsmittel Protropin, das Infarktmittel Actilyse – alle diese Arzneien sind sehr teuer. Die Preise mögen schnell fallen, wenn mehr Anbieter auf die Märkte kommen und die Monopolrenten der Pioniere drücken. Doch dann wird geschehen, was der *Economist* schon vor zwei Jahren prophezeite: «Es sieht so aus, als würden große Überkapazitäten drohen. An vielen potentiellen Medikamenten forschen zehn und mehr Firmen – und sie alle bauen Fermentationsanlagen, von denen jede einzelne ausreicht, den gesamten Weltbedarf für den Wirkstoff zu decken. Der finanzielle Druck auf die Industrie wird ungeheuer werden.»

Statt satter Profite haben deshalb viele Firmen eher die Pleite zu erwarten. Von den Milliarden, die in die neue Technik geflossen sind, sind etliche à fonds perdu investiert. Die Gentechnik – ein gigantischer volkswirtschaftlicher Irrsinn? Auszuschließen ist das nicht.

Was für die Arzneimittelindustrie gilt, trifft auch auf die Landwirtschaft zu. Ertragreichere Pflanzen, wirksamere Pestizide, genetisch gedrillte Schlachtschweine und Milchkühe – ein Effekt der neuen Biotechniken ist gewiß: Die Produktivität in der Landwirtschaft wird steigen. In den entwickelten Ländern – mit Sicherheit werden die Neuerungen hier zuerst, wenn nicht sogar ausschließlich eingeführt – ernten die Bauern schon heute von allem zuviel. Höhere Produktivität bedeutet entweder noch mehr Überschüsse an Getreide, Fleisch, Gemüse, Milch und Wein – oder aber gleiche Erntemengen von weniger Erzeugern. Beides versuchen die Agrarpolitiker in Amerika und Europa seit Jahren und mit immensen volkswirtschaftlichen Kosten zu verhindern.

Schon bald wird die Gentechnik die Probleme in der Landwirtschaft verschärfen. In Kürze nämlich wollen die amerikanischen Konzerne Monsanto, Eli Lilly, American Cyanamide und Upjohn bovines Somatotropin (BST) auf den Markt bringen. Das Rinderwachstumshormon – dank Gentechnik kann es neuerdings billig hergestellt werden – steigert die Milchleistung von Kühen um bis zu zwanzig Prozent. Zwar müssen die Bauern auch mehr Kraftfutter einsetzen, der Nettogewinn erhöht sich durch BST nach Angaben der Hersteller aber um rund sechs Prozent.

Für die Monsanto-Wissenschaftler ist die Sache einfach: Das Mittel ist so billig, daß jeder Bauer es sich leisten kann. Er wird also mit weniger Kühen, kostengünstiger mithin, die gleiche Milchmenge produzieren können. Allenfalls dies will Monsanto-Manager Rick Ryan zugestehen: Ein guter Farm-Manager mag von BST mehr profitieren als ein schlechter.

Was sich dahinter verbirgt, hat der Hohenheimer Agrarökonom Jürgen Zeddies in einer gründlichen Untersuchung für den deutschen Markt analysiert. Er kommt zu dem nüchternen Ergebnis, «daß sich bei begrenzter Milchmenge und fehlenden Produktionsalternativen produktivitätssteigernde Maßnahmen... vorwiegend negativ auswirken. Der strukturelle Wandel würde durch den Einsatz von Wachstumshormon in der Milchproduktion gestärkt.» Im Klartext: Noch mehr kleine Bauern müßten aufgeben, die Konzentration in der Landwirtschaft würde verschärft. Zeddies urteilt deshalb mit für einen Wissenschaftler bemerkenswerter Klarheit: «BST paßt zur Zeit nicht in die agrarpolitische Landschaft.»

Der Milchmarkt wird nicht der einzige Sektor bleiben, auf dem die

Gentechnik den Trend vom Bauernhof zur Agrarindustrie fördern wird. Schon experimentieren Monsanto und Co. auf ihren Versuchsfarmen mit dem Schweinewachstumshormon PST – mehr Fleischmasse, fettärmere Koteletts sind das Ziel. Auch die Schweinemäster werden deshalb abspecken müssen. Und schon ist zu erkennen, daß die Agrarindustrie auf die Märkte für Saatgut vordringt.

Die Gentechnik nämlich berührt ein wichtiges Geschäft von Konzernen wie Monsanto: den Absatz von Pflanzenschutzmitteln. Gelingt es, Getreide, Baumwolle oder Sojabohnen genetisch so zu verändern, daß die Pflanzen gegen Schädlinge und Krankheiten resistent werden, dann werden weniger Chemiegifte auf den Äckern benötigt.

Die Hersteller dieser Agrochemikalien sind deshalb stark daran interessiert, diese Entwicklung unter Kontrolle zu halten. Bisher scheint ihnen das zu gelingen. Statt mit äußerstem Einsatz an der Entwicklung von schädlingsresistenten Pflanzen zu arbeiten, haben sich ihre Wissenschaftler auf Näherliegendes geworfen: die Entwicklung herbizidresistenter Sorten.

Eine Reihe der marktgängigen Unkrautvernichtungsmittel ist nämlich höchst unvollkommen: Sie vernichten alles, was grün ist, ausgenommen die eine Nutzpflanze, zu deren Schutz sie eingesetzt werden. Ein Farmer, der in einem Jahr Mais anbaut, kann deshalb in der nächsten Saison auf dem gleichen Acker keine Sojabohnen säen – die Rückstände des maisfreundlichen Herbizids vom Vorjahr ließen Soja nicht gedeihen. Gelänge es aber, die Sojabohnen genetisch so zu verändern, daß sie wie der Mais den Unkrautvertilger vertrügen, dann eröffneten sich ganz neue Marktchancen für dieses Herbizid.

Alle großen Chemiekonzerne haben heute solche Breitbandherbizide im Programm: bei Hoechst heißt es Basta, bei DuPont Glean, bei Monsanto Round up, Ciba Geigys Aatrex wurde auch außerhalb der Landwirtschaft bekannt, weil seine Wirksubstanz Atrazin ein Fischsterben im Rhein verursachte.

Der weltweite Umsatz mit Herbiziden kommt auf sieben Milliarden Mark, und den größten Teil davon werden sich jene Hersteller sichern, die als erste ganze Anbaupakete auf den Markt bringen: Pflanzenschutzmittel zusammen mit den eigens daran angepaßten Saaten. Seit längerem ist deshalb zu sehen, daß die Großen der Agrochemie überall auf der Welt kleine Saatgutfirmen aufkaufen. Ciba Geigy etwa hat schon in den siebziger Jahren Funk Seeds in den USA gekauft, Shell die Firmen Nickerson Seeds, Plant Breeder und Wilson Hybrids, Hoechst hat sich an der Kleinwanzlebener Saatzucht beteiligt.

Konzernstrategen wie Monsantos Forschungschef Howard Schneiderman bestreiten zwar, daß dies als genereller Konzentrationsprozeß zu interpretieren ist. Aber was sonst mag wohl gemeint sein, wenn ein gewiß nicht allzu industriekritischer Kenner des Geschäfts wie Roger H. Salquist, Chef der auf Agrargenetik spezialisierten Laborfirma Calgene im kalifornischen Davis, von einem «Trend zur vertikalen Integration in der Landwirtschaft» spricht?

Klar zu erkennen ist jedenfalls gegenwärtig, da die ersten Gentechnik-Produkte sich auf den Märkten durchzusetzen beginnen, daß die neuen Biotechniken weitreichende ökonomische Folgen haben werden. All die Verheißungen einer schönen, neuen Welt, welche die Gentechnik bereithält, mögen ebenso übertrieben sein wie die Horrorszenarien von gezüchteten Menschen und Killermikroben. In so nüchternen Institutionen wie den Bilanzen der Krankenversicherungen und den Subventionsetats für die Landwirtschaft aber wird die biologische Revolution schon bald ihre Wirkungen zeigen.

Welcher Art und wie stark sie sein werden, darüber läßt sich bestenfalls spekulieren. Sicher ist diese banale Einsicht: Die industrielle Umsetzung der vielleicht wichtigsten Innovation dieses Jahrhunderts wird von den Regeln der Konkurrenz und des Marktes gesteuert, angetrieben von den chaotischen Motiven einzelwirtschaftlicher Interessen. Nie zuvor scheint eine so starke kommerzielle Schubkraft die Entwicklung einer technischen Neuerung angetrieben zu haben. Nie zuvor auch hat sich diese Kraft derart global verflochten entfaltet. Für die deutsche Industrie heißt das, daß sie im Gengeschäft gewiß dabeisein wird – mit Produktionen in Amerika und Japan.

Die Vorstellung, daß irgendwelche Formen öffentlicher Kontrolle auf die Entfaltung der Gentechnik merklich steuernden Einfluß nehmen könnten, wirkt jedenfalls seltsam hilflos.

Wolfgang Gehrmann

Patente auf das Leben

Der Streit um das Eigentum an der Natur

Zehn Tage nur hätten fast genügt, und eine Jahrhundertentdeckung wäre nicht patentiert worden.

Als die Molekularbiologen Herbert Boyer und Stanley Cohen Anfang November 1974 ihre Methode, Bakteriengene mit Hilfe von Plasmiden in artfremde Zellen zu übertragen, beim amerikanischen Patent and Trademark Office anmelden ließen, sahen sie demnächst schon reichliche Lizenzeinnahmen auf ihre Konten fließen.

Doch sie hatten etwas übersehen, einen kleinen Aufsatz, der in der Ausgabe des *New Scientist* vom 25. Oktober 1973 erschienen war. Boyer hatte kurz zuvor auf einem Kongreß über seine Experimente berichtet. Ein Kollege, Edward Ziff, hatte mitgeschrieben und die Neuigkeit für bescheidenes Honorar als Story an das Wissenschaftsmagazin verkauft.

Cohens und Boyers Pech: Das amerikanische Recht schreibt vor, daß ein Patent spätestens ein Jahr nach der Erstveröffentlichung der Erfindung angemeldet werden muß. Die Anmeldung der Wissenschaftler aber kam exakt ein Jahr und zehn Tage nach dem Ziff-Artikel. Cohens und Boyers Glück: Nach zehn Jahre währenden juristischen Auseinandersetzungen obsiegten die Anwälte der Stanford University, die die beiden Forscher vertraten, doch noch und erhielten das Patent. Zum Dank traten die beiden Biologen ihre Rechte an die Universität ab. Stanford rechnet jetzt mit jährlich zehn Millionen Dollar Lizenzeinnahmen aus dem ersten und wichtigsten Patent der Gentechnik.

Der zehnjährige Streit um das Cohen-Boyer-Patent war der längste, doch beileibe nicht der einzige um Eigentumsrecht an gentechnischen Forschungsresultaten. Seit gewiß ist, daß die neuen Methoden der Biotechnik sich kommerziell verwerten lassen, haben Forscher und Firmen allein in den Vereinigten Staaten 7000 Gentechnik-Patente angemeldet – und hundertfach ist es darüber zu Konflikten gekommen.

Der ökonomisch interessanteste Fall nahm 1987 seinen Gang durch die Instanzen der britischen Justiz. Der Streit ging um kein anderes Produkt als das Infarktmittel tPA. Genentech hatte im Februar 1986 vom Londoner Patent Office ein generelles Schutzrecht auf jede Art des Wirkstoffes bekommen, die mit gentechnischen Methoden gewonnen wurde. Doch das britische Pharmaunternehmen Wellcome hatte längst mit Methoden, die denen von Genentech glichen, eigenes tPA produziert – so wie etliche andere Firmen auch. Wellcome focht deshalb das Genentech-Patent an.

Im Juli 1987 fällte der High Court in London seine Entscheidung, die von den Pharmafirmen überall auf der Welt mit Spannung erwartet wurde: Genentechs Patent wurde aufgehoben. Hauptargument in Richter Whitfords neunzigseitiger Urteilsbegründung war, daß Genentechs Patentanspruch zu breit war – man könnte auch sagen: zu unverschämt. tPA-Gene in fremde Zellen zu übertragen – so die Quintessenz des Spruchs – sei keine neue besondere Technik, sondern längst wissenschaftliches Allgemeingut.

Genentech kündigte an, das Urteil anzufechten und zugleich seine Patentansprüche auf tPA in allen Ländern der Welt weiterzuverfolgen – koste es, was es wolle. Die Reaktion war so symptomatisch wie der ganze Fall. Die Unternehmen versuchen mit allen Mitteln, nicht nur bestimmte Produkte, sondern möglichst generelle gentechnische Verfahren patentieren zu lassen. Sie werfen damit Fragen auf, die das herkömmliche Patentrecht – sei es in Amerika, sei es in Europa – nicht leicht beantworten kann. Im Kern nämlich geht es um das ethische Problem, ob Natur, ob Leben überhaupt patentfähig ist. Im Prinzip ist ein Patent ein Abkommen zwischen Erfinder und Staat. Weil der Forscher sein Wissen nicht für sich behält und die Allgemeinheit daran teilhaben läßt, belohnt ihn der Staat: Zwanzig Jahre lang darf der Erfinder Lizenzgebühren von jenen kassieren, die sein Wissen ökonomisch nutzen wollen. Dafür muß die Erfindung freilich Bedingungen erfüllen. Sie muß wirklich neu und nützlich sein, darf nicht selbstverständlich sein, und die Möglichkeit, sie patentieren zu lassen, darf nicht ausdrücklich vom Recht ausgeschlossen sein. Das europäische Patentrecht zum Beispiel verwehrt Eigentumsrechte auf Pflanzensorten und

Tierrassen sowie auf biologische Verfahren zu ihrer Züchtung. Anders in den Vereinigten Staaten – dort ist die Frage nach der Patentierbarkeit des Lebens schon Anfang der siebziger Jahre aufgekommen. Anlaß war eine Mikrobe, die imstande war, Erdöl zu verdauen – ökonomisch hoch interessant etwa für die Beseitigung von Ölverschmutzungen auf See und im Boden. Der indische Genetiker Ananda Mohan Chakrabarty hatte den Organismus in den Labors von General Electric entwickelt, indem er Erbmaterial verschiedener Bakterien miteinander verschmolz.

Als er die Mikrobe 1972 zum Patent anmeldete, löste er eine Auseinandersetzung aus, die erst acht Jahre später mit einem Grundsatzurteil des Supreme Court endete. Kern des Richterspruchs: Alles unter der Sonne der Vereinigten Staaten, belebt oder unbelebt, was von Menschenhand war, sollte auch patentierbar sein.

Chakrabartys Bakterien-Patent mit der Nummer 4259444 öffnete den Weg zur Lizensierbarkeit des Lebens. Inzwischen gibt es in den USA schon über 200 Patente auf genetisch veränderte Mikroben. Auch das Deutsche Patentamt in München hat schon etliche Mikroben geschützt, denn sie fallen nicht unter das europäische Patentverbot für Tiere.

Die amerikanischen Behörden haben unterdessen klargemacht, daß sie auch auf höhere Tiere Schutzrechte vergeben werden. Zwar hat das Patent and Trademark Office (PTO) im April 1987 einen Antrag der University of Washington abgewiesen, der sterile Austern aus den Labors der Universität patentiert haben wollte – die manipulierten Austern sind größer und saftiger als ihre Schwestern aus dem Pazifik. Doch Grund der Ablehnung war allein der fehlende Neuigkeitswert des Sterilisationsverfahrens für die Tiere – das PTO gab zugleich bekannt, daß es keine grundsätzlichen Bedenken gegen Tierpatente habe.

Die Entscheidung löste eine gründliche Debatte aus. Anhörungen im Kongreß führten das Pro und Contra von Patenten auf Tiere vor. Industrievertreter argumentierten, daß ohne Patentschutz der Fortschritt der Biotechnik gebremst würde. Niemand würde Millionen in die Forschung stecken, wenn er die Resultate unentgeltlich mit jedermann teilen müßte. Ohne wirksame Schutzrechte könnten vor allem ausländische Konkurrenten Genprodukte auf den amerikanischen Markt bringen – hergestellt nach Verfahren, die sie zuvor bei der heimischen Industrie abgekupfert hätten.

Die Gegner der Tierpatente trugen sowohl ethische als auch ökonomische Argumente vor. «Wenn wir Patente auf Tiere zulassen», meinte etwa Robert Nelson vom Institute of Religion am Texas Medical Center, «dann werden wir bald auch Patente auf Menschen erlauben.» Der Präsident der Tierschutzgesellschaft, Michael Fox, pflichtete dem bei: «Pflanzen und Mikroben zu patentieren, das ist die eine Sache. Tiere sind etwas anderes. Wir scheinen zu vergessen, daß das Wesen mit Empfindungen sind.» Zur Zeit liegen dem PTO siebzehn Anträge auf Tierpatente vor. Größte Sorge der amerikanischen Industrie ist nun, daß Europa bei seiner restriktiven Haltung gegen Tier- und Pflanzenpatente bleibt. Schon haben die Emissäre von Monsanto und Co. die EG-Kommission in Brüssel ermuntert, die europäische Patentkonvention zu ändern.

Worum es geht, sagt Monsantos Justitiar Bill Duffey, der vielleicht versierteste Bio-Patentrechtler der Welt: «Wenn wir unsere globalen Patentgesetze und -verfahren nicht schnellstens harmonisieren, um die Hersteller neuartiger Pflanzen vor Nachahmern zu schützen, dann wird die enorme Verheißung der Biowissenschaften erstickt. Investitionen werden versiegen. Die ganze Menschheit wird der Verlierer sein.» Da wird man der Industrie ein paar patentierte Profite schwer versagen wollen.

Thomas von Randow

Ein Copyright für Gene

Wem gehört das menschliche Alphabet?

Wie auf dem Schreibtisch eines Menschen, so sieht es auch in seinem Kopf aus.» Das perfekte Gegenbeispiel zu diesem bei Pädagogen so beliebten Spruch ist Walter Gilbert, Professor für Zell- und Entwicklungsbiologie an der Harvard-Universität im amerikanischen Cambridge bei Boston. Auf seinem großen Tisch im alten Backsteinbau der Biologie-Laboratorien türmt sich ein hoher Berg aus Akten, Briefen, Fotos und diversen Büroutensilien – ein heilloses Durcheinander.

Doch dem 56jährigen Nobelpreisträger steht der Sinn nach strenger Ordnung, der Grundordnung des menschlichen Seins; es geht ihm darum zu erfahren, in welcher Folge die etwa drei Milliarden Bausteine der Erbsubstanz DNA in den zu Chromosomen verknäulten Doppelwendeln aufgereiht sind. Vor allem möchte der ein wenig rundliche – untersetzt nennt man das wohl – Gelehrte mit der hohen Stirn wissen, an welchen Positionen auf den DNA-Strängen die schätzungsweise hundert- bis zweihunderttausend Gene des Menschen zu finden sind und aus welchen Molekülfolgen sie bestehen. Gilbert selbst hatte Ende der siebziger Jahre den Anfang mit dieser Kartographierung des menschlichen Genoms – so wird die Gesamtheit der Gene genannt – gemacht, als er in seiner nobelpreisgekrönten Arbeit eine Methode fand, Gene zu isolieren und deren Molekülsequenz zu ermitteln.

Inzwischen ist diese «Gensequenzierung» verbessert und vor allem automatisiert und damit zu einer Routinetätigkeit geworden; «das brauchen nun nicht mehr Wissenschaftler zu tun», erklärt Gilbert, «das kann industriell ausgeführt werden. So etwas ist von allergrößter Wichtigkeit.» Wichtig ist es ihm, weil sich sein Traum, die vollständige Entschlüsselung des menschlichen Genoms, nur verwirklichen läßt, wenn er nicht zu viele Wissenschaftler von anderen biologischen Forschungsarbeiten abzieht. Diese Befürchtung nämlich führen manche seiner Kollegen als Argument gegen sein «Megaprojekt» ins Feld – geschätzte Kosten: 50 Millionen Dollar pro Jahr, und das zehn Jahre lang.

Wenn Walter Gilbert auf dieses Vorhaben zu sprechen kommt, werden seine Gesten lebhaft und seine Sprache hastig. Ungeduldig wartet er darauf, daß ich ihn frage, warum dies alles denn so wichtig sei: «Aus zwei Gründen», doziert der Professor, «das Projekt wird erstens ganz sicher die biologischen Wissenschaften und die Medizin zu gewaltigen Fortschritten stimulieren. Zweitens wird es unsere Vorstellung von uns selbst erheblich beeinflussen und unser Wissen über die elementare Steuerung des Lebens vertiefen.»

Vertiefung des Wissens – für Walter Gilbert würde dies allein schon einen gigantischen finanziellen und personellen Einsatz rechtfertigen. In seinem früheren wissenschaftlichen Leben war dies das einzige Ziel seiner Forschungen. Damals beschäftigte er sich als Physiker mit der Theorie der Elementarteilchen, die auch das Thema seiner Doktorarbeit für die Mathematische Fakultät der alten Universität im britischen Cambridge war. Auch in Harvard hatte er sich als Physikprofessor jahrelang mit den Elementarteilchen der unbelebten Natur befaßt, ehe er seine «Passion» für die elementaren Partikel des Lebens entdeckte. «Hier hatte ich eine Aufgabe vorgefunden, die über den kulturellen Wert, der jeder Naturwissenschaft zukommt, hinaus für die Menschheit hilfreich sein kann», gesteht er in einem halb verschluckten Nebensatz. Nebensächlich ist ihm dieser Aspekt seines neuen Tuns ganz und gar nicht. Vor acht Jahren verließ Doktor Gilbert seine beneidenswerte Position als Professor an einer der bedeutendsten Universitäten der Welt, um sich in ein kommerzielles Abenteuer zu stürzen. Er wurde Präsident von «Biogen», eines der mit viel Vorschußlorbeeren und viel Risikokapital bedachten Unternehmen, die sich die Entwicklung und Vermarktung gentechnisch hergestellter Pharmaka vorgenommen hatten. Vier Jahre dauerte es, bis Gilbert und seiner Firmenleitung dämmerte, was den meisten seiner Fachkollegen von vornherein klar gewesen war: Ein von wissenschaftlicher Neugier umgetriebener Forscher taugt nicht zum Manager. Harvard nahm den verlorenen Sohn wieder auf und vergoldete ihm die Rückkehr in Alma Maters Schoß mit einer besonders prestigeträchtigen Professur, der «University Professorship». Doch schon reizt ihn wieder eine Kommerzialisierung seines Forschungsgebiets. «Genome Corporation» soll das Firmenkonsortium heißen, das die industrielle Sequenzierung des menschlichen Genoms zur Aufgabe hat. Zu Geld kommen würde das Unternehmen wie jedes andere mit dem Verkauf eines Produkts, in diesem Fall der Liste der menschlichen Gene. Denkbar ist dies freilich nur, wenn dieses Wissen durch ein Copyright geschützt werden kann.

Ein Copyright für unser aller Erbgut? «Das hat viel Aufsehen erregt und Ablehnung provoziert», räumt Gilbert ein, «aber nur deshalb, weil sich die Kritiker nicht überlegt haben, was ein Copyright bedeutet. Man darf es nicht mit einem Patent verwechseln. Ein Gen ist nicht patentfähig, es ist keine Erfindung von irgend jemandem, sondern eine nach einem vorgegebenen, allgemein bekannten Verfahren erarbeitete Information. Daß zum Beispiel ein Buch durch ein Copyright geschützt ist, stört den Leser überhaupt nicht, es verhindert nur, daß Autor und Verlag um den Lohn ihrer Arbeit betrogen werden. Das Unternehmen, dessen Mitarbeiter das menschliche Genom auflisten, würde – wie ein Buchverlag – mit dieser Information nicht hinterm Berg halten. Im Gegenteil: Es wäre daran interessiert, daß diese Datenbasis möglichst intensiv benutzt wird, allerdings nur gegen Entgelt.

Für sich allein genommen hat das Produkt, das die Genome Corporation feilbieten soll, kaum einen Erkenntniswert. Der erwächst dem Kunden erst aus einer darauf aufbauenden Forschung. Zum Beispiel gilt es zu ermitteln, welche Funktion das einzelne Gen oder – wichtiger noch – eine Gruppe von Genen in der Zelle hat, zur Produktion welcher Proteine sie Anlaß geben und welche Aufgaben wiederum diesen Proteinen für das Funktionieren unserer Organe zukommen. Diese Forschungen sind ohne Kenntnis der Genorte und -strukturen undenkbar. Die Medizin der Zukunft, versichert Gilbert, wird in zunehmendem Maße auf der Kenntnis der Gen- und Proteinfunktionen basieren. Dabei wird auch die Gentechnik, das Rekombinieren und Klonieren von DNA-Strängen, eine große Rolle spielen. Die Gentherapie allerdings, bei der das Genom eines Menschen gezielt verändert werden soll, wird «noch sehr lange auf sich warten lassen». Zunächst soll es nur darum gehen, mit Hilfe von gentechnischen Verfahren lebenswichtige Substanzen herzustellen, die der Organismus eines Kranken nicht selbst produzieren kann, weil die dafür zuständigen Gene nicht vorhanden oder defekt sind. Die erfolgreiche Insulintherapie ist ein eindrucksvolles Beispiel für eine solche – freilich nicht gentechnisch bedingte – Substitution. Gilbert: «Mit Sicherheit wird die Gentechnik diese Art der Therapie für sehr viele andere Krankheiten möglich machen.» Eine andere Anwendung sieht der Forscher im Zusammenhang mit Arzneimittel-Nebenwirkungen: «Was für den einen Menschen schädlich ist, kann ein anderer ohne den geringsten Nebeneffekt vertragen. Das liegt an seiner genetischen Konstitution. Wenn wir aber wissen, an welchem Gen es liegt, kann just dieses bei einem Patienten vorsorglich untersucht werden, ehe das Arzneimittel eingesetzt wird. Und wie das Nebenwirkungsrisiko läßt sich gentechnisch auch die Gefahr einer Gewebeunverträglichkeit ausschalten, sobald erforscht ist, welche Gene dafür verantwortlich sind; letzteres würde Transplantationen von Organen wesentlich sicherer machen.»

Walter Gilbert versteht es, seinen Plan zu verkaufen. Erfolg hat er damit auch beim National Research Council, der amerikanischen Forschungsgemeinschaft, gehabt. Das Human Genome Project fand dort ein überaus positives Echo, trotz der erwartbar hohen Kosten. Gilbert frohlockt: «Es sieht so aus, als wolle der Staat kräftig mitziehen. Aber ganz ohne industrielles Sequenzieren wird es nicht gehen.»

Was wird sich in unserem Selbstverständnis ändern? Diese Frage ist dem Gelehrten höchst willkommen. Zum ersten – und einzigen – Mal entdecke ich einen Anflug von Lächeln in seinem Gesicht: «Befremdlich wird es für viele Leute sein, zu erfahren, daß die gesamte Existenz des Menschen auf einer Liste mit unendlich vielen Daten festgeschrieben ist.» Aus dem Berg auf seinem großen Schreibtisch angelt er, ohne lange zu suchen, eine Diskette hervor. Er hält sie hoch mit den Worten: «Eine kleine Diskette genügt, um alles, was den Menschen ausmacht, alles Biologische jedenfalls, vollständig zu beschreiben.»

Jörg Albrecht

Größer, Schöner, Schlanker

Auch gentechnischer Unsinn läßt sich vermarkten

Die meisten Eltern wünschen sich, daß ihre Kinder sie später einmal überragen. «Iß, damit du groß und stark wirst», bekommen die Kleinen zu hören. Mit dem Essen hat die Körperlänge verhältnismäßig wenig zu tun – wichtiger ist, daß die Hirnanhangdrüse funktioniert. Diese kirschgroße, Hypophyse genannte Drüse produziert eine Reihe von Hormonen, darunter auch das Wachstumshormon Somatotropin. Kommt das vom Hypothalamus gesteuerte Organ dieser Aufgabe während der kindlichen Entwicklung nicht nach, so kann «hypophysärer Zwergwuchs» die Folge sein. Das ist eine recht seltene Form von Wachstumsstörung: In der Bundesrepublik, so schätzt man, leiden rund 400 Kinder darunter. Wird der Zwergwuchs nicht ärztlich behandelt, werden die Betroffenen nicht größer als 1,40 Meter.

Seit einigen Jahrzehnten wird menschliches Wachstumshormon aus den Hirnanhangdrüsen von Leichen gewonnen und mit einigem Erfolg gegen Zwergwuchs eingesetzt. Doch die Gewinnung des Stoffes ist mühsam und teuer: Eine Behandlung kostet pro Jahr mehr als 15 000 Mark. Sie ist obendrein nicht ganz ungefährlich: Einige der Patienten, die die Hormonkur über sich ergehen ließen, erkrankten am sogenannten «Jakob-Creutzfeld-Syndrom», einer Nervenkrankheit, die durch ein Virus übertragen wird und sonst nur bei älteren Menschen auftritt. Offensichtlich kann das auf natürlichem Wege gewonnene Hormon mit Viren verunreinigt sein.

Es lag deshalb nahe, das menschliche Wachstumshormon durch gentechnische Methoden herzustellen; von Bakterien produziertes Hormon, so argumentierten die Gentechniker schon in der Frühphase ihrer Arbeit, könne unmöglich Viren enthalten, sei außerdem in beliebigen

Mengen verfügbar und darüber hinaus spottbillig. 1978 schlossen die schwedische Firma KabiVitrum, bis dahin größter Lieferant des Wachstumshormons, und das neugegründete Unternehmen Genentech in San Francisco einen Forschungsvertrag mit dem Ziel, die Substanz auf gentechnischem Wege zu erzeugen. Den Wissenschaftlern gelang es, das entsprechende Gen zu isolieren, auf Bakterien zu übertragen und die Einzeller schließlich auch zur Produktion nennenswerter Mengen von menschlichem Wachstumshormon zu bringen. Doch wer gedacht hatte, das Problem sei damit schon aus der Welt, sah sich gründlich getäuscht. Die Geschichte des Wachstumshormons zeigt, daß auch in der Gentechnik die Bäume nicht ohne weiteres in den Himmel wachsen. Erstens stellte sich heraus, daß die gentechnische Produktion des Hormons ebenso teuer war wie dessen Gewinnung aus Leichnamen. Zweitens mußte das Mittel ähnlich aufwendig getestet werden wie alle anderen Medikamente; erst 1985, sieben Jahre nach Beginn der intensiven Forschungsarbeiten, wurde die Zulassung erteilt. Drittens erwies sich auch das gentechnische Produkt, das als «körpereigenes Medikament» gepriesen wurde, nicht als nebenwirkungsfrei: Eine Studie der japanischen «Stiftung für Wachstumsforschung» entdeckte bei neun Kindern, die mit dem Wachstumshormon behandelt worden waren, schwerwiegende Formen von Blutkrebs. Viertens blieb für die beteiligten Firmen fraglich, ob ein solch großer Aufwand für einen Markt von weltweit wenigen tausend Patienten überhaupt lohnt. Der Verdacht liegt nahe, daß im Geschäft mit dem Wachstumshormon andere Ziele verfolgt werden als die Behandlung einer seltenen Form von Zwergwüchsigkeit. Ehrgeizige Eltern könnten leicht auf die Idee kommen, daß ihrem Sprößling ein paar Zentimeter mehr als normal in seinem späteren Leben nicht schaden könnten. Soll er gar ein Basketball-Star werden, scheint der Griff zur Hormonspritze fast unvermeidlich. Leistungssportler haben im übrigen längst die muskelfördernde Wirkung des menschlichen Wachstumshormons entdeckt; in den Vereinigten Staaten gibt es einen regelrechten Schwarzmarkt. Wenn erst die Kosmetikindustrie dahinterkommt, daß Wachstumshormone auch die Bildung von Fältchen und die charakteristische Fettverlagerung im Alter verzögern können, tut sich ein gewaltiges Absatzpotential auf; tatsächlich hat es entsprechende Überlegungen in der Branche schon gegeben. Und da das Hormon offenbar auch dafür sorgt, daß der Körper bei Fastenkuren Fett und nicht Muskeln abbaut, scheint ein Einsatz als Diätmittel ebenfalls denkbar.

Das Beispiel des Wachstumshormons macht das Dilemma pharmazeutischer Gentechnik deutlich: erst entdeckt man eine seltene Substanz, dann spekuliert man über ihren möglichen Nutzen, stellt sie mit gentechnischen Methoden her und sucht zuletzt nach einer Einsatzmöglichkeit. Daß dabei nicht immer etwas Sinnvolles herauskommt, liegt auf der Hand.

Thomas von Randow

Die nachgebesserte Schöpfung

Manipulationen am menschlichen Erbgut können Segen bringen

Es vergeht kaum ein Tag», gesteht die Mittvierzigerin, «an dem ich mich nicht für einige Zeit dem Wunschtraum hingebe, Frank würde plötzlich von seinem Rollstuhl aufstehen, ganz ruhig durch die Wohnung spazieren, und niemand müßte mehr befürchten, daß er sich oder seinen Mitmenschen Schaden zufügt.» Frank, ihr fünfzehnjähriger Sohn, ist zeit seines Lebens gefesselt, nachts an sein Bett und tagsüber an den Rollstuhl, damit er sich nicht in einem Anfall von Beißwut selbst zerfleischt. Dabei sind ihm schon fast alle Zähne gezogen worden, weil er seine Zunge und die Innenwände seiner Mundhöhle zu zerkauen begann. Frank ist debil, zappelig und unberechenbar in seinen bizarren Lebensäußerungen, er leidet am Lesch-Nyhan-Syndrom, der erblichen Hyperurikämie (Übersättigung des Blutes mit Harnsäure). Der bedauernswerte Junge wäre wohl kaum zur Welt gekommen, wenn sich seine Mutter in der frühen Schwangerschaft einer Fruchtwasseruntersuchung unterzogen hätte. Dann nämlich wären Laboranten in einem – aufwendigen und teuren – Test dem Erbschaden, der die schrecklichen Symptome zur Folge hat, auf die Spur gekommen. Vermutlich hätte der behandelnde Arzt der jungen Frau geraten, ihr Kind abtreiben zu lassen. Jetzt, da Frank lebt, wenn auch voraussichtlich kaum länger als bis zu seinem zwanzigsten Geburtstag, ist ihm nicht mehr zu helfen.

«Noch nicht», erklärt Ihor Lemischka vom Whitehead Institute for Biomedical Research im amerikanischen Cambridge, Massachusetts. Lemischka gehört zu den etwa sechs Dutzend Wissenschaftlern in Ost und West, die sich der Gentherapie verschrieben haben. Das Lesch-Nyhan-Syndrom ist einer der vielversprechenden Kandidaten für die neue Art der Heilbehandlung. Der biologische Grund für das Erbleiden ist wohlbekannt. Dem Kranken fehlt ein Gen, präziser: es fehlt in jeder seiner 70 Billionen Körperzellen. Doch auch beim gesunden Menschen kommt es nur in einem Bruchteil der Zellen zum Zuge. Hier veranlaßt dieses Gen die Produktion des Enzyms Hypoxanthin-Guanin-Phosphoribosyl-Transferase (internationales Kürzel: HPRT). Das Proteinmolekül mit dem zungenbrecherischen Namen befähigt den Organismus, Harnsäure abzubauen. Fehlt es, so bilden sich in den Nieren und Gelenken Harnsäurekristalle; auch im Hirn kommt es zu Ablagerungen dieser im rechten Maß durchaus lebenswichtigen Substanz. Das Resultat der Anomalie ist eine mangelhafte Koordination der Körperbewegungen und fortschreitender Schwachsinn, der sich besonders dramatisch in dem selbstzerstörerischen Verhalten des Kranken äußert.

Nur bei Jungen wird diese Erbkrankheit diagnostiziert. Dies weist auf eine «X-gekoppelte Vererbung» hin, nämlich darauf, daß das HPRT-Gen in dem geschlechtsbestimmenden X-Chromosom steckt. Dieses Wissen hat die Fahndung nach dem schuldigen Molekül erleichtert. Sein Platz auf dem Chromosom ist gefunden und seine Struktur entschlüsselt worden. Was nun?

Das praktische Ziel dieser Forschung ist die Gentherapie. Ihre Strategie ist längst festgelegt: Es gilt, im Körper des Patienten Zellen zu züchten, die das fehlende Gen enthalten. Es müssen Zellen des Typs sein, der den Stoffwechsel steuert. Sie befinden sich im Knochenmark; dort hinein also müssen körpereigene Zellen gebracht werden, in deren Kerne zuvor das funktionstüchtige HPRT-Gen eingepflanzt worden ist.

Zunächst geht es darum, das Instrument für diese Gentransplantation anzufertigen. Es ist ein Virus, genauer gesagt ein Retrovirus, das die Eigenschaft besitzt, in Körperzellen einzudringen, um dort seine eigene Erbsubstanz in die DNA-Erbmasse des Zellkerns zu praktizieren. Auf diese Weise vermehrt sich das Virus, indem es das Management der Zelle usurpiert und sie zur Produktion neuer Viren zwingt. Diese natürliche, die Zelle vernichtende Funktion muß dem Virus «abgewöhnt werden, ehe es seine Rolle in der Gentherapie spielen kann. Deshalb wird ihm derjenige Teil seiner DNA, der die Vervielfältigung seiner selbst besorgt, herausgeschnitten. Wohl aber soll die Fähigkeit des Retrovirus erhalten bleiben, sich in Zellen einzuschleichen und die eigene Erbsubstanz in die der Wirtszelle zu integrieren. Gelingt es nämlich, ein menschliches Gen in die Virus-DNA einzuschmuggeln, dann wird auch dieses Gen in die Zelle gebracht. Ein «verkrüppeltes» Retrovirus also soll als Gen-Taxi seinen Fahrgast, ein HPRT-Gen, in einer Knochenmark-Stammzelle absetzen. Diese Zelle soll sich und damit das neue Gen kräftig vermehren und schließlich den Harnsäure-Stoffwechsel des Kranken in Ordnung bringen.

Längst sind die einzelnen Phasen der Therapie technisch machbar. Möglich ist es, Retroviren zu entschärfen, möglich auch, in ihre DNA ein von einem gesunden Menschen stammendes Gen einzubauen. Dieses Virus kann nun Knochenmark infizieren, das dem Kranken entnommen und nach der Infektion wieder zurückgegeben wird. So einfach ist das – in der Theorie. Die Praxis steckt noch in den Kinderschuhen. Viele Probleme dieser Genbehandlung sind noch ungelöst, weshalb sie über das Stadium der nur zum Teil ermutigenden Tierversuche noch nicht hinausgekommen ist.

Problematisch bleibt dieses Heilverfahren auch dann noch, wenn (falls?) es für Menschen anwendbar geworden ist. So sehen es jedenfalls die Kritiker der Gentherapie. Viel zu risikoreich sei allein schon die Zubereitung des Gentransporters. Viren könnten aus dem Genlabor entkommen und Krankheiten hervorrufen oder gar Seuchen auslösen. Auch sei keinerlei Garantie gegeben, daß sich ein verkrüppeltes Virus nicht innerhalb der Wirtszelle, zum Beispiel von einem anderen, dort zufällig anwesenden Virus den amputierten Vermehrungsapparat ausleiht und somit doch noch seine Vermehrung erzwingt. Radikale Gegner der Gentechnik lehnen darüber hinaus jede künstliche Veränderung des menschlichen Genoms prinzipiell ab. Die Evolution hat dem Bestreben der lebenden Zellen, sich zu vervielfältigen, enorme Kraft verliehen. Diesem Proliferationsdruck müsse sich auch das vielleicht nur versehentlich mißratene Werk eines Gentechnikers beugen, und wehe, wenn es per Zufall perfekt in eine ökologische Nische paßt. Manch einer sieht sich darum schon von einer Invasion monströser Science-fiction-Wesen bedroht.

Die Befürworter gentechnischer Heilverfahren halten dagegen, daß hierbei die Manipulation des Genoms auf den enzymproduzierenden Teil der Körperzellen beschränkt bleibt, also keinesfalls etwa Keimbahnzellen verändern würde, mithin die Nachkommen gentherapeutisch behandelter Patienten davon unbeeinflußt blieben. Und was die als Vehikel verwendeten Retroviren beträfe, so ginge von ihnen schon deshalb nicht die geringste Gefahr aus, weil nur solche verwendet würden, die schon in ihrer ursprünglichen Form keine Keime bedrohlicher Krankheiten seien. William Nyhan von der kalifornischen Staatsuniversität in San Diego – er hat das zur Hälfte nach ihm benannte Syndrom identifiziert – versichert, bei der Gentherapie handle es sich «lediglich um ein neuartiges Arzneimittel (das Gen), das auf einem bislang noch ungewöhnlichen Weg in den Körper des Kranken gebracht wird».

Auch so betrachtet, stellt sich dennoch wie bei jedem Arzneimittel die Frage, ob dessen mögliche Nebenwirkungen ein tragbares Risiko darstellen. Noch kann der erhoffte Nutzen nicht gegen den gefürchteten Schaden gewogen werden. An eine klinische Erprobung ist vorerst nicht zu denken, und die ohnehin nur beschränkt aussagefähigen Tierexperimente – eine Reihe von Generationen langlebiger Säugetierarten muß beobachtet werden – haben gerade erst begonnen. Nicht nur von ihrem Resultat wird abhängen, ob die zweite Phase, die Erprobung der Therapie am Menschen, überhaupt beginnen kann.

Der Gentechnik bläst der Zeitgeist ins Gesicht. Schockiert von allerlei unerquicklichen – realen wie prognostizierten – Technikfolgen hat sich vielerorts eine konservative Haltung verbreitet; ihre Grundstimmung: «Keine Experimente.» Argwöhnisch betrachten wir nicht nur die Errungenschaften der Ingenieurkunst; sogar die Techniken der modernen Medizin werden – vorwiegend freilich von denen, die ihrer nicht bedürfen – verabscheut. Der Trend geht weg von der «Apparatemedizin», eine Bezeichnung, die wie «Schulmedizin» stets abwertend gemeint ist, hin zur eher mystischen Heilkunde unserer Altvorderen. Die populäre Losung lautet: Nicht alles technisch Machbare darf gemacht werden.

Diese Forderung hatten Politiker, Wissenschaftler, Philosophen und Geistliche in allen Teilen der Welt schon einmal lautstark erhoben, als der Zweite Weltkrieg mit Atombombenknall gerade zu Ende gegangen war. Gehalten hat sich niemand daran. Die Wissenschaftsgeschichte lehrt, daß Menschen offenbar zu schwach sind, der praktischen Anwendung ihrer theoretischen Erkenntnisse zu widerstehen, auch wenn dies zuweilen unvernünftig oder gar gefährlich ist.

Ergo müßte, wer schädliche Anwendungen von Erkenntnis fürchtet, die Wissenschaft verbieten. Tendenzen, bestimmte Forschungsgebiete zu tabuisieren, entsprechen dem Geist unserer Tage durchaus. Wie im Mittelalter soll Wissenschaft verboten werden, sofern sie geeignet ist, Hand an die gottgegebene Ordnung – wir nennen sie heute «Ökosphäre» – zu legen. Das damals wie heute fraglos berechtigte Motiv: Angst vor der Hybris der Wissensdurstigen. Doch läßt sich Wissenschaft an die Kandare nehmen?

Wissensdrang hat unsere mit Körperkraft und Sinnesstärke nur mäßig ausgestattete Spezies im Daseinskampf überleben lassen. Darum hat die Evolution diesen menschlichsten aller Triebe begünstigt, ihn beinahe unwiderstehlich gemacht. Wissensdrang zu bändigen, daran ist schon, wie uns die Bibel glauben macht, der liebe Gott gescheitert, als es erst zwei Menschen auf Erden gab.

Der Genforschung kommt außerdem ein moralischer Schub zur Hilfe: Zwingt uns nicht geradezu unser ethisches Gewissen, die neue Wissenschaft zu fördern, jetzt, da sie die Möglichkeit fast greifbar gemacht hat, erbkranke Menschen zu heilen, da sie im Begriff ist, die Strategien zu finden, nach denen Krebs und Herzinfarkt endlich frontal angegriffen und vielleicht besiegt werden können, da Geningenieure viele unserer technischen Sünden – die Belastung der Umwelt durch künstliche Überdüngung zum Beispiel – wiedergutmachen und die verdorrten Böden in den von der Natur benachteiligten Regionen dieser Welt ertragreich machen könnten?

Zwar stellt sich auch die Frage, ob nicht die meisten dieser erstrebenswerten Ziele mit anderen, weniger risikoreichen Methoden erreicht werden können. Bei den Erbkrankheiten, die sich für gentechnische Reparaturen geradezu anbieten, gibt es ein alternatives Verfahren: die Tötung erbkranker Föten. Ein Teil der etwa zweitausend verschiedenen, auf ein defektes oder mangelndes Gen zurückführbaren Erbschäden läßt sich in einem genetischen Fruchtwassertest vor der Geburt dingfest machen. Das eingangs als Beispiel geschilderte Lesch-Nyhan-Syndrom gehört dazu. Ein genetisches Screening aller Schwangeren dürfte freilich nicht ausführbar sein, weshalb die meisten Ärzte eine Fruchtwasserpunktion nur dann empfehlen, wenn ein genetischer Schaden wahrscheinlich ist, zum Beispiel, weil in der Verwandtschaft der zukünftigen Eltern Erbkrankheiten vorgekommen sind. Bei positivem Befund wird dann zur Abtreibung geraten.

Die genetische Beratung wird nicht eben häufig in Anspruch genommen. In vielen Fällen wäre sie ohnehin sinnlos, weil Erbkrankheiten in der eigenen Familie gerne verschwiegen und vergessen werden. Außerdem wollen sich Genchirurgen und Gentechniker ja keineswegs auf die

Therapie von Erbschäden beschränken. Als dringlichste Aufgabe ist ihnen in jüngster Zeit die Vorbeugung und Heilung von Aids zugewachsen, zumal sich immer deutlicher herausstellt, daß dieser tückischen Virusinfektion, wenn überhaupt, wohl nur mit gentechnischen Methoden beizukommen ist.

Beikommen möchten verantwortungsbewußte Politiker dem möglichen Mißbrauch der neuen Biotechnik. Wenn schon der Wissensdrang nicht zu zügeln sei, wenn die Verwertung seiner Erkenntnisse gar Krankheit und Not zu lindern verspricht, so soll dennoch allzu forsche Forschungstätigkeit wenigstens in gesetzlich verordnete Sicherheitsschranken verwiesen werden. Was aber sollen sie beschränken? Manipulationen am menschlichen Genom, lautet eine Forderung. Just die aber übt auf viele Forscher den allergrößten, wenn auch ungern eingestandenen Reiz aus. Ihr Verbot könnte für einige Zeit noch greifen, so lange jedenfalls, wie gentechnische Experimente nicht ohne großen personellen Aufwand betrieben werden können. Automaten, die aus lebenden Zellen die DNA schadlos herauspräparieren, und die rapid zunehmende Verfügbarkeit von Enzymsuspensionen, die nur noch hinzugegossen werden müssen, um die DNA-Stränge an gewünschten Stellen zu zerschneiden oder zu verkleben, versetzen Forscher immer häufiger in die Lage, ohne Hilfe, also auch ohne Mitwissen einer anderen Person, am menschlichen Erbgut herumzubasteln. Wo aber Verbotenes in aller Heimlichkeit geschieht, mangelt es erfahrungsgemäß oft an der gebotenen Umsicht. Wir haben dies noch schauerlich aus der Zeit in Erinnerung, als Abtreibungen streng verboten waren und darum von «weisen Frauen» und geldgierigen Doktoren vorgenommen wurden – viele Frauen überlebten die Folgen dieser zumeist schlampigen Eingriffe nicht. Steil stiegen Alkoholkonsum und Vergiftungsfälle während der Prohibition in Amerika an. Gesetze bewirken immer dann das Gegenteil ihrer guten Absicht, wenn ein unwiderstehlicher Reiz im Spiel ist. Unwiderstehlich ist die Neugier, insbesondere dort, wo es um die Enträtselung des Lebens geht. Darum wäre es weise, den Freiheitsrahmen der Gentechnik nicht so sehr einzuengen, wie es gegenwärtig hierzulande geschieht, sondern ihn im Gegenteil so weit zu spannen, daß Forscher und Experimentatoren möglichst nicht in die Versuchung geraten, im stillen, gewiß nicht der erforderlichen Sicherheit genügenden Kämmerlein den Wissensdurst zu stillen. Keine noch so strenge staatliche Kontrolle wird überdies verhindern können, daß die eine oder andere Scheußlichkeit das Neonlicht eines genetischen Forschungsinstituts erblickt oder irgendwo eine handgefertigte neue Krankheit um sich greift. Wie hoch der Preis für diese neue Technik sein wird, ist unvorhersehbar. Im höchsten Maße unwahrscheinlich aber ist es, daß er so groß sein wird wie der Blutzoll, den uns die Erfindung des Automobils abfordert: weltweit zweitausend Verkehrstote Tag für Tag – wir zahlen bedenkenlos.

Menschen, nach staatlichen oder industriellen Vorgaben gefertigt, je nach Auftrag intelligent, dumm, gefügig, aggressiv, strahlenresistent – wird das die Zukunft sein? Es wäre Gegenwart, wenn wir es wollten. Denn Menschenzuchtanstalten wären zwar gentechnisch eine Utopie, doch auf althergebrachte Weise machbar spätestens seit der Zeit, da unsere Vorfahren entdeckten, wie sich Tiere züchten lassen. Daß sich Machbares im Guten wie im Schlechten durchsetzt, ist eher die Ausnahme denn die Regel. In den sechziger Jahren propagierte Hermann Joseph Muller, Nobelpreisträger für Medizin, die Samenbank. Der moderne Mensch, so beschwor uns der Gelehrte, dürfe es nicht mehr dem Zufall überlassen, welches Erbgut er seinen Kindern auf den Lebensweg mitgeben würde. Er solle sich die Nachkommenschaft aus dem Katalog bestellen, von einer Biobank, in der die Keimzellen besonders intelligenter, schöner oder sonstwie nacheiferungswerter Spender tiefgekühlt gelagert wären. Den meisten Menschen fiel beim Nachdenken über ideale Samenspender immer nur Albert Einstein ein, was die Unsinnigkeit der Samenbank-Idee offenkundig machte: Einstein fiel schon früh in seinem Leben einer erbbedingten schleichenden Krankheit anheim, der Atherosklerose. Der Verwirklichung von Mullers Plan stand damals schon technisch nichts mehr im Wege. Doch Keimbanken gibt es heute nicht. Die Leute holen sich ihre Kinder nach wie vor aus der genetischen Lotterie – im Bett.

Vielen technischen Möglichkeiten ist es ebenso ergangen. Die Concorde pendelt zwar regelmäßig zwischen den Kontinenten, streckenweise mit Überschallgeschwindigkeit, doch durchgängig mit finanziellem Verlust. Das erwartete Überschallzeitalter im Luftverkehr hat sie nicht eingeläutet; der Bau der amerikanischen Version, SST, wurde vorzeitig abgeblasen, und die Sowjets zogen nach einem Unglück ihr Superflugzeug aus dem Verkehr. Professor Skinners Lernmaschinen, technopädagogischer Hit der sechziger Jahre, sollten das Bildungswesen revolutionieren. Sie landeten allesamt auf dem Schrottplatz und sind vergessen wie die Unterwasserstadt, von der vor zwanzig Jahren alle Zukunftsforscher träumten, vergessen wie der Schienenzeppelin, das Gezeitenkraftwerk und die Neutronenbombe. Will wirklich jemand die Affe-Mensch-Chimäre als fügsamen, willigen Arbeitssklaven, dessen genetische Konstruktion mancher Doomsday-Prophet vorauszusehen glaubt? Maschinelle Arbeitssklaven sind zuverlässiger, billiger und weitaus pflegeleichter als biologische.

Die Gentechnik läßt sich nicht zurückschrauben; erreicht sie in absehbarer Zeit auch nur ein einziges ihrer ehrgeizigen Ziele, werden wir fortan mit ihr leben, hoffentlich mehr auf Gedeih als auf Verderb. Anderenfalls wird es ihr so ergehen wie der Plasmaphysik: Sie hatte uns die ideale Energiequelle versprochen – den Fusionsreaktor – und ist inzwischen vollends aus unserem Bewußtsein entschwunden.

Charlotte Kerner

Menschen – Klone – Sensationen

Gentechnik und die Fortpflanzungsmedizin

Im Juli 1988 feierte Louise Brown ihren zehnten Geburtstag. Mit dem englischen Mädchen kam vor zehn Jahren auch ein neues Wort in die Welt: Retortenbaby. Zu Beginn machte es Schlagzeilen – heute steht es längst im Duden. Denn Louise Brown ist kein Einzelfall geblieben: Schätzungsweise 15 000 Retortenbabys sind heute am Leben. Doch so penetrant ein Begriff sich, ist er erst etabliert, auch halten mag: Die Bezeichnung Retortenbaby ist zwar griffig und spektakulär, aber falsch.

Nur ihre ersten drei Lebenstage lebte Louise Brown in einer Glasschale, also in vitro. In dieser «Retorte» brachten die britischen Ärzte Patrick Steptoe und Robert Edwards lediglich die Eizelle und den Samen ihrer Eltern zusammen. Die Befruchtung in der Schale, die In-vitro-Fertilisation (IVF), gelang. Noch 48 Stunden lang schwamm Louise Brown in einer Nährlösung, schützte sie ein Wärmeschrank mit steuerbarer Gasatmosphäre und einer konstanten Temperatur von 37 Grad in der Glasschale. Gerade zwölf Zellen waren zu sehen, als die Mediziner den Keimling durch einen dünnen Plastikkatheter in die Gebärmutter von Mutter Brown spülten. Nach diesem Embryotransfer (ET) setzte sich Louise im Uterus fest und wuchs neun Monate lang heran, und zwar wie jeder andere Embryo nicht in vitro, sondern in vivo, wie im richtigen Leben, keineswegs in der Retorte.

Dennoch: Der Etikettenschwindel um Louise Brown hatte von Anfang an einen richtigen Kern. Durch ihre Geburt ist ein «echtes» Retortenbaby in greifbare Nähe gerückt. Künstliche Menschen wie in Sagen und Zukunftsromanen – bald könnten sie nicht mehr nur erdacht, sondern auch tatsächlich hergestellt werden. Die Wirklichkeit ist dabei, die menschliche Phantasie zu überholen. Der Mensch nach Maß – ist er mehr als eine konkrete Zukunftsvision?

Die Methode der In-vitro-Fertilisation, gekoppelt mit dem Embryotransfer, ist ohne Zweifel der Zentralschlüssel für die Eingangstür in die «schöne neue Welt». Schon weit offen steht die biologische Pforte, durch die die Genetiker das Ziel ihrer Forscherträume erreichen können: die menschliche Keimbahn.

Auf einem gläsernen Tablett servieren die neuen Reproduktionstechniker die männlichen und weiblichen Genome, wie es den Forschern gefällt. Ein in der Schale gezeugter Embryo soll augenblicklich maximal zwei- bis zweieinhalb Wochen in einer Nährlösung überleben können.

Der letzte Schritt scheint nicht mehr weit zu sein: menschliches Leben ganz aus der Retorte – vom ersten Gen bis zum ersten Schrei maßgeschneidert und gesteuert, wobei wahlweise Leihmütter oder Muttermaschinen das Austragen übernehmen könnten, während der Klonbruder oder die Klonschwester für Notfälle auf Eis bereitliegen.

Den Titel seines weltberühmten Zukunftsromans «Brave New World» entdeckte Aldous Huxley in einem Shakespeare-Zitat:

> «O Wunder!
> Was gibt's für herrliche Geschöpfe hier!
> Wie schön der Mensch ist! Schöne neue Welt!
> Die solche Bürger trägt!»

Die Erdenbürgerin Louise Brown ist noch kein «schöner neuer» Mensch. Sie wurde nicht mit gentechnischen Mitteln zusammengebastelt und geformt: die Gentechnik spielte bei ihrer Entstehung keine Rolle. Louise ist allein das Produkt der modernen Reproduktionsmedizin. Dieser technisch klingende Begriff fand erst Anfang der achtziger Jahre Eingang in die deutsche Sprache. Er ist eine Übersetzung des englischen Fachausdrucks Reproductive Medicine und bedeutet Fortpflanzungsmedizin. Die Klinische Forschungsgruppe für Reproduktionsmedizin der Max-Planck-Gesellschaft in Münster beschreibt ihr Arbeitsgebiet so: «Die Reproduktionsmedizin faßt jene Spezialgebiete der Medizin zusammen, die sich mit der menschlichen Fortpflanzung und ihren Störungen auseinandersetzen. Das Hauptanliegen der Reproduktionsmedizin ist es, die menschliche Fortpflanzung steuerbar zu machen, steuerbar im positiven und negativen Sinne, d. h. ungewollten Nachwuchs zu verhindern und ungewollt kinderlosen Paaren zu Kindern zu verhelfen.» Die In-vitro-Fertilisation ist nur eine unter zahlreichen Methoden der Sterilitätsbehandlung und oft die letzte Möglichkeit, einem sterilen Paar den Kinderwunsch zu erfüllen – zum Beispiel, wenn beide Eileiter der Frau verschlossen sind. Dieses Verfahren weist noch sehr geringe Erfolgsraten auf: Nur in 10 bis 15 Prozent der behandelten Fälle bringt die Frau ein Kind zur Welt.

Wie die Antibabypille als Verhütungsmethode, so hat auch die IVF zwei Seiten: der Freude über ein Kind stehen beispielsweise die Gefahren gegenüber, die eine Hormonbehandlung der Frau mit sich bringt. Mit Hormongaben werden die Eierstöcke stimuliert, damit mehr als eine Eizelle heranreift, was im schlimmsten Fall zu Zysten und «ausgebrannten», weil überforderten Eierstöcken führen kann. Erheblich sind auch die psychischen Probleme, die Männer und Frauen unter dem Erfolgsdruck ihres Kinderwunsches nicht nur miteinander haben: darüber hinaus stößt ihre Entscheidung auch in der Umwelt oft auf Unverständnis. Aber hier, auf der persönlichen Ebene, liegt sicher nicht der Sprengstoff in diesem neuen Verfahren.

Die In-vitro-Fertilisation ist nicht zufällig die bekannteste und spektakulärste Methode der neuen Reproduktionsmedizin geworden. Sie hat gesellschaftsverändernde Qualität. Sie habe – so die Wissenschaftszeitschrift *New Scientist* – ein «neues Zeitalter der menschlichen Biologie» eingeläutet. Ins Zentrum der wissenschaftlichen Neugier seien jetzt «genetische Faktoren des Fortpflanzungsprozesses» gerückt. Die Genmanipulateure stehen «Gewehr bei Fuß» – die Pipette ist schon gezückt. Schon 1984 fand in Bonn ein Kongreß statt unter dem Titel «Frauen gegen Gentechnik und Reproduktionstechnik». Und die sogenannte Benda-Kommission, eine Arbeitsgruppe des Bundesministeriums für Forschung und Technologie, die 1985 ihren Bericht über die «Chancen und Risiken der Gentechnologie» veröffentlichte, präzisierte ihr Arbeitsfeld mit dem Dreiergespann: In-vitro-Fertilisation, Genomanalyse und Gentherapie. Genau auf dieses Zusammenspiel kommt es an: erst die Verbindung dieser drei Möglichkeiten birgt die explosive Mischung.

«Teflonpfanne der Gentechnik» – so wurde die In-vitro-Fertilisation genannt: denn genau wie das kleine Bratpfannenwunder (übrigens fälschlicherweise) immer herhalten muß, wenn Experten die immensen Ausgaben für die Raumfahrt rechtfertigen, so diene die Möglichkeit, den Kinderwunsch einzelner Paare erfüllen zu können, nur dazu, die Akzeptanz gentechnischer Eingriffe zu erhöhen.

Aus dem Tierzuchtlabor fanden In-vitro-Fertilisation und Embryotransfer ihren Weg in die Klinik um die Ecke. Eine Bestätigung der Regel: Fast alles, was beim Tier machbar ist, läßt sich auch auf Menschen übertragen – nur mit einer gewissen Zeitverzögerung und mit Folgen, die den Mäusen wohl weniger Kopfzerbrechen bereiteten als Ärzten, Rechtsanwälten, Gesetzgebern und besorgten Bürgern:

– Durch die IVF und den ET kann ein Kind plötzlich fünf Elternteile besitzen: die Eispenderin und den Samenspender, die Leihmutter und die «sozialen Eltern», die es noch in vitro adoptieren.

– Frauen können sich nicht nur als «Brüterinnen» verdingen, sondern auch als Eispenderinnen: 500 bis 1200 Dollar zahlen Kliniken in Amerika für die weiblichen Keimzellen, der Preis richtet sich nach dem Aufwand der Gewinnung. Auf Samenbanken harren Keimzellen von Nobelpreisträgern auf Empfänger.

– Nach einem erfolglosen IVF-Versuch stürzte ein Paar mit dem Flugzeug ab. Es hinterließ zwei eingefrorene Embryonen. Die vierzelligen Tiefkühlwaisen erbten das ganze Vermögen. Sie sollen jetzt zur prä-natalen Adoption freigegeben werden.

– In Australien trug eine Großmutter die eigenen Enkel aus: Die aus Eiern ihrer Tochter, die keine Gebärmutter mehr hatte, und dem Samen des Schwiegersohnes gezeugten Zwillinge sind gleichzeitig ihre Kinder.

– Aus Rom kam 1988 die Meldung, eine Tochter habe für ihre Mutter einen aus dem Ei der Mutter und dem Samen des Stiefvaters gezeugten und anschließend der Schwester eingepflanzten «Bruder» geboren.

Auch wenn solche Zustände in der Bundesrepublik durch strenge Richtlinien der Ärztekammern ausgeschlossen sind – diese Sensationsmeldungen schreckten die Öffentlichkeit auf, Familienrechtler wie Ethiker, Politiker wie Laien. Als alte, klare Bezeichnungen wie Mutter, Kind oder Abstammung plötzlich nicht mehr griffen, lag die gesellschaftsverändernde Potenz der IVF offen. Die Frage stellt sich: Wer oder was wird der Mensch morgen sein?

Durch die gelungene In-vitro-Fertilisation menschlicher Keimzellen standen den Genetikern und Reproduktionsbiologen plötzlich auch frühe menschliche Embryonen zur Verfügung, die «überzählig» waren. Dieser Überschuß entsteht, weil sich Säugetier-Eizellen, die Forscher in der gewünschten Anzahl aus dem Eierstock entnehmen könnten, noch nicht unter künstlichen Bedingungen (also in vitro) bis zur Befruchtungsreife entwickeln lassen. Noch müssen die Reproduktionsmediziner die Frauen mit Hormonen behandeln und die fertigen Eier kurz vor dem Eisprung absaugen, und das können schon einmal sechs Stück sein. Befruchten und entwickeln sich alle (was nicht Regel, sondern Ausnahme ist), warten plötzlich sechs Vier- bis Achtzeller auf den Transfer. Doch nur drei Embryonen spülen die Mediziner in den Uterus, weil bei dieser Zahl die Einnistung am häufigsten erfolgt und das Risiko einer Mehrlingsschwangerschaft klein bleibt. Die restlichen Vierzeller harren deshalb eingefroren auf einen späteren Transfer.

Um Embryonen im Tiefkühlschlaf gab es im Herbst 1989 einen aufsehenerregenden Prozeß in den Vereinigten Staaten. Das Ehepaar Davis hatte sich neun Monate nach einem erfolglosen Versuch, durch IVF schwanger zu werden, scheiden lassen. Doch Mary Sue Davis wollte trotzdem einen erneuten Embryotransfer mit den sieben kältekonservierten Vier- und Achtzellern wagen. Der geschiedene «Vater» versuchte seiner Frau per Gerichtsbeschluß das Austragen der mit seinem Samen gezeugten Embryonen zu verbieten und scheiterte. Ein Richter im Bundesstaat Tennessee stellte die Keime unter die Obhut der Mutter, weil sie «menschliche Wesen, existierend als Embryonen» seien. Sie können jetzt transferiert werden. Unklar blieb, ob nach der möglichen Geburt eines Kindes der Vater wider Willen Unterhalt zahlen muß, Besuchsrecht hat und wie das Sorgerecht geregelt wird.

Und was passiert mit den Tiefkühlkindern, wenn die Eltern keine weiteren Versuche wagen wollen oder Zwillinge bekommen haben? Die IVF-Produkte werden zu überzähligen Embryonen. Darf an ihnen geforscht werden? Was könnte die ungewollt gezeugten Geschwister erwarten? Ihnen und den Eltern, die der «Beforschung» ihres Nachwuchses zustimmen müssen, führen Mäuse- und Kaninchen-Embryos vor, was bereits machbar ist. Die Laborversuche sind nicht geheim, sondern werden stolz präsentiert. Die Tierschöpfung im Glas hat begonnen.

Bei der In-vitro-Fertilisation werden die reifen Eier, die aus den Follikeln des Eierstocks punktiert wurden, mit gewaschenen Spermien zusammengebracht, mit frischen oder bei minus 196 Grad Kälte konservierten. Ein Spermium trägt entweder ein X- oder ein Y-Chromosom. Weibliche Nachkommenschaft entsteht, wenn ein X-Chromosom auf das vorgegebene mütterliche X-Chromosom trifft. Für männliche Nachkommenschaft sorgt das Y-Chromosom.

In der Tierzucht ist es gang und gäbe, die Spermien zuvor durch ein

Medium zu schicken. Die Schwimmer, die zuerst das Ziel erreichen, sind zu 70 Prozent Garanten für den männlichen Nachwuchs. Die Geschlechtsbestimmung ist also möglich, wenn auch noch unvollkommen. In Japan gelang es, menschliche Spermien im elektrischen Feld zu trennen: bei der Bestimmung von X-Chromosomen-Trägern wurden Erfolgsraten von 100 Prozent, bei Y-Spermien von 83 Prozent erzielt. Der Preis für den Erkenntnisfortschritt: Die Oberflächeneiweiße der Keimzellen veränderten sich so, daß die Spermien das Ei nicht mehr befruchten konnten.

Die Eizellmembran (Zona pellucida) zu durchdringen ist der nächste Schritt. Und auch hier winkt Hilfe: ist das Spermium dafür zu schwach oder wollen Züchter ganz sicher gehen, wird die männliche Keimzelle mit einer Hohlnadel mitten ins Ei injiziert, das festgesaugt an einer Pipette hängt. Nach dem Eindringen bilden sich zwei Vorkerne (Pronuclei). Beim Menschen enthalten sie zum Beispiel je 23 mütterliche und väterliche Chromosomen (haploide Chromosomensätze). Haben zwei Spermatozoen den Weg gefunden und sich zwei Vorkerne gebildet, so ist eine weitere Entwicklung unmöglich. Deshalb wird ein Vorkern abgesaugt. Durch diesen kleinen mikrochirurgischen Eingriff ist die Entwicklung eines Embryos möglich gemacht worden.

Auch eine Jungfernzeugung feierte bereits Retortenpremiere. Dabei wird der kleinere männliche Vorkern ausgetauscht gegen einen weiblichen Vorkern aus einer anderen penetrierten Eizelle desselben Säugetiers – oder umgekehrt. Das Ergebnis des Eingriffs: ein Wesen mit nur einem Elternteil (uniparental). Doch dieser Zeugungsversuch in der Schale führte bisher noch zu keinem lebensfähigen Säugetier.

Verschmelzen schließlich die beiden (haploiden) Chromosomensätze, entsteht ein einzelner neuer Zellkern; er enthält beim Menschen alle 46 Chromosomen, die ein unter normalen Bedingungen entstandenes Leben erfordert. Diese befruchtete Eizelle, die Zygote, deren Geschlecht festliegt, hat nun die Potenz, zu neuem, individuellem Leben zu werden. Sie beginnt sich zu teilen.

Die Zygote durchläuft «Furchungsstadien». Ohne sich zu vergrößern, teilt sich die Zelle, es entstehen zwei, vier und schließlich acht Zellen. Danach erinnert die Eizelle an eine Maulbeere – deshalb der Name «Morula». In dieser Entwicklungsphase finden derzeit die meisten Eingriffe statt. Denn jede einzelne Zelle ist noch omnipotent, d. h., aus dieser Zelle kann noch ein vollständiges Lebewesen erwachsen.

Es wird!

Wagner: Ein herrliches Werk ist gleich zustand gebracht.
Mephistopheles (leiser): Was gibt es denn?
Wagner (leise): Es wird ein Mensch gemacht.
Mephistopheles: Ein Mensch?
Und welch verliebtes Paar
Habt ihr ins Rauchloch eingeschlossen?
Wagner: Behüte Gott! Wie sonst das Zeugen Mode war,
Erklären wir für eitel Possen.
Der zarte Punkt, aus dem das Leben sprang,
Die holde Kraft, die aus dem Innern drang
Und nahm und gab, bestimmt, sich selbst zu zeichnen.
Erst Nächstes, dann sich Fremdes anzueignen,
Die ist von ihrer Würde nun entsetzt.
Wenn sich das Tier noch weiter dran ergötzt,
So muß der Mensch mit seinen großen Gaben
doch künftig reinern, höhern Ursprung haben. (Zum Herd gewendet)
Es leuchtet! seht! – Nun läßt sich wirklich hoffen,
Daß, wenn wir aus vielen hundert Stoffen
Durch Mischung – denn auf Mischung kommt es an –
Den Menschenstoff gemächlich komponieren,
In einem Kolben verlutieren
Und ihn gehörig kohibieren,
So ist das Werk im stillen abgetan.
(Wieder zum Herd gewendet)
Es wird! die Masse regt sich klarer!
Die Überzeugung wahrer, wahrer!
Was man an der Natur Geheimnisvolles pries,
Das wagen wir verständig zu probieren,
Und was sie sonst organisieren ließ,
Das lassen wir nun kristallisieren …
Es steigt, es blitzt, es häuft sich an,
Im Augenblick ist es getan!
Ein großer Vorsatz scheint im Anfang toll;
Doch wollen wir des Zufalls künftig lachen,
Und so ein Hirn, das trefflich denken soll,
Wird künftig auch ein Denker machen.
…
Homunculus (in der Phiole zu Wagner):
Nun, Väterchen! wie steht's? es war kein Scherz!
Komm, drücke mich zärtlich an dein Herz!
Doch nicht zu fest, damit das Glas nicht springe.
Das ist die Eigenschaft der Dinge:
Natürlichem genügt das Weltall kaum;
Was künstlich ist, verlangt geschloßnen Raum …

Aus: Johann Wolfgang v. Goethe, «Faust II», zweiter Aufzug, zweite Szene

Säugetierembryonen haben sich in diesem Stadium als erstaunlich bieg- und beugsam erwiesen. Die kleinen Keime überstehen sogar die Prozedur, mit der Züchter einen hochwertigen Zuchttierembryo vermehren: Sie pflücken die Zwei-, Vier- oder Achtzeller auseinander. Aus jeder Zelle kann sich – das haben Abertausende derartiger Eingriffe, etwa bei Rindern, bewiesen – eine gesunde Nachkommenschaft entwickeln. Die Mutterkuh trägt nach der Manipulation Zwillinge aus: den Rest übernehmen Leihkühe. Diese genetisch identischen Mehrlinge heißen Klone.

In dieser frühen Phase entwickelt sich der Embryo auch normal weiter, wenn eine Zelle abgezwickt wird. Die entnommene Zelle wird auf genetische Defekte hin untersucht oder der Geschlechtsbestimmung geopfert. Mit sogenannten Y-Sonden kriegen Wissenschaftler das Geschlecht innerhalb von 24 Stunden heraus. Solange das Screening läuft, wartet der Restembryo eingefroren auf das Ergebnis. Fällt es positiv aus, kann mit dem Embryotransfer sein Leben beginnen. Bei Mäusen und niederen Wirbeltieren liegen dazu Erfahrungen vor. Aus den erstaunlich flexiblen mehrzelligen Embryonen sind Chimären leicht zu basteln. Die Experten entfernen beispielsweise die Membran einer Schaf-Eizelle. Den Inhalt (ein vierzelliger Embryo) übertragen sie durch einen kleinen Schnitt in eine Eihülle, in der bereits ein achtzelliger Ziegenembryo entwickelt ist. Derartige Zellhaufen verbinden sich und organisieren sich neu, wenn sie in Kontakt kommen – der Ursprung einer «Schiege» oder eines «Zafes». Der Embryo besteht danach aus Zellen verschiedener Erbanlagen. Welche Teile des Tieres allerdings schließlich Schaf und welche Ziege sind, das wird sich erst noch herausstellen. Alles ist möglich, nichts ist steuerbar.

Das nächste Entwicklungsstadium des befruchteten Eies ist eine Blastozyste. Beim Menschen wird dieses Stadium am vierten Tag nach der Befruchtung erreicht. Die Zellen differenzieren sich jetzt: aus der inneren Zellmasse (Embryoblast) geht das Säugetier hervor; die äußere Zellschicht bildet den Trophoblasten, der sich in der Uteruswand einnistet und danach zur Plazenta heranreift.

Auch dieses Stadium hat seine Versuche: Die Wissenschaftler nehmen beispielsweise aus der Blastozyste eines seltenen, vom Aussterben bedrohten Zebras die innere Zellmasse heraus. Sie versetzen diesen Klumpen in den ausgehöhlten «Trophoblasten» eines gewöhnlichen Pferdes und spülen den neu zusammengebauten Embryo in den Pferde-

Uterus. Da die Plazenta aus Pferdezellen wächst, erfolgt keine Abstoßungsreaktion: Das Pferd trägt das Zebra aus. Die Leihmutterschaft überspringt so mühelos Artengrenzen.

Die innere Zellmasse liefert, wenn sie zerpflückt wird, natürlich mehr Einzelzellen als ein Vierzeller. Jeder einzelne Zellkern kann wieder in das befruchtete Ei eines Artgenossen eingeführt werden. Das Resultat sind noch mehr Klone.

Bislang nur theoretisch kann ihre Zahl ins Unendliche steigen, indem Züchter ein ausgewachsenes Säugetier klonen. Denn das liefert nicht mehr nur eine fixe, kleine Zahl von Zellen, sondern unzählige. Jede Körperzelle enthält die identische Erbinformation; deshalb kann auch jede einzelne Körperzelle einen Zellkern zum Transfer in eine präparierte Eizelle beisteuern. Allerdings sind in der Erbinformation diejenigen Gene abgeschaltet, die das Wachstum regulieren. Noch ist es nicht gelungen, sie wieder anzuschalten.

Erfolge melden die Wissenschaftler dagegen bei transgenen Tieren. Erstmals im Jahre 1981 wurde in einen Mäuseembryo ein menschliches Wachstumsgen eingeschleust. Zwei Wege führen in die Keimbahn. Entweder wird das Gen direkt in den Vorkern gespritzt, oder ein eingeschleustes Virus als Genträger infiziert die Vier- oder Achtzeller.

Bei der zweiten Methode ist nicht sichergestellt, daß alle Zellen des späteren Lebewesens mit dem Gen infiziert sind. Ein solches Säugetier kann demnach aus Zellen mit verschiedenen Erbinformationen bestehen und gilt ebenfalls als Chimäre. Verfehlt das Virus die Geschlechtszellen, dann vererbt das Tier die eingeschleuste genetische Information nicht an die nächste Generation.

Es gibt inzwischen transgene Schafe, Ratten und Mäuse, Schweine oder Kühe. Die übergroßen Schweine können nicht laufen und leiden an Gelenkrheuma, die Superkuh pflanzt sich nicht fort. Die Natur verweigert sich, wehrt sich.

All diese Manipulationen sind kein Selbstzweck. Es geht um Zucht und um Fragen der Grundlagenforschung:

– Wie werden Eigenschaften vererbt?

– Wie regulieren Gene die Immunität?

– Wie entwickeln sich (z. B. bei Chimären) einzelne Gewebe und Organe?

Gefahndet wird letztlich nach den «Zeitgebern» der embryonalen Entwicklungsuhr, die das Wachstum der Zellen steuern. Sie könnte auch Ähnlichkeit mit der Krebsuhr haben, die beim Erwachsenen Gewebewucherungen auslöst. Verheißungsvoll klingen die Versprechungen, den Krebs und andere Krankheiten zu beseitigen – mehr für den Menschen, weniger für die Labormaus. Weniger verheißungsvoll ist die Zucht – weniger für die Mäuse, um so mehr für den Menschen.

Bereits im Dezember 1985 veröffentlichte der wissenschaftliche Beirat der Bundesärztekammer «Richtlinien zur Forschung an frühen menschlichen Embryonen». Die Bundesregierung legte im Herbst 1989 den «Entwurf eines Gesetzes zum Schutz von Embryonen» vor. Einigkeit herrscht jetzt national – und bislang auch international – beim uneingeschränkten Nein zur

– Herstellung von genetisch identischen Menschen (Klonen)
– Fusion zweier menschlicher Embryonen (Chimären)
– Produktionen von Mensch-Tier-Verbindungen (Interspezies-Hybriden, ebenfalls Chimären genannt).

Natürlich ist der Mensch kein Tier. Dennoch – die Frage nach einer Doppelmoral drängt sich auf: Quält sich eine mit menschlichen Wachstumshormonen erzeugte Supersau nicht, wenn sie nicht mehr auf allen vieren stehen kann? Sind Chimären wirklich ein Triumph der Wissenschaft oder nur jämmerliche, lebensunfähige leidende Kreaturen?

Professor Henning Beier, der einen Lehrstuhl für Anatomie oder Reproduktionsbiologie an der Universität Aachen innehat, ist Mitglied der zentralen Ethikkommission der Bundesärztekammer und hat an deren Richtlinien mitgearbeitet. Die Angst der Laien vor dem Machbaren kann er gut nachvollziehen: «Wer heute ein Horrorgemälde sucht, braucht wirklich keine Phantasie. Nehmen Sie ein Buch über Veterinärmedizin, und ersetzen Sie bei der Lektüre einfach das Wort Tier durch das Wort Mensch. Was da tagtäglich passiert, ist keine Utopie mehr, sondern alltägliches Handwerk», so sagt Beier.

«Aufgrund der Erfahrungen bei der In-vitro-Fertilisation müssen wir befürchten, daß alles spielend auf den Menschen zu übertragen wäre. Ich verstehe, daß sich hier Angst fast unbegrenzt schüren läßt.» Doch der Biologe schränkt ein: «Allen Reproduktionsmedizinern züchterische Absichten zu unterstellen ist Polemik.» Sollte es wirklich einmal ein schwarzes Schaf mit derartigen Nebengedanken geben, so müßten ihm diese Gedanken durch die Öffentlichkeit ausgetrieben bzw. durch das Strafrecht unmöglich gemacht werden, meint Beier. Hier könne es keine Kompromisse geben, sondern nur eine radikale Verurteilung:

«Es hat keine Zeit gegeben, in der die Ärzte mehr Angst oder – positiv ausgedrückt – mehr Verantwortungsbewußtsein hatten.» Dazu hat sicher der Rummel um die IVF und ihre Auswüchse beigetragen. Gegründet wurde ein «Gen-Ethisches Netzwerk», das mit einem Informationsdienst interessierte Laien auch zu dieser Problematik auf dem laufenden hält. Podiumsdiskussionen und Fernsehrunden zum Thema jagten einander. Ein Buch nach dem anderen erschien: die Titel reichen von den «Retortenmüttern» über den «neuen Klapperstorch» bis zum «codierten Leib» und dem «manipulierten Schicksal».

Die transgene Riesenmaus, eine Maus mit menschlichem Wachstumsgen, ist bereits eine Tatsache. Der amerikanische Zukunftsforscher Alvin Toffler: «Es ist möglich – im Prinzip jedenfalls –, menschliche Eigenschaften auf Tiere zu übertragen und tierische Eigenschaften auf Menschen. Wenn wir das tun, oder wenn wir neue Lebensformen mit denen erzeugen, die vom Menschen stammen, können wir – im Prinzip ebenfalls – einen Punkt erreichen, wo die gemeinsame (vorwiegend implizite) Definition dessen, was der Mensch ist, verschwimmt. Welche Merkmale definieren letztendlich einen Menschen? Wo ist die Grenze zu dem, was noch Mensch ist?»

Erst im Jahre 1875 wurde das Geheimnis der Befruchtung gelüftet. Ein Forscher beobachtete – beim Kaninchen – die Vereinigung der Zellkerne von Ei und Samenzelle. Die Befruchtung galt seitdem als Beginn individuellen Lebens, auch beim Menschen. Die folgenden Forschergenerationen sahen in den nächsten hundert Jahren kaum ein befruchtetes menschliches Ei. Menschenversuche waren natürlich tabu. Zehntausende menschlicher Eizellen (Oozyten) mit einem Durchmesser von einem Zehntel Millimeter lagen inzwischen unter den Mikroskopen, Biologen nahmen Tausende früher menschlicher Embryonen vor dem Embryotransfer in Augenschein. Das Wort «früh» ist wichtig. Denn bevor es die In-vitro-Fertilisation gab, sprachen die Mediziner zu diesem Zeitpunkt der Entwicklung von Furchungsstadien. Im angelsächsischen Labor-Slang setzte sich dann die Bezeichnung «two-cell-embryo» oder «four-cell-embryo» durch. Schließlich übernahmen auch Grundlagenforscher diese Sprachregelung. Heute gehört sie zum allgemeinen Sprachgebrauch.

Bei dem Wort Embryo denkt der Laie eher an die «individuelle Gestalt bis zum 3. Monat ihres Lebens als Embryo», so die Richtlinien der Bundesärztekammer. Mit diesem Bild vor Augen löst das Wort «Embryonenforschung» schnell Abwehr aus. Aus diesem Grund wohl führten die angelsächsischen Wissenschaftler wieder einen neuen Begriff ein: Prä-Embryo. Seinen seitenlangen Steckbrief veröffentlichte die «American Fertility Society». Er enthielt folgende wichtige Merkmale:

– Ein Prä-Embryo hat nur theoretisch das Potential, sich zu einem erwachsenen Menschen zu entwickeln. Die Einnistung in der Uterusschleimhaut steht noch aus.

– Die durch die Teilung entstandenen Zellen sind «allmächtig», die Einmaligkeit einer Person ist noch nicht gegeben.

– Auch die erste Zelldifferenzierung (in Embryo- und Trophoblast) bildet noch nicht den Embryo selbst, sondern ermöglicht nur den Kontakt mit der Mutter.

– Er steht – moralisch und rechtlich – zwischen Körpergewebe und Embryo.

– Er ist keine Person, aber genetisch gesehen ist er doch eine einmalige, lebende menschliche Ganzheit, die einmal eine Person werden könnte.

– Mit der Einnistung – etwa 14 Tage nach der Befruchtung – bildet sich auch die Keimscheibe aus. Danach kann weder natürlich noch künstlich ein Zwilling entstehen. Dann erst wird der Prä-Embryo zum Embryo, zum Individuum.

Leben? Kurz vor dem Leben? Menschliches Leben? Diese Definition hat den Zweck, die Forschung an den «Vor-Embryonen» zu rechtfertigen, die speziell bei der In-vitro-Fertilisation entsteht. So sieht es auch der Berliner Pharmakologe Horst Spielmann. Im Mai 1986 schrieb er in einem Brief an das *Deutsche Ärzteblatt*: «Es gibt eine internationale Lobby, die für Experimente an menschlichen Embryonen eintritt.» Die Bezeichnung Prä-Embryo suggeriere den dafür notwendigen «abgestuften ärztlich-ethischen Schutz».

Auch der Reproduktionsbiologe Beier lehnt den neuen Begriff ab, «weil er zu Recht Argwohn weckt». Er bekennt sich trotzdem «zu einer abgestuften Schutzwürdigkeit des menschlichen Lebens». Sie werde in der Gesellschaft tagtäglich längst vorexerziert; schon jetzt erfolge in vielen Bereichen die juristische Abwägung zwischen ethischen Grundsätzen und dem Wert menschlichen Lebens. «Gerade bei dem Paragraphen 218 passiert doch eine knallharte Abwägung», sagt Beier. «Ich muß doch den Mut haben, das zu sagen. Ich habe keine

Einwände gegen eine Forschung, die durch Beobachten analysiert, zum Beispiel, wenn bei Embryonen genetische Störungen vorliegen und sie sowieso niemals lebensfähig wären.»

Dabei zeigt etwa die 14-Tage-Grenze, wie dünn die Argumente sind: Sie ist durchaus willkürlich. Wissenschaftlich ließe sich gleichermaßen der 22. bis 23. Tag rechtfertigen; erst dann nämlich entwickelt sich das Nervensystem.

Kritik an den «überzähligen» Embryonen, die zum Forschen geradezu einladen, hatte zu spitzfindigen Konsequenzen geführt: Die im Rahmen der In-vitro-Fertilisation befruchteten überzähligen Eier wurden bereits im Vorkernstadium eingefroren, weil sich noch kein vollständiger, neuer, individueller Gensatz gebildet hat. Biologisch bestechend gingen Ärzte auch in der Bundesrepublik so den ethischen Problemen aus dem Weg, die ihnen bei «fertigen» Embryonen in der Kühlbox drohten. Auch das neue Embryonenschutzgesetz verbietet – im Rahmen einer IVF-Behandlung – nicht ausdrücklich das Tieffrieren von Embryonen und ermögliche so weiterhin «eine verkappte Vorratshaltung», kritisiert der Freiburger Rechtsprofessor Albin Eser.

Stellen wir also die falschen Fragen? Das jedenfalls behauptet John D. Biggers von der Harvard Medical School: Der Prozeß «menschliches Leben» beginne nicht erst mit der Befruchtung, «und vorher war nichts». Auch die Keimzellen seien «Leben», und auf dem heutigen Wissensstand gehe es darum, zu entscheiden, «ob haploides und diploides Leben gleichgestellt» – ob also nach dem Verschmelzen von weiblicher und männlicher Keimzelle der Status eines Lebewesens erreicht sei.

Die neuen Einblicke in die menschliche Fortpflanzung haben zwei Dinge sehr klar gemacht:

– Wenig ist bekannt über die entscheidenden zwei Wochen nach der Befruchtung, in denen die Weichen für die weitere Entwicklung gestellt werden und die grundlegenden Zelldifferenzierungen führen.

– Zwei Drittel aller natürlich entstandenen und klinisch festgestellten Schwangerschaften enden vor der 12. Woche, unbemerkt mit der Monatsblutung ausgeschieden oder als Fehlgeburt. Die Einnistung des Embryos ist ein Nadelöhr zur Existenz; die Hälfte der Embryonen schafft es bereits hier nicht. Welche Umweltfaktoren wirken zusammen, wie muß das optimale Uterusmilieu aussehen, wie sieht die Wechselwirkung zwischen Embryo und Mutter aus? Abweichungen vom normalen Chromosomensatz sind der häufigste Grund für das frühe Todesurteil.

Im Rahmen eines IVF-Programms untersucht die Forschungsgruppe für Reproduktionsmedizin in Münster jetzt erstmals «zytogenetisch» Eier und Spermien, die nicht verschmolzen sind; das heißt, sie legen Genkarten an und suchen systematisch nach Störungen.

Die Chromosomen, die im Spermienkopf auf engstem Raum zusammengepackt sitzen, entfalten sich erst in einer Eizelle. Die Wissenschaftler wußten Rat: «Da menschliche Eizellen für derartige Versuche nicht zur Verfügung stehen, wurde nach einer Alternative gesucht – die Eizellen von Hamstern. Nach langen Bemühungen ist es gelungen, menschliche Spermienchromosomen nach Eindringen in die Hamstereizelle darzustellen. Diese Technik wird auch Aufschlüsse über den Einfluß von Umweltfaktoren und Medikamenten auf die männliche Zeugungsfähigkeit erlauben. Es ist festzuhalten, daß über die Darstellung der Chromosomen hinaus eine Entstehung von Lebewesen bei dieser Technik unmöglich ist.» Hamstereizellen hielten bereits jahrelang her, um die Eindringungsfähigkeit von Spermien zu testen. Solche Versuche nennt der Mediziner Gerd Schwandner, stellvertretender Fraktionschef der Grünen im Landtag, Dokumente der «Brutalisierung der Wissenschaft». Denn sie seien «Vorstufen der Chimärenbildung». Hier schoß der Warner über das Ziel hinaus, den Blick starr auf die spektakuläre Tier-Mensch-Verbindung gerichtet. Als brutaler erweisen sich nämlich oft viel weniger spektakuläre Versuche – zum Beispiel die Bemühungen, Eizellen einzufrieren und mit wenig Verlust wieder aufzutauen. Mit tiefgefrorenem Sperma und eingefrorenen Eiern ließen sich bei Bedarf Embryonen reibungslos erzeugen – tierische und menschliche.

Forschung an menschlichen Embryonen erscheint vielen gerechtfertigt, um die Methode der In-vitro-Fertilisation zu verbessern – vom Kulturmedium über die Hormongaben bis zum Transfer. Denn derzeit stagniert die Schwangerschaftsrate nach IVF und ET in den besten Zentren bei 27 bis 28 Prozent. Die Gegner sehen darin nur das Schulbeispiel dafür, wie das System sich selbst erhält.

Ein Versprechen, das die Öffentlichkeit für die Embryonenforschung einnimmt, wird nach Meinung von Fachleuten in diesem Jahrtausend nicht mehr in die Tat umgesetzt: die ursächliche Heilung von genetisch bedingten Erkrankungen als Genreparatur in der Keimbahn. Bislang noch gibt es wesentlich mehr Fragen als Antworten: Bei den wenigsten

Schöne, neue Welt

Im Füllsaal herrschte harmonische, wohlgeordnete Betriebsamkeit. Frische Lappen aus dem Bauchfell einer Sau, auf entsprechende Größe zurechtgeschnitten, kamen in kleinen Expreßzügen aus dem Organmagazin im Tiefgeschoß herauf. Pftz! klick! – die Aufzugtüren flogen auf, der Flaschenauskleider brauchte nur die Hand auszustrecken, den Lappen zu ergreifen, einzupassen und glattzustreichen.

Den Auskleidern zunächst standen die Einbetter. Die Prozession zog an ihnen vorüber; die Eier wurden, eines nach dem anderen, aus den Reagenzgläsern in größere Behälter getan. Ein geschickter Schnitt ins Schweinsperitoneum, die Morula wurde an die richtige Stelle gedrückt, Salzlösung darübergegossen – und schon wanderte die Flasche weiter, um etikettiert zu werden... Nicht länger anonym wanderte die Flaschenprozession weiter, durch eine Wandöffnung in die Abteilung für soziale Bestimmung.

«Von hier aus gelangen wir ins Embryonendepot.»... Das stählerne Spinnengewebe der Galerien verlor sich nach allen Richtungen, in der Nähe luden drei rote Schemen bauchige Flaschen von einer Rolltreppe ab, die aus dem Bestimmungssaal kam.

Jede einlaufende Flasche konnte auf eines der fünfzehn Regale im Parterre gestellt werden... Ein ganzer Umlauf hier, einer auf der ersten Galerie, ein halber auf der zweiten, und am zweihundertsiebenundsechzigsten Morgen erblickten sie das Licht des Entkorkungszimmers – traten ins sogenannte selbständige Dasein.

Er führte ihnen den einfachen Mechanismus vor, mit dem bei jedem sechsten und siebten Meter alle Embryos gleichzeitig geschüttelt wurden, damit sie sich an die Bewegung gewöhnten. Er wies auf die ernste Bedeutung des sogenannten «Entkorkungstraumas» hin und zählte die Vorsichtsmaßnahmen auf, die getroffen wurden – entsprechendes Training des Embryos in der Flasche –, um den gefahrbringenden Schock auf ein Mindestmaß zu beschränken.

Sie kamen an Meter 320 von Regal 11 vorüber. Ein junger betaminus Mechaniker arbeitete mit Schraubenzieher und -schlüssel an der Blutsurrogatpumpe einer Flasche. Das Summen des Elektromotors wurde um Bruchteile eines Tones tiefer, als er die Muttern lockerte. Tiefer, tiefer... Ein letzter Ruck, ein Blick auf den Drehzahlmesser, und er war fertig. Er ging zwei Schritte weiter, die Reihe entlang, und begann die Arbeit an der nächsten Pumpe. «Verringerung der Umdrehungsgeschwindigkeit», erklärte Päppler. «Das Blutsurrogat zirkuliert langsamer und fließt daher in längeren Abständen durch die Lunge, führt also dem Embryo weniger Sauerstoff zu. Es geht nichts über Sauerstoffverknappung, wenn man einen Embryo unter dem Durchschnitt halten will… Je niedriger die Kaste, desto weniger Sauerstoff.» Das erste davon betroffene Organ war das Gehirn. Dann kam das Knochengerüst dran. Verringerte man die normale Sauerstoffzufuhr um dreißig Prozent, erhielt man Zwerge, verringerte man sie weiter, augenlose Ungeheuer…

«Und dies», sagte der Direktor, die Tür öffnend, «ist der Befruchtungsraum.» Dreihundert Befruchter standen über ihre Instrumente gebeugt, als der Brut- und Normdirektor den Saal betrat. «Das hier sind die Brutöfen», sagte er mit einer schwungvollen Handbewegung. Er öffnete eine abgedichtete Tür und zeigte ihnen die vielen Gestelle voll bezifferter Reagenzgläser. «Der wöchentliche Eingang an Ovarien…»

An die Brutöfen gelehnt… beschrieb er hierauf das Verfahren, mit dem der entnommene Eierstock am Leben und funktionstüchtig gehalten wurde, ging auf die Frage der optimalen Temperatur, des Salzgehaltes und der Viskosität über, erwähnte die Nährlösung, in der die abgetrennten und ausgereiften Eier aufbewahrt wurden, führte seine Schützlinge an die Arbeitstische und zeigte ihnen, wie diese Lösung aus den Reagenzgläsern abgezogen und tropfenweise auf die vorgewärmten Objektträger der Mikroskope geträufelt wurde… Dann kamen die befruchteten Eier zurück in die Brutöfen, wo die Alphas und Betas bis zur endgültigen Abfüllung in den Flaschen blieben, während die Gammas, Deltas und Epsilons schon nach sechsunddreißig Stunden herausgenommen und dem Bokanowskyverfahren unterzogen wurden. «Bokanowskyverfahren», wiederholte der Direktor… Ein Ei – ein Embryo – ein erwachsener Mensch: das Natürliche. Ein bokanowskysiertes Ei dagegen knospt und sproßt und teilt sich. Acht bis sechsundneunzig Knospen – und jede Knospe entwickelt sich zu einem vollausgebildeten Embryo, jeder Embryo zu einem vollentwickelten Menschen. Sechsundneunzig Menschenleben entstehen, wo früher nur eines entstand: Fortschritt. «Sechsundneunzig völlig identische Geschwister bedienen sechsundneunzig völlig identische Maschinen!» Seine Stimme bebte fast vor Begeisterung, «da weiß man doch wirklich, woran man ist! Zum ersten Mal in der Weltgeschichte!»

Aus: Aldous Huxley, «Schöne neue Welt. Ein Roman der Zukunft», 1932

Krankheiten ist nur ein Gen verantwortlich. Ein verändertes Gen steht oft nur für die Möglichkeit zu erkranken. Welche Faktoren aber schalten es an oder ab? Die «Keimbahntherapie» ist im Tiermodell noch nicht ansatzweise gelungen.

So ist es nicht verwunderlich, daß das Votum der Benda-Kommission zu diesem Punkt lautete: «Ein Gentransfer in die menschliche Keimbahn ist derzeit nicht zu vertreten», und auch die deutsche Forschungsgemeinschaft bestätigt, «daß beim gegenwärtigen Erkenntnisstand alle Eingriffe mit dem Zweck gentherapeutischer Veränderung der Keimbahn eines Menschen unterbleiben sollten». Entsteht der so stolz präsentierte Konsens unter den Experten nur deshalb so leicht, weil die Gentechnik noch nicht soweit ist? Der deutsche Entwurf zum Embryonenschutzgesetz läßt jedenfalls offen, ob bei schwersten Erbleiden nicht doch einmal die Gentherapie in der Keimbahn beginnen kann, und erlaubt deshalb die dafür unabdingbaren Versuche an Keimbahnzellen toter Föten, eines Menschen oder eines Verstorbenen, solange eine Übertragung und die Entstehung einer Keimzelle ausgeschlossen sind.

Aussichten bestehen, daß irgendwann aus Embryonen Zellen gezüchtet werden, um sie auf Kranke zu übertragen. Fötales Gewebe wächst schnell an und löst keine Abstoßungsreaktion aus. Im Jahre 1981 gelang es zum erstenmal, Zelldifferenzierungen nachzuweisen. Fünf Jahre später meldeten Forscher vom Tübinger Friedrich-Miescher-Labor, daß sie Blutzellen aus einer Blastozyste gezüchtet hatten.

Auch für eine Form der vorgeburtlichen Diagnostik, die von der Tierforschung auf den Menschen übertragen werden soll, existiert schon die neue Bezeichnung «Prä-Implantationsdiagnostik».

Eine Untersuchung auf genetische Defekte hin erfolgt in der Bundesrepublik augenblicklich auf Wunsch der Schwangeren, bei Spätgebärenden oder wenn in der Familie Erbkrankheiten vorkamen, und zwar dann, wenn der Embryo bereits im Mutterleib heranwächst. In der 16. bis 18. Schwangerschaftswoche liefert eine Fruchtwasserpunktion (Amniozentese), in der 9. bis 10. Woche ein abgezwacktes Stück der Zottenhülle des Embryos (Chorionzottenbiopsie) das Material für humangenetische Untersuchungen. Die Prä-Implantationsdiagnostik fände um den zweiten Tag nach der In-vitro-Fertilisation statt. Der Vier- oder Achtzeller müßte eine Zelle opfern; sie würde verbraucht, um die Erbanlagen zu untersuchen. Bis das Ergebnis vorliegt, wartet der Restembryo in der Kälte, also noch außerhalb des Mutterleibs. Fällt das Ergebnis negativ aus, kommt das potentielle Kind erst gar nicht in den Uterus. Eine Abtreibung ist nicht nötig. Die Diagnosemöglichkeiten sind im Prinzip die gleichen wie bei diesen heute praktizierten Verfahren. Erkannt werden heute zum Beispiel das krankmachende, nur an Söhne vererbte Gen einer Form des Muskelschwundes (Muskeldystrophie Duchenne), die Bluterkrankheit, die Anlage für die Chorea Huntington-Krankheit (Veitstanz) und die Trisomie 21 (Mongolismus).

Trotzdem wären neue Forschungen an frühen menschlichen Embryonen nötig. Während die Gewinnung einer Einzelzelle aus dem Embryo in Tierversuchen sehr lange perfektioniert werden kann, liefert nur der menschliche Keimling das wichtige Untersuchungsmaterial. Da es anders beschaffen ist als die aus Fruchtwasser und Zotten gewonnenen Zellen, muß seine Aufbereitung für die Diagnose geübt und müssen Untersuchungsmethoden neu überprüft werden, zum Beispiel zur schnellen und sicheren Geschlechtsbestimmung. Die Geschlechtsauswahl einer Samenzelle, die entweder als Träger eines X-Chromosoms für ein Mädchen oder eines Y-Chromosoms für einen Jungen sorgt, erlaubt das geplante Embryonenschutzgesetz, um «eine geschlechtsgebundene erbliche Erkrankung des zu erzeugenden Kindes zu vermeiden», wenn die Krankheit als schwerwiegend anerkannt ist und heute schon zu einer freiwilligen Schwangerschaftsunterbrechung führen kann. Verboten bleibt im Augenblick noch die «Abspaltung einer totipotenten Zelle eines menschlichen Embryos z.B. zu Zwecken der Forschung und Diagnostik». Wie lange noch?

Die Prä-Implantationsdiagnostik sei ein «legitimes Aufgabengebiet» der Genetiker, erklärte in einem Interview Christa Fonatsch, Professorin am Humangenetischen Institut der Universität Lübeck: «Eine Frau würde sich also zu einer In-vitro-Fertilisation entschließen... weil sie vielleicht die Prozedur... als weniger belastend empfindet als die einer möglichen Abtreibung... Die Genetik muß so lange warten, bis die Gynäkologie soweit ist, das In-vitro-Verfahren so gefahrlos zu machen, wie heute die Pränataldiagnostik ist.» Durch die englische Fachpresse geistert bereits eine neue Wortschöpfung: «Assisted Reproduction» – das neue Angebot für Risikogruppen. Je erfolgreicher die IVF, desto niedriger werden die Hemmschwellen, die Menschwerdung von Anfang an zu steuern – und desto geringer wird die Bereitschaft, Behinderungen zu dulden.

Je höher die Erfolgsrate der In-vitro-Fertilisation steigt, desto breiter wird die Indikation: Dagegen kann doch keiner etwas haben, daß bei wachsendem Trend zur Ein-Kind-Familie und späteren Geburt die Ansprüche an genetische Kontrollen steigen; da ist eine Ablehnung der

Geschlechtswahl in der Schale – bei dem geringen Risiko – wohl wirklich nur noch von gestern (also heute). Und, wenn das Verfahren ausgereift ist – warum dann einen Embryo mit genetischer Empfänglichkeit, zum Beispiel für Auto-Immunerkrankungen, für den Transfer freigeben? Wer nicht muß, geht doch nicht das Risiko ein, daß sein Kind einmal an Diabetes oder Rheuma erkrankt. Je besser die IVF, desto mehr Möglichkeiten tun sich auf, auch für eine routinemäßige Qualitätskontrolle der Gene, freiwillig oder staatlich verordnet. Die IVF liegt voll im Trend der modernen Industriegesellschaft, die nur Perfektion und Fehlerfreiheit toleriert, «positive Eugenik», durch neue Verfahren leichtgemacht. Nicht zuletzt mit Blick auf die Euthanasie-Programme der Nationalsozialisten wendet sich die Fraktion Gesundheit in der Berliner Ärztekammer gegen alle Versuche, «moralische und andere Grenzen aufzuweichen und dabei den ungeheuerlichen Begriff der *verbrauchenden Forschung* hoffähig zu machen». Die Freiheit der Forschung schließe nicht die Freiheit ein, an menschlichen Embryonen zu forschen.

Das Problem könnte sich aus einem anderen Grund bald von selbst erledigen, quasi aus der Welt geforscht sein: je weiter die IVF/ET-Methode perfektioniert wird, desto weniger überzählige Embryonen werden sich auch in den Kühlbehältern stapeln. Doch nur die will die Bundesärztekammer überhaupt für die Forschung freigeben.

Die Deutsche Forschungsgemeinschaft (DFG) legte schon 1988 den Finger genau auf diesen wunden Punkt. Wer für die Forschung an menschlichen Embryonen eintritt, der muß auch letztlich die Produktion des Forschungsmaterials fordern, wenn die «überzähligen» Embryonen einfach nicht mehr ausreichen: «Spätestens dann stellt sich unausweichlich die Frage, wie die vorgenannten medizinisch-therapeutischen Forschungsaufgaben künftig gelöst werden sollen. Die Embryonenforschung in der Bundesrepublik wird zum Erliegen kommen, wenn... die Erzeugung von Embryonen zu Forschungszwecken vorbehaltlos verboten wird... Die Frage, ob es ethisch vertretbar sein kann, menschliche Embryonen in sehr begrenzter geringer Anzahl mit dem Ziel zu erzeugen, durch Experimente an ihnen in garantiertem schmerzfreiem Zustand Erkenntnisse zu gewinnen, die nach dem Urteil bester Sachkenner geeignet erscheinen, künftig vielen Menschen schweres Leid zu ersparen, erfordert gewiß eine schwierige ethische und rechtliche Güterabwägung.»

Wer sich dazu entschließe, «kann nicht weniger für sich beanspruchen, dies aus moralisch achtenswerten Motiven zu tun. Es erscheint deshalb zweifelhaft, ob der Gesetzgeber diese schwerwiegende ethische Frage durch einseitige Setzung von Rechtsnormen überzeugend zu lösen vermag».

Das geplante Embryonenschutzgesetz bestraft Ei-, Samen- und Embryonenspenden und jede Form einer «geteilten Mutterschaft», also den Einsatz von Leihmüttern. Ein erster strafrechtlicher Schutzwall ist gezogen, doch nicht zuletzt bei der Embryonenforschung mit Schlupflöchern für findige Forscher.

Zweifel sind angebracht, ob solche Schutzwälle auf lange Sicht einen Dammbruch in der Anwendung reproduktions- und gentechnischer Möglichkeiten verhindern können: Wissenschaftler könnten, so die Kritiker, ins Ausland abwandern, wo weniger strenge Maßstäbe herrschten und Leihmütteragenturen beispielsweise in den Vereinigten Staaten florieren. International werde die Wirksamkeit auf jeden Fall unterlaufen. Außerdem greift ein Gesetz dann nicht, wenn die Kontrolle in den Kliniken und Labors versagt und ein Ankläger niemals an belastendes Material kommt. Wird ein Strafgesetz nicht sogar die Geheimhaltung fördern, immer noch neue, spitzfindigere Definitionen des Gerade-noch-nicht-Embryos zu finden? Verstärkt sich dann nicht die «Mauer wissenden Schweigens» noch, die die Kritiker der Reproduktionsmedizin und Gentechnik bereits heute beklagen? Ein Gesetz wird auch dann Makulatur bleiben, wenn in den einschlägigen Ethikkommissionen genau jene Leute sitzen, die letztlich die Forschung auch durchführen. Forscher, Macher und Ethiker bilden längst den geschlossenen Zirkel von Experten, die von einer Kommission in die andere wechseln. Schon werden Wege zur Kontrolle der Kontrolleure diskutiert: Wie sieht es mit der Berichtspflicht aus, wie mit der Teilnahme von Laien, wie mit der Abwahl von Kommissionsmitgliedern? Wann bekommen endlich Risikoforschung und Folgenabschätzung den höchsten Stellenwert?

Eine unabdingbare Voraussetzung, damit ethische Postulate in die Praxis umgesetzt werden, bleibe auf jeden Fall die «Selbstbindung der Ärzteschaft» – das ist die Position des deutschen Ärztinnenbundes, dessen Präsidentin Hedda Heuser-Schreiber in diesem «sensiblen Bereich» ein sorgsames Vorgehen fordert: «Zuviel Perfektionismus schützt weder die Betroffenen, noch wird er der Lebenswirklichkeit gerecht... Gesetzgebung muß auf dem Boden eines ethischen Konsensus dem Fortschritt zum Nutzen der Menschen seine Chancen lassen.»

Doch was heißt «Fortschritt»? Ist dessen Maßstab schon jetzt der machbare, garantiert gesunde Mensch, der auf Wunsch kommt? Wird nicht bereits alles, was nicht paßt oder gefällt, im Keim erstickt? War schon das erste sogenannte Retortenbaby genau der Schritt zuviel? Die SPD-Gesundheitsministerin des Saarlandes, Brunhilde Peter, hat den Kliniken ihres Bundeslandes die Anwendung der In-vitro-Fertilisation im Februar 1986 zunächst nicht genehmigt. Seit dem Oktober 1987 hat sich das geändert, jedoch mit einer in der Bundesrepublik einmaligen Auflage: Embryonen dürfen nur für die «Dauer der Behandlung» eingefroren werden. Danach ist die «Vernichtung der Zellkultur» zwingend vorgeschrieben.

Als der Norddeutsche Rundfunk am 17. Februar 1988 seine Hörer in der Nachmittagssendung «Radiotelefon» fragte: «Sind die Geschöpfe aus der Retorte außer Kontrolle geraten?», da liefen die Drähte heiß. Ein Anrufer sah die Sache sehr realistisch: «Das Wissen läßt sich nicht mehr aus der Welt schaffen. Wir reiten den Tiger.»

Die Deutsche Forschungsgemeinschaft erklärt zur Zukunft der Reproduktionsmedizin und Embryologie: «Das Forschungsgebiet befindet sich noch in voller Entwicklung. Es läßt sich gegenwärtig nicht übersehen, wann und durch welches experimentelle Vorgehen welche medizinisch-therapeutischen Fortschritte erwartet werden können und welche neuen Fragen dabei auftauchen. Ein unnötig eng gefaßtes, Forschung abwehrendes Gesetz müßte zwangsläufig entwicklungshemmend auf ein Gebiet wirken, dessen mögliche positive Auswirkungen für die Menschen zwar heute noch nicht absehbar, jedoch durchaus zu erwarten sind.»

Ganz andere Erwartungen hegt die amerikanische Publizistin Gena Corea: die künstliche Gebärmutter, die «Muttermaschine», mit einem Fenster zur wissenschaftlichen Beobachtung; die Retorte als den sichersten Ort für den Nachwuchs, der vollständig außerhalb des Mutterleibes aufwächst: die Ectogenese. Der Mensch als Risikofaktor in der Reproduktion wäre dann endgültig ausgeschaltet.

Im Januar 1988 meldete die Zeitschrift *Nature* «die erste, vollständige In-vitro-Aufzucht eines Warmblüters», und zwar eines frisch befruchteten Hühnerembryos, den Wissenschaftler aus dem Eileiter einer Henne holten. Das natürliche geschlossene Ei des «Gallus domesticus» ersetzte ein System offener Eischalen, von durchsichtigen Folien abgedeckt. Darin entwickelte sich das Küken in der normalen Zeitspanne von 22 Tagen. Ihr Experiment, bei dem nur einer von zehn Hühnerembryonen überlebte, begründeten die Edinburgher Forscher so: «Die Technik erlaubt es uns, Entwicklungsvorgänge bei Vögeln zu beobachten, die Zugang zum Embryo im Einzeller-Stadium erfordern, und sie eröffnet uns insbesondere die Möglichkeit, das befruchtete Ei genetisch zu manipulieren... Unser Verfahren ist Gegenstand des englischen Patentantrages Nummer 8714426.»

Im März 1988 lief in der ARD ein dreiteiliger Gen-Report. In der ersten Sendung mit dem Titel «Aus Menschenstoff» antwortete der Chef der Universitätsfrauenklinik Kiel, Professor Kurt Semm, auf die Frage einer Journalistin nach der künstlichen Gebärmutter: Die Ektogenese sei «nur ein technisches Problem».

Und das zu lösen ist bereits das Ziel ehrgeiziger Wissenschaftler. In Australien und Italien soll ein Team das «Perfusionsmodell des menschlichen Uterus» entwickelt haben, in dem frühe menschliche Embryonen weiterwachsen, vermerkt die «Zentrale Kommission der Bundesärztekammer zur Wahrung ethischer Grundsätze in der Reproduktionsmedizin, Forschung an menschlichen Embryonen und Gentherapie» in ihrem 1988er Arbeits- und Erfahrungsbericht.

Droht uns bald die Ectogenese? Die Gefahr sieht der Gesetzgeber, der im Embryonenschutzgesetz eine extrakorporale Weiterentwicklung von Embryonen «zu einem anderen Zwecke als einer Schwangerschaft» unter Strafe stellt, damit keine Experimente möglich sind, «... um eine künstliche Gebärmutter zu entwickeln».

Die Ectogenese, von der zwar viel geredet werde, sei nichtsdestotrotz eine Utopie, nur «theoretisch denkbar», entgegnen andere und verweisen den alten Menschheitstraum entweder in die Kategorie *science fiction* oder pragmatischer darauf, daß Frauen auf lange Sicht die «kostenmäßig preiswertesten Inkubatoren» seien, so formulierte es der Retortenpionier Patrick Steptoe. Zur Zeit stimmt das noch. Doch schon Aldous Huxley stellte folgende bedenkenswerte Sätze des russischen Philosophen Nikolai Berdjajew voran: «Utopien erweisen sich als weit realisierbarer, als man früher glaubte: Vielleicht stehen wir vor einem neuen Zeitalter, einem Zeitalter, in dem Intellektuelle und Gebildete Mittel und Wege erwähnen werden, die Utopien zu vermeiden und zu einer nichtutopischen, einer weniger vollkommenen und freieren Gesellschaftsform zurückzukehren.»

Wann fand der erste erfolgreiche Embryotransfer (nach In-vitro-Fertilisation) bei verschiedenen Säugetieren statt?

1890	Kaninchen	1968	Frettchen
1933	Ratte	1974	Pferd
1934	Schaf und Ziege	1976	Babuin-Pavian
1942	Maus	1977	Rhesusaffe
1951	Rind und Schwein		
1964	Goldhamster	1978	Mensch

Seit wann werden Säugetierembryonen eingefroren?

1972	Labormaus	1975	Laborratte
1973	Rind	1977	Ziege
1974	Kaninchen	1981	Goldhamster
1974	Schaf		
		1983	Mensch

Quelle: Ulrich Jüdes (Hg.), In-vitro-Fertilisation und Embryotransfer. Grundlagen, Methoden, Probleme und Perspektiven. Stuttgart 1983, S. 91 / S. 95.

Teil 3

Was darf die Gentechnik?

Jörg Albrecht

Aids-Mäuse und Schlimmeres

Die Genforschung ist zu riskant geworden

Biowissenschaftler sind den Anblick von Mäusen gewohnt. In den meisten Labors dieser Welt spielen die Nagetiere die Rolle von Versuchskaninchen; da gibt es nackte Mäuse, Mäuse ohne Schwänze und Mäuse mit allerlei exotischen Krankheiten. Auch die Experten der amerikanischen Gesundheitsbehörden NIH (National Institutes of Health) experimentieren mit Mäusen. Am Institut für Allergie- und Infektionskrankheiten in Bethesda, Maryland, lassen jährlich Tausende von Mäusen ihr Leben im Dienste der Wissenschaft. Gelegentlich entwischt auch mal eine, und kein Forscher wundert sich, wenn er einem der Tierchen des Nachts unverhofft auf dem Gang begegnet.

Den Mäusen des Virusforschers Malcolm Martin allerdings möchte niemand zu nahe kommen: unter seiner Regie wurde im November 1987 das Erbgut des menschlichen Aids-Virus in 108 befruchtete Mäuseeier eingeschleust. Die Eier entwickelten sich im Bauch von Mäuse-Leihmüttern zu jungen Tieren, von denen tatsächlich vier das vollständige Aids-Erbgut enthielten, und zwar in jeder einzelnen Körperzelle. Die erste Aids-Maus-Generation sah ganz normal aus und wurde auch nicht krank. Doch von ihren Nachkommen zeigte die Hälfte Symptome der Krankheit, wie etwa vergrößerte Lymphknoten oder Hautschäden. Die Tiere wuchsen langsam, hatten auffallend große Ohren und Schwänze und verendeten schon nach dem 25. Lebenstag. Aus einigen Organen ließen sich sogar infektiöse Viruspartikel isolieren, und zwar von dem Aids-Virus-Stamm, der ursprünglich verwendet worden war. In der Nacht vom 2. auf den 3. Dezember 1988 allerdings verendeten die Aids-Mäuse allesamt bis auf drei. Ein Stromausfall hatte die Kühlung des Labors lahmgelegt und den Tieren den Garaus bereitet. Seitdem versuchen die Forscher in Bethesda, einen neuen Mäusestamm heranzuzüchten.

Malcolm Martins Kollegen war von Anfang an nicht ganz wohl gewesen bei dem Gedanken an die neugeschaffenen Aids-Mäuse. Bevor Martin sein Experiment beginnen durfte, mußte er die Genehmigung eines Komitees für Biologische Sicherheit einholen. Freiwillig hatte er bereits eine Reihe vorbeugender Maßnahmen angeordnet: Die Mäuse leben unter Sicherheitsstufe vier, der höchsten Vorsichtsmaßnahme beim Umgang mit gefährlichen Organismen. Das bedeutet: Sie leben in einem geschlossenen Gebäude mit Unterdruck, ausgestattet mit Luftfiltern, Duschen für das Personal und Druckgefäßen, in denen jeder Abfall vor dem Verlassen des Labors sterilisiert wird. Nur etwa ein halbes Dutzend solcher Labors existiert in der westlichen Welt. Ursprünglich wurden sie für den Umgang mit Bakterien oder Viren konstruiert, die dem Menschen gefährlich werden können.

Mäuse sind bekannt für ihre sprichwörtliche Gewitztheit, und so sperrte Malcolm Martin die Nager zusätzlich in einen Glaskasten ein. Dieser ist von außen nur durch eingebaute dicke Gummihandschuhe zugänglich und ringsherum von Tanks umgeben, die eine Chloroformlösung enthalten. Und weil das alles noch nicht sicher genug erschien, wurden – sicher ist sicher – rundherum ein paar konventionelle Mausefallen aufgestellt.

Einige Wissenschaftler finden diese letzte Vorsichtsmaßnahme gar nicht komisch. «Also wirklich: soll das mit den Fallen ein Scherz sein?» fragt der Molekularbiologe Liebe Cavalieri vom New Yorker Sloan-Kettering-Institut. Cavalieri, der selbst seit mehr als dreißig Jahren auf dem Gebiet der Krebsforschung arbeitet, ist einer der wenigen aktiven Wissenschaftler, die sich öffentlich gegen bestimmte gentechnische Versuche wenden: «Worüber ich mir Sorgen mache: Es gibt überhaupt keine verbindlichen Regeln für diese Art von Forschung. Na gut: Martin mußte seinen Versuch von einem Komitee genehmigen lassen, und soviel ich weiß, fühlten sich einige von den Mitgliedern dieses Gremiums unbehaglich. Dann haben sie es schließlich doch genehmigt. Ich meine, es sollte ein Gesetz geben, das solche Versuche verbietet. Selbst wenn sie in Bethesda vorsichtig sind – wer weiß denn schon, was die Leute in Kansas machen? Oder in Spanien? Diese Technik breitet sich doch über jede Grenze hinaus aus!»

In der Tat: Nirgends scheint es im Augenblick Grenzen für die Gentechnik zu geben. Das war vor wenigen Jahren noch anders. Ausgerechnet die Forscher selbst sorgten 1973 für allerhand Aufregung, als sie auf mögliche Risiken ihres Tun hinwiesen. Die öffentliche Auseinandersetzung über die Gefahren der Gentechnik begann in New Hampshire, wo sich die Elite der Molekularbiologen alljährlich zur sogenannten «Gordon-Konferenz» trifft. Am Fuß der White Mountains diskutierten dort rund einhundert Wissenschaftler in angenehmer Atmosphäre und unter striktem Ausschluß von Politikern und Pressevertretern den neuesten Stand ihrer Forschung.

Anfang der siebziger Jahre herrschte auf diesen Konferenzen stets großer Enthusiasmus, der von den triumphalen Erfolgen bei der Entschlüsselung des genetischen Codes herrührte – und zugleich ein Klima außergewöhnlicher Sensibilität in Fragen der Politik. Protestnoten gegen den Vietnamkrieg waren an der Tagesordnung. Diese einmalige Kombination von Pioniergeist und Verantwortungsgefühl war es wohl auch, die die Teilnehmer der Gordon-Konferenz im Juni 1973 einen Brief an den Präsidenten der einflußreichen National Academy of Sciences verfassen ließ: «Wir schreiben an Sie in einer Angelegenheit, die uns tief besorgt macht. Einige der wissenschaftlichen Berichte dieser Konferenz deuten darauf hin, daß wir gegenwärtig die technischen Fähigkeiten besitzen, DNA-Moleküle verschiedener Herkunft miteinander zu verbinden... Einige von diesen Hybridmolekülen könnten für das Laborpersonal und für die Öffentlichkeit möglicherweise ein Risiko darstellen... Wir schlagen vor, ein Komitee zu gründen, das dieses Problem studiert... und Richtlinien verabschiedet, sofern das notwendig sein sollte.»

Daß Naturwissenschaftler vorbeugend auf mögliche Gefahren ihrer Arbeit hinweisen, war so ungewöhnlich, daß einige Mitglieder des wissenschaftlichen Establishments den Kopf schüttelten. «Wollen Sie wirklich, daß wir diesen Brief veröffentlichen?» fragte entgeistert der Redakteur der Fachzeitschrift *Science*, als ihm Maxine Singer, eine der Verantwortlichen des Appells, die Kopie des Schreibens schickte. Der Brief wurde abgedruckt und rief heftige Reaktionen hervor. Die Zeitungen und Fernsehanstalten bombardierten die Öffentlichkeit mit Horrorstorys von neugeschaffenen Mikroorganismen, die unvorhersehbare Epidemien auslösen könnten. Was vor allem Sorgen bereitete, war die Tatsache, daß das Arbeitspferd der Gentechniker Escherichia coli hieß. Dieses Bakterium ist ein Bewohner des menschlichen Darms. Zwar stellt es im allgemeinen nicht mehr als ein Prozent der natürlichen

Darmflora dar; doch das enge Zusammenleben mit dem Menschen macht den Einzeller nicht gerade zum idealen Objekt genetischer Versuche.

Das war auch den Wissenschaftlern klar. Das Schlimmste, was man sich in den Jahren nach 1973 vorstellen konnte, war ein Kolibakterium, das fremde Gene enthielt, neuartige Proteine herstellte und sie im menschlichen Darm an denkbar unpassender Stelle ausschied. Auf diese Weise, so dachte man, könnte eine Epidemie mit unvorhersehbaren Folgen entstehen – etwa, wenn menschliches Insulin (dessen Gen sehr bald isoliert wurde) plötzlich im Darmtrakt statt in der menschlichen Bauchspeicheldrüse produziert würde. Sheldom Krimsky, ein Soziologe von der Tufts-Universität nahe Boston, hat die Debatte um die Sicherheit von Kolistämmen in der Gentechnik aufmerksam verfolgt. Detailliert beschreibt er, welchen Ausgang die Diskussion nahm: Die Wissenschaftler einigten sich sehr bald darauf, einen bestimmten Kolistamm namens K12 chi 1776 zu verwenden. Von diesem wurde angenommen, daß er sich außerhalb des Labors nicht vermehren könne. Zudem sollte er unfähig sein, fremde Gene, die ihm auf gentechnischem Wege eingepflanzt würden, an wildlebende E. coli-Bakterien weiterzugeben. Um diese Annahme zu rechtfertigen, unternahmen die Wissenschaftler ein paar Versuche an Freiwilligen: Die Testpersonen schluckten einen Bakteriencocktail, und tatsächlich verdrängten die wilden Kolistämme ihre verkrüppelten Labor-Vettern aus dem Darm. Spätestens nach einigen Wochen waren die Kunststämme im Darm der Versuchspersonen nicht mehr nachweisbar.

Allerdings: Eine Reihe von Faktoren beeinflußten die Überlebensfähigkeit der Laborbakterien erheblich. Wenn die Versuchsperson zum Beispiel ein Antibiotikum wie das Penicillin zu sich nahm, wurde ihre Darmflora gestört. Medizinern ist dieser Effekt wohlbekannt: Während einer Antibiotikabehandlung verändert sich die Zusammensetzung der Mikroorganismen im Verdauungstrakt erheblich – empfindliche Stämme werden verdrängt, resistente Stämme treten an ihre Stelle. Da gentechnisch manipulierte Kolibakterien in aller Regel auch ein oder mehrere zusätzliche Resistenzgene gegen Antibiotika besitzen, könnte dies ihre Überlebenschancen in freier Wildbahn verbessern.

Sherwood Gorbach, Professor für Medizin und Mikrobiologie an der Tufts-Universität und Berater der amerikanischen Gesundheitsbehörden während der entscheidenden Phase der Risikodiskussion, wies in einer Stellungnahme auf die vorhandenen Unsicherheiten hin: «Es ist klar, daß weitere Experimente durchgeführt werden müssen, um all diese Faktoren zu untersuchen.» In die Öffentlichkeit drang diese vorsichtige Bemerkung nicht vor. Statt dessen machte ein anderer Satz aus Gorbachs Stellungnahme die Runde: «Die Konferenzteilnehmer stimmen einmütig darin überein, daß E. coli K 12 durch Labormanipulationen mit DNA nicht in ein epidemisches Pathogen verwandelt werden kann.» Mit anderen Worten: Das Horrorszenario war vom Tisch. Daß sich die Wissenschaftler gar nicht so sicher waren, geriet in Vergessenheit. Liebe Cavalieri schreibt rückblickend: «Die wissenschaftlichen Daten waren bruchstückhaft und unsicher, aber sie wurden so präsentiert, daß das nicht weiter auffiel.»

1975, ein Jahr zuvor, hatten gut einhundert Molekularbiologen im kalifornischen Asilomar eine Reihe von Sicherheitsmaßnahmen und Richtlinien zum Umgang mit gentechnisch manipulierten Organismen vorgeschlagen. Jetzt bereuten viele schon den Schritt und drängten auf einen möglichst lockeren Umgang mit den neuen Methoden. Sie bombardierten den amerikanischen Kongreß, der sich mit dem Gedanken trug, strenge Gesetze zu verabschieden, mit Briefen, Stellungnahmen, persönlichen Telefongesprächen und geschickt plazierten wissenschaftlichen Artikeln.

Stanley Cohen und Annie Chang, zwei Pioniere der Gentechnik, veröffentlichten das Ergebnis einer Untersuchung, nach der ein Kolibakterium auch in freier Wildbahn unter bestimmten Umständen Bruchstücke fremder Erbsubstanz aufnehmen und zusammenschweißen kann. Der schwerverständliche Fachartikel wurde sogleich in handfeste Argumente übersetzt: «Es hat sich herausgestellt», schrieb die *Washington Post*, «daß Mutter Natur all das, was Wissenschaftler heute tun können, auch allein kann.» Selbst Senator Edward Kennedy, der damals zu den schärfsten Kritikern gehörte und bereits einen Gesetzentwurf vorbereitet hatte, ließ sich überzeugen: «Es stellt sich ernsthaft die Frage, ob die Gentechnik überhaupt jemals so etwas wie einen neuen Organismus schaffen kann.» Cohen und Chang hatten mit ihrem kleinen Experiment eine große öffentliche Debatte entscheidend beeinflußt. Roy Curtiss, ein Molekularbiologe von der Alabama-Universität, kommentierte ihre Arbeit: «Es war das verachtenswerteste Beispiel politischer Wissenschaft, das ich kenne.»

Die Kampagne zeigte Erfolg. Sämtliche Gesetzentwürfe wurden zurückgezogen; statt dessen verabschiedete das NIH einen Richtlinienkatalog, der alles andere als streng war, und lockerte in den folgenden Jahren mehrmals die Beschränkungen. Die meisten westlichen Staaten schlossen sich den Richtlinien der amerikanischen Behörden an, und das Interesse der Medien an wildgewordenen Kolibakterien erlosch nach und nach.

Um auch die letzten Zweifel zu zerstreuen, entschlossen sich die Wissenschaftler, eine Art Show-Experiment durchzuführen. Die beiden Wissenschaftler Wallace Rowe und Malcolm Martin – der gleiche Malcolm Martin im übrigen, der zehn Jahre später die Aids-Maus kreieren sollte – taten das, was man 1977 noch für äußerst gefährlich hielt: Sie übertrugen das gesamte Erbgut des sogenannten Polyoma-Virus auf Kolibakterien und infizierten mit diesen gentechnischen Neuschöpfungen ein paar Versuchsmäuse. Polyoma-Viren können Nagetiere befallen und lösen bei ihnen Krebs aus. Koli-Zellen dagegen, die einen Polyoma-Tumor auslösen, wären etwas ganz Neues, in der Natur noch nicht Dagewesenes.

Die beiden Geningenieure fanden, daß sich solch ein Konstrukt tatsächlich herstellen ließ. Allerdings: Das Hybrid aus Virus und Bakterium war um mehrere Größenordnungen weniger ansteckend als das nackte Polyoma-Virus. Das Ergebnis sprach sich rasch herum. So gefährlich, befanden die Behörden alsbald, seien gentechnische Experimente mit Viren also nicht.

Der Rowe-Martinsche Versuch war niemals dazu gedacht, den wissenschaftlichen Erkenntnisfortschritt voranzutreiben – er war eher eine Demonstration zur Beruhigung der kritischen Öffentlichkeit. Drei Jahre vor Abschluß der Arbeiten mit dem Polyoma-Virus legte ein anonym bleibender Wissenschaftler ein bemerkenswertes Geständnis ab:

«Mir scheint, als gebe es zwei Arten von Experimenten: solche, bei denen wir lernen wollen, wie etwas funktioniert, und solche, deren Ziel es ist, die Leute davon zu überzeugen, daß ihre schlimmsten Befürchtungen nicht zutreffen. Eines dieser Experimente ist, mit allen Mitteln zu versuchen, eine ernste Krankheitsepidemie durch DNA-Klonierung auszulösen. Laßt es uns einfach versuchen. Ich gebe zu, daß dies keinen Sinn macht. Laßt uns einfach die Zahl der Mäuse ermitteln, die überleben, wenn wir ihnen dieses Material einspritzen. Laßt uns das eine Zeitlang machen und dann sagen: ‹Seht ihr, es gibt keine Epidemie!› Und die Ergebnisse dieses Experiments werden in der *New York Times* veröffentlicht und nicht im *Journal of Molecular Biology*. Das sollten wir machen, irgend etwas in dieser Richtung. Das beflügelt die Einbildungskraft der Reporter.»

Das Show-Experiment verfehlte seine Wirkung nicht. Fortan überschlugen sich die Reporter bei der Schilderung all jener Wunderwaffen gegen Krebs, Hunger und Seuchen, die uns die Gentechnik bereitzustellen schien. Wie gesagt: All das ist mehr als zehn Jahre her. Ob 1973 wirklich die Gefahr einer ungewollten Epidemie bestand – wer will es letztlich wissen? Die Art und Weise, in der die Wissenschaftler die Debatte führten, zeigt nur, daß auch unlautere Methoden erfolgreich sein können. Nicht notwendigerweise war es gefährlich, was sie damals unternahmen. Nur: Sie verletzten ihren vielgepriesenen Ehrenkodex. Gemessen an normalen wissenschaftlichen Standards war jene Demonstration lausige Pfuscharbeit.

Heute hat sich die Lage für die Gentechniker entspannt. Bei einem Festakt anläßlich des 30jährigen Jubiläums der Entdeckung der DNA-Doppelhelix stellte James Watson, Mitentdecker des DNA-Modells, Direktor des Cold-Spring-Harbor-Labors bei New York und eine der grauen Eminenzen der Gentechnik, voller Befriedigung fest: «Wir können heute exakt alles das tun, was wir tun wollen.»

Die Sicherheitsdebatte ist mittlerweile für alle Beteiligten ein alter Hut. «Diese Fragen haben wir doch längst geklärt», heißt die stereotype Antwort. Die drei Hauptargumente lauten:

Erstens: E. coli K12 chi 1776 kann nicht im menschlichen Darm überleben.

Zweitens: Alle möglichen Genkombinationen, die die Gentechniker vornehmen, sind von der Natur schon ausprobiert worden und deshalb nichts Neues.

Drittens: Bisher ist in fünfzehn Jahren gentechnischer Arbeit kein Unfall passiert, und deshalb ist auch nicht zu erwarten, daß jemals einer passieren wird.

Daß E. coli K12 chi 1776 unter natürlichen Bedingungen ein außerordentlich lebensuntüchtiger Bakterienstamm ist, der sich an ein bequemes Leben im Labor und auf reichhaltigen Nährmedien gewöhnt hat, steht außer Frage. Nur wird gern übersehen, daß bei weitem nicht alle Experimente mit diesem harmlosen Stamm durchgeführt werden. Bei bestimmten Versuchsanordnungen greifen Gentechniker heutzutage gern auf robustere, schneller wachsende und für ihre Laborzwecke geeignetere Stämme zurück. Diese wurden in den ursprünglichen Sicherheitsüberlegungen nie berücksichtigt.

Noch weniger dachten die frühen Kritiker der Gentechnik an die inzwischen übersehbare Vielzahl der «Vektoren», mit deren Hilfe fremdes Erbmaterial in Kolizellen hineintransportiert werden kann. Ursprünglich stand ein einziger Vektor zur Diskussion: Es war ein sogenanntes «Plasmid» – ein Stück ringförmiger Erbsubstanz DNA aus Bakterien – mit der Bezeichnung pBR322. Dieses Plasmid war lange Zeit das verbreitetste Vehikel zur Manipulation von E. coli. Heute stehen mehrere tausend andere Plasmide zur Verfügung; sie alle den Anforderungen eines peniblen Sicherheitstests unterziehen zu wollen käme der Arbeit eines Sisyphos gleich.

Im übrigen hat die Bedeutung von Kolibakterien in der Gentechnik im Laufe der Jahre zusehends abgenommen. Viele Experimente werden heute in künstlich kultivierten Zellen von Säugetieren einschließlich der des Menschen durchgeführt. Als Vektoren zur Einführung fremder Erbsubstanz dienen in diesem Fall Viren – genauer gesagt: Retroviren, die zur gleichen Klasse wie das berüchtigte Aids-Virus HIV-1 (Human Immunodeficiency Virus Nummer eins) gehören. Solche Retroviren sind imstande, menschliche und tierische Zellen zu befallen; dabei können sie eine begrenzte Zahl fremder Gene mit sich schleppen, die nach der Infektion mehr oder weniger zufällig in das Erbmaterial der Zellen eingebaut werden.

Viele Wissenschaftler interessiert in diesem Zusammenhang, welche Rolle bestimmte Krebsgene im Leben einer Zelle spielen. Krebsgene – im Fachjargon Onkogene genannt – sind seit ungefähr sieben Jahren bekannt; man findet sie praktisch in jeder gesunden Körperzelle, wo sie offensichtlich eine wichtige Rolle bei der Zellteilung und -vermehrung spielen. In leicht veränderter Form lösen sie bösartiges Krebswachstum aus.

Die Manipulation von menschlichen Zellen durch Krebsgene mit Hilfe eines Retrovirus als Vektor wäre noch vor zehn Jahren ein Szenario gewesen, das sich niemand hätte träumen lassen. Vermutlich hätte man damals die allerschärfsten Sicherheitsvorschriften erlassen oder das Experiment kurzerhand verboten; die einzige Beschränkung solcher Versuche ist heute die vage Empfehlung an den Forscher, «gute mikrobiologische Praxis» an den Tag zu legen – mit anderen Worten:

unter einigermaßen sterilen Bedingungen zu arbeiten, am Arbeitsplatz nicht zu essen oder zu trinken und seine Abfälle nicht den Ausguß hinunterzuspülen. Die allgemeine Sorglosigkeit im Umgang mit Krebsgenen, Retroviren und allerhand exotischen Kombinationen von Genen und Bakterien scheint heute kaum noch einem Wissenschaftler schlaflose Nächte zu bereiten. Die wenigen, die warnend den Zeigefinger heben, sind nicht (oder nicht mehr) unmittelbar in der Forschung tätig. In der Bundesrepublik Deutschland verließ die Biologin Regine Kollek ihre Arbeitsgruppe am Hamburger Heinrich-Pette-Institut für Virologie. Seither warnt sie als Beraterin der Grünen vor den Gefahren im Umgang mit Retroviren. In populären wissenschaftlichen Zeitschriften wie dem englischen *New Scientist* hat sich außerdem die Australierin Ditta Bartels von der School of Science and Technology Studies in Sydney zu Wort gemeldet; sie fürchtet vor allem die Risiken bei der gentechnischen Arbeit mit Krebsgenen. Die überwältigende Mehrzahl der Genforscher selbst hält diese Bedenken für ausgemachten Unfug. Einige werden ärgerlich, wenn man sie auf Sicherheitsfragen anspricht, andere weigern sich mittlerweile, überhaupt noch darüber zu diskutieren – «Schnee von vorgestern», heißt es, «aufgewärmter kalter Kaffee.»

Es gibt nur wenige Ausnahmen. Das Argument beispielsweise, die Natur habe ohnehin schon alles ausprobiert und deshalb sei nicht zu sehen, welche zusätzlichen Risiken die Gentechnik mit sich bringen könnte, kann den amerikanischen Molekularbiologen Jonathan King fuchsteufelswild machen. King arbeitet am Massachusetts Institute of Technology in Boston und kämpft seit Jahren gegen die militärische Anwendung der Molekularbiologie. Er hält das Argument, die Gentechnik vollziehe im Reagenzglas nur das nach, was die Evolution bereits vorexerziert habe, für unseriös:

«Es mag ja sein, daß einige Wissenschaftler solche Dinge behauptet haben. Doch solche Behauptungen sind absurd. Sie sind genauso wahr wie die Behauptung, daß Eisenmoleküle – sofern wir nur lange genug warten – ganz von allein eine Brücke über den Hafen von Boston bauen werden. Nehmen wir mal die Entwicklung von Impfstoffen: Einige Wissenschaftler haben künstliche Hybriden zwischen dem Herpes-Virus und dem Pocken-Virus hergestellt. Sollen wir vielleicht annehmen, daß man solche Konstrukte auch in der Natur finden würde?»

Wohl kaum. Stimmt es also doch, daß der Mensch mittlerweile dabei ist, die Evolution umzukrempeln? Ist der Zugriff auf das Erbgut aller Lebewesen tatsächlich in greifbare Nähe gerückt?

King deutet aus dem Fenster seines Labors. Der Blick fällt auf den Charles-River und auf die kilometerlange Front des Institutes. «Natürlich! Es passiert doch schon überall. Hier, in der unmittelbaren Umgebung, auf nicht einmal einem halben Quadratkilometer, existiert ein halbes Dutzend Labors, die hybride Viren konstruieren. Die wissenschaftlichen Veröffentlichungen, die sie herausgeben, reden ausdrücklich von ‹neuen Stämmen›. Diese neuen Virusstämme haben Eigenschaften, die in der Natur zuvor unbekannt waren. Wenn man zum Beispiel Retroviren von Katzen oder Mäusen mit Retroviren von Menschen vereinigt, um einen Stamm von Viren zu bekommen, der menschliche Zellen besonders wirksam infiziert, und wenn dann anschließend eine große Pressekonferenz stattfindet, auf der verkündet wird: Wir können endlich neue Gene in das menschliche Erbgut einführen – glauben Sie etwa, diese Wissenschaftler würden lügen? Glauben Sie vielleicht, diese Virusstämme kämen draußen in der Natur vor? Glauben Sie nicht, daß das eine neue Technik ist?»

Die meisten Genforscher würden einwenden: Na und? Eingriffe in die Natur sind nichts Ungewöhnliches – schließlich betreibt der Mensch seit mehreren tausend Jahren Ackerbau und Viehzucht. Auch das ist ein Vorwand, der Jonathan King wütend macht:

«Wer redet denn hier von neuen Problemen? Genausogut könnte man sagen: Atomwaffen sind ein altes Problem; denken wir nur an die Entdeckung des Schießpulvers im 16. Jahrhundert!»

Daß die Gentechnik bislang keine ähnlich verheerenden Folgen gehabt hat wie die Atomphysik, ist ein schwaches Argument. In der Hand der Militärs könnte sie leicht zu einem unkontrollierbaren Instrument werden. Zwar existiert ein internationales Abkommen, das die Entwicklung biologischer Waffen ächtet, doch ist die defensive Forschung ausdrücklich ausgenommen. Das Problem dabei ist, daß offensive und defensive Forschung auf dem Gebiet der Biowaffen überhaupt nicht auseinanderzuhalten sind. Kings Hauptsorge gilt deshalb auch der militärischen Entwicklung:

«Das Militär hat öffentlich vor dem Kongreß erklärt, daß es gesicherte Erkenntnisse darüber besitzt, die Sowjets würden an neuen biologischen Waffen forschen. Dies ist jetzt auch die offizielle Position der Vereinigten Staaten von Amerika. Nun sitzen die Generäle und die

Militärärzte also da und überlegen, was die Russen Schlimmes tun könnten. Vielleicht ein Aids-Virus mit einer erhöhten Übertragungseffizienz von einer Person zu einer anderen, beispielsweise eines, das durch Speichelzellen übertragen werden kann? Oder ein Aids-Virus, das keine so lange Latenzphase bis zum Ausbruch der Krankheit besitzt?» So absurd ist dieser Gedanke natürlich nicht. Angenommen, das US-Militär glaubt den eigenen öffentlichen Erklärungen, daß die Russen an neuen Varianten des Aids-Virus arbeiten – müßte es nicht schleunigst etwas unternehmen, die eigene Bevölkerung davor zu schützen? Schließlich arbeiten die zivilen Forscher nur an Impfstoffen gegen das bereits existierende Virus. «Logischerweise», meint King, «müßten die Militärs dann ein Forschungsprogramm aufbauen, das zunächst einmal das nachvollzieht, was die Russen angeblich bereits tun: neue Aids-Varianten herzustellen, die effektiver sind. Und diese neuen Viren muß man dann auch testen, sonst sind sie militärisch unbrauchbar.»

Fürwahr eine Horrorvision. Sie hat freilich nichts mit der weitverbreiteten Auffassung zu tun, das Aids-Virus habe ohnehin in den Militärlabors das Licht der Welt erblickt. Dagegen spricht, daß es Aids-positive Blutgruppen aus den Jahren vor der Entwicklung der Gentechnik gibt: dagegen spricht vor allem auch, daß die Ausbreitungsstrategie des Virus viel zu raffiniert ist, als daß man sie mit den noch recht plumpen Methoden der Erbgutmanipulation entwerfen könnte. Doch ein Herumbasteln an bereits vorhandenen Viren gestatten diese Methoden allemal. Diejenigen Wissenschaftler, die im Kampf gegen Aids so große Hoffnungen auf die Gentechnik setzen und alle erdenklichen Anstrengungen unternehmen, das Wirtsspektrum des Virus zu verbreitern, sollten sich einmal folgende Frage stellen: Machen sie bei dem Versuch, mit dem Kopf durch die Wand zu gehen, nicht aus Versehen alles noch schlimmer?

Immer wieder wird von den Kritikern der Gentechnik der Versuch unternommen, ein «worst case scenario», einen größten anzunehmenden Unfall der Molekularbiologie, einen GAU zu konstruieren. Das ist vielleicht gar nicht notwendig. «Warten wir einfach ab», sagt der skeptische Biologe Liebe Cavalieri, «bis sie alles erreicht haben, was sie wollen. Das ist dann schon schlimm genug – ich nenne das die Gefahr des Erfolgs.»

Zu den ehrgeizigsten Projekten der Genforscher gehört die vollständige Entzifferung des menschlichen Erbguts. Mit ein paar tausend

«Mannjahren» und dem nötigen Geld ausgestattet, ist dies kein utopisches Ziel, sondern ein Projekt, das sich in rund zehn Jahren verwirklichen läßt. Einer der Initiatoren dieses Projektes ist der Nobelpreisträger Walter Gilbert. Er möchte mit diesem Projekt allerhand Geld verdienen; moralische oder gesellschaftliche Probleme vermag er nicht zu erkennen. Cavalieri ist da anderer Meinung.

«Natürlich wird das zu einer Entmenschlichung führen. Wir werden alle in einen Computer gesteckt, kodifiziert und mit dem ‹genetischen Standard› verglichen. Nun gut, wenn es um Erbkrankheiten wie das Down-Syndrom, den sogenannten Mongolismus geht, ist das vielleicht noch okay. Aber wo führt das alles hin? Irgendwann geht es um blaue Augen und um braune Augen. Die Qualitäten des menschlichen Charakters werden immer weniger wichtig, und die genetischen Eigenschaften werden immer bedeutender. Als wenn allein die genetischen Eigenschaften ein Individuum ausmachen würden! Wir werden uns in Zukunft viel mehr um die körperlichen Aspekte des Menschen kümmern. Die Geschichte zeigt uns doch, daß jede Technik bis an ihre Grenzen ausgereizt wird. Wenn man diese Genkarte, diese hübsche große Blaupause einmal hat, dann wird man sie benutzen. Warum denn auch nicht?» Im Bereich des technisch Machbaren liegt heute schon vieles. Säugetiere lassen sich klonen, auch wenn das nicht ganz in das Arbeitsgebiet der Gentechniker fällt. Bis zum gezielten Eingriff in die Keimbahn des Menschen mag es – wie die Genforscher unablässig versichern – noch ein weiter Weg sein. Doch wir sind längst dabei, ihn zu betreten. Der schlimmste anzunehmende Unfall der Gentechnik wäre tatsächlich der, daß sie all das hervorbringt, was sie hervorzubringen imstande ist.

Die Genforscher hören es nicht gern – sie verabscheuen jede Art von Reglementierung, jedes Dreinreden fachfremder Laien –, aber ein paar Verbote scheinen unumgänglich. Für die Verabschiedung entsprechender Gesetze ist es höchste Zeit. Wenn man sich darauf einigen könnte, bestimmte gentechnische Experimente mit einem Bann zu belegen, dann sollten demjenigen auch empfindliche Strafen drohen, der sie trotzdem unternimmt. Natürlich ist das ein Eingriff in die «Freiheit der Wissenschaft». Aber steht denn die Wissenschaft völlig außerhalb jeder Kontrolle?

Was soll's? werden die Zyniker einwenden. Gesetze haben noch nie etwas bewirkt – «was verboten ist, macht uns erst richtig scharf». Das mag sein. Trotzdem: Es gibt ein paar Dinge, die jenseits der guten Sitten liegen. Auch der Inzest ist praktisch in allen menschlichen Gesellschaftsformen geächtet. Der tiefere Grund des Tabus dürfte nicht eigentlich ein moralischer, sondern ein populationsgenetischer sein. Wo der Vater die Tochter schwängert, drohen Erbkrankheiten überhandzunehmen. Das ist nicht nur eine gesicherte Erkenntnis der Vererbungslehre, sondern scheint auch im Bewußtsein der Menschen tief verankert zu sein. Wenn also die Gentechniker behaupten, es gebe keinerlei Gründe, sie an ihrem Werk zu hindern, so irren sie sich gewaltig. Nicht allein das Motto «Macht euch die Erde untertan!» dirigiert die Entwicklung des Menschen; es gibt auch so etwas wie Moral und Ethik, die schädliche Zuchtversuche tabuisieren. Schließlich ist der Mensch kein Schwein und kein Rind. Wohin Eugenik – die Lehre von der Zuchtwahl – führt, haben nicht zuletzt die Deutschen am eigenen, besser gesagt: am fremden Leib erfahren. Erwin Chargaff, emeritierter Professor für Biochemie und selbst einer der Wegbereiter für die Entschlüsselung des genetischen Codes, gilt unter Gentechnikern inzwischen als notorischer Nörgler und Quengler. Trotzdem: Einige seiner kritischen Anmerkungen zur Gentechnik können nicht oft genug wiederholt werden. Dazu zählt auch die Warnung vor der «schreckenerregenden Unwiderruflichkeit»:

«Man kann die Mondbesuche beenden; man kann sich der Verwendung von Treibgasen in Sprühdosen enthalten; sogar der Entschluß ist denkbar, nicht mehr ganze Bevölkerungen mit Hilfe von einigen Bomben zu töten. Aber neue Lebensformen können nicht zurückgerufen werden.»

Jörg Albrecht

Die Ein-Mann-Bewegung

Der Aktivist Jeremy Rifkin im Kampf gegen die Gentechnik

Eine amerikanische Zeitschrift hat ihn einmal unter die «150 einflußreichsten Personen des Jahres» gewählt; Gentechniker würden ihn vermutlich, wenn man sie fragte, zu den zehn lästigsten Personen des Jahrzehnts zählen: Jeremy Rifkin, ein streitbarer Gegner jeglicher Form von Erbgutmanipulation, ist jedenfalls kein Mann, der einer Kontroverse aus dem Weg geht. Im Gegenteil: Er scheint den Streit geradezu auf sich zu ziehen.

Wenn man Rifkin in seinem Büro in der amerikanischen Hauptstadt Washington besucht, mag man gar nicht glauben, daß seine Gegner ihn für die größte Plage halten, mit der die Gen-Wissenschaft zu kämpfen hat. Mit sanftem Blick mustert er seinen Gesprächspartner aus braunen Augen, jede Geste drückt Zuvorkommenheit aus, fast schon zwingend ist der freundliche Ton seiner Stimme.

Daß die Wissenschaftler ihn trotzdem überhaupt nicht ausstehen können, ficht Rifkin wenig an: «Nun ja, ich sage denen immer: Nehmt es nicht so persönlich, denkt mal ein bißchen an das große Ganze. Dies ist nur ein kurzer Moment in der Geschichte. Die Wissenschaftler des zwanzigsten Jahrhunderts nehmen gern die Verantwortung für all die unbestreitbaren Fortschritte auf sich, aber die gleichen Wissenschaftler möchten nicht gern für die Probleme verantwortlich gemacht werden, die uns die Technik beschert hat: den sauren Regen, die Zerstörung der Ozonschicht, die genetische Verarmung in der Landwirtschaft, die Vergiftung von Wasser und Erde. Ich glaube sogar, wenn man das einmal aus einer ganz anderen Zeit heraus betrachtet, werden die Nachteile überwiegen.» Rifkin ist von Beruf «Aktivist» – eine Bezeichnung, die im Deutschen keine rechte Entsprechung hat. Seine Kindheit verbrachte er in bürgerlichen Verhältnissen, wuchs auf im Süden von Chicago, studierte an der Universität von Pennsylvania und legte ein Examen in Politikwissenschaft an der Tufts-Universität bei Boston ab. «Wäre der Vietnamkrieg nicht gewesen», gestand er einem Reporter, «ich weiß nicht, was ich heute täte. Vielleicht wäre ich einen ganz normalen Weg gegangen.»

So aber engagierte sich Rifkin und fand sich bald auf der anderen Seite des Establishments wieder. Um 1977 herum packte ihn die Frage, welche Konsequenzen die neue Technik der Genmanipulation mit sich brachte – eine Frage, sagt er heute, die jenseits aller traditionellen politischen Unterschiede zwischen links und rechts liegt: «Sehen Sie mal, ich bin 43 Jahre alt und in den fünfziger Jahren aufgewachsen. Als ich ein Kind war, dominierten die Petrochemie und die Nukleartechnik. Wir waren so überzeugt von ihrem potentiellen Nutzen, daß es überhaupt keine Kritik gab – keine ökologischen Bedenken, keine Bedenken über die sozialen und ökonomischen Folgen, die das alles mal haben würde, keine ethischen Fragen, nichts. Auch die Gentechnik kommt, wie jede Technik, mit dem Versprechen daher, eine Menge Vorteile zu bieten, von denen einige vielleicht sogar von enormem Nutzen sein könnten. Aber sie bringt auch gewaltige soziale, ökologische und ethische Probleme mit sich. Es ist naiv und nicht gerade sehr geistreich, wenn die wissenschaftliche Gemeinde und die Geschäftsleute und die Politiker uns einreden wollen, daß es hier eine Technik gibt, die nur Vorteile und höchstens vernachlässigenswerte Risiken mit sich bringt. Die Geschichte beweist das Gegenteil. So etwas hat es nie gegeben. Und ich glaube auch nicht, daß die Wissenschaftler naiv sind. Sie sind nur nicht besonders geistreich.»

Wenn Rifkin erst einmal in Fahrt gerät, bremst ihn nichts mehr. Beschwörend redet er auf den Zuhörer ein, reiht Argument an Argument, sein Vortrag reißt ihn mit sich, und man gewinnt den Eindruck, daß eine fast religiöse Überzeugung aus ihm spricht. Rifkin beherrscht den Tonfall amerikanischer Fernsehprediger, und das macht wohl einen Teil seines Erfolgs aus. Allerdings verläßt er sich nicht auf rhetorische Mittel allein: als Präsident der von ihm gegründeten «Foundation on Economic Trends» handhabt er virtuos das juristische Instrumentarium in der amerikanischen Gesetzgebung und nutzt konsequent jede Lücke.

So gelang es Rifkin, einen geplanten Freilandversuch mit gentechnisch manipulierten Frostschutzbakterien über Jahre hinweg zu verzögern. Auch das amerikanische Militär machte Bekanntschaft mit dem streitbaren Aktivisten: Ein Versuchslabor für die Erprobung von Impfstoffen gegen biologische Waffen nahe der Stadt Salt Lake City darf vor Abschluß einer Umweltverträglichkeits-Studie nicht gebaut werden.

Rifkin ist zuversichtlich, was diesen Fall angeht: «Wir werden dafür sorgen, daß dieses Labor niemals den Betrieb aufnimmt.»

Jüngstes Kind seiner rastlosen Tätigkeit ist eine Klage gegen die amerikanischen Gesundheitsbehörden, die ihre Genehmigung zu umstrittenen Versuchen mit dem Aids-Virus HIV-1 gaben. Rifkin fordert einen sofortigen Stopp dieser Experimente und den Erlaß schärferer Sicherheitsrichtlinien.

Die Wissenschaftlergemeinde setzt sich mit Rifkins Schreckensvisionen längst nicht mehr ernsthaft auseinander und gießt Hohn über ihn und seine Mitstreiter.

«Ja, ja», sagt der Verspottete, «ich kenne das; mir wird alles mögliche unterstellt: ich würde von Killer-Tomaten faseln und von Andromeda-Viren – das habe ich nie behauptet. Alles, was ich gesagt habe, ist, daß eine ganz geringe Wahrscheinlichkeit existiert, daß etwas schiefgeht, aber wenn es dann schiefgeht, auch ein extrem hohes Risiko.»

Rifkins besonderes Talent scheint darin zu bestehen, die Standpunkte in der Diskussion um die Gentechnik zu polarisieren. Vor fünf Jahren überredete er beispielsweise die Sprecher nahezu aller wichtigen Religionsgemeinschaften in den USA zur Unterzeichnung einer gemeinsamen Resolution, die ein generelles Verbot der Manipulation menschlicher Keimzellen forderte. Auf der anderen Seite schütteln viele, die mit Rifkins Ideen durchaus sympathisieren, den Kopf über seinen missionarischen Eifer. Attacken auf die gesamte Naturwissenschaft reitet der Gen-Kritiker in seinen Büchern, die den Anspruch erheben, das Weltbild der Biologen grundsätzlich in Frage zu stellen. Die Reaktion der Forscher ist eindeutig ablehnend.

Stephen Jay Gould, einer der führenden Evolutionstheoretiker, bezeichnet Rifkins Werk «Algenie» als ein «clever konstruiertes Machwerk antiintellektueller Propaganda» und behauptet, er habe selten größeren Schund zu Gesicht bekommen. Dabei seien ihm einige von Rifkins Sorgen nicht fremd – etwa die Frage, ob der Mensch mit Hilfe der Gentechnik nicht das sorgsam ausbalancierte Gleichgewicht der

Natur durcheinanderbringe. Nur habe der Aktivist aus Washington leider überhaupt nicht begriffen, wie die moderne Wissenschaft arbeite. So muß Rifkin also auf Unterstützung von seiten kritischer Wissenschaftler verzichten. Es läßt ihn weitgehend kalt. Als eine Art Ein-Mann-Bewegung ist er erfolgreich genug – so erfolgreich, daß andere Kritiker in den Medien kaum zu Wort kommen: «Das Problem ist», sagt Terri Goldberg, die frühere Geschäftsführerin des in Boston ansässigen «Komitees für verantwortungsbewußte Genetik», «daß es inzwischen so aussieht, als sei das ein Kampf zwischen der mächtigen Genindustrie auf der einen und niemand anderem als Jeremy Rifkin auf der anderen Seite.»

Genauso hat es den Anschein: Don Quichotte gegen die Windmühlen. Solange Rifkin die Bühne beherrscht, werden andere Kritiker sich schwertun.

Christiane Grefe

Ein Gen-Gau in Paris?

Rätselhafte Todesfälle am Institut Pasteur

Neben den gedrungenen, ein Jahrhundert alten und von kleinen Gärten umgebenen Stein- und Backsteintrakten des Institut Pasteur in Paris sieht die molekularbiologische Abteilung unpersönlich aus wie ein im Schnellverfahren hochgezogenes Provinz-Universitätsgebäude. Der biotechnologische Boom habe die schleunige Erweiterung des ehrwürdigen, auf dem Gebiet der Erforschung ansteckender Krankheiten führenden Instituts erforderlich gemacht, heißt es. Weg von klassischer Medizin, hin zur Genmanipulation – so liege das neue Management im Trend. Innen ist der erste der geplanten Neubauten mit rotem und weißem Kunststoff getäfelt. Wie seltsam wirkt da der Wandschmuck eines Mitarbeiters neben seinem Schreibtisch... Über Fläschchen und Schälchen, Gläser und Schränkchen, Rohre und Luftabzüge, Flüssigkeiten und elektronische Meßgeräte hinweg blickt fremd und geheimnisvoll Tutanchamun, der Ägypter, in eine andere Welt – als wüßte er mehr von den dubiosen Vorgängen der vergangenen Jahre. Wie die Grabräuber der Pyramiden in den zwanziger Jahren, so erkrankten und starben auch hier, im Herzen von Paris, die Menschen auf bisher ungeklärte Art und Weise – ein neuer «Fluch der Pharaonen»?

Im Sommer 1984 erfuhr ein Molekularbiologe aus diesem Labor, der noch lebt und ungenannt bleiben möchte, die erschreckende Diagnose: Knochenkrebs. Er hatte mit genmanipulierten Kolibakterien gearbeitet.

Ende 1985 starb ein anderer Mitarbeiter des Instituts, Yves Malpliëce, erst 32 Jahre alt – auch er an einer Knochenkrebsart, dem «Ewing-Sarkom». Er war ein halbes Jahr lang direkt gegenüber beschäftigt gewesen; benachbart lagen ein «Hepatitis B»-Labor und ein toxikologisches Hochsicherheitslabor, wo mit einem sogenannten

Mutagenitätstest Materialien auf krebserregende Wirkung überprüft wurden.

Anfang Mai desselben Jahres wurde Françoise Kelly beerdigt. Die Wissenschaftlerin war 50 Jahre alt. Sie starb ebenfalls an Knochenkrebs – hatte allerdings vorher schon an einem anderen Tumor gelitten. Einen Monat später mußten die beiden damaligen Institutsleiter, François Jacob und Raymond Dedondet, zwei weitere Krebsfälle melden. Der sechste gelangte im Juni 1987 an die Öffentlichkeit. Im April 1989 starb der 37jährige niederländische Institutsmitarbeiter William Roskam. Die Rede geht von weiteren, heute noch in den Labors beschäftigten Krebspatienten.

Mindestens sieben von sechzig Kollegen in zwei nebeneinanderliegenden Labors auf der gleichen, damals noch im «Fourneaux»-Flügel liegenden Etage, mindestens sechs von ihnen noch keine 50 Jahre alt, erkranken an meist sehr seltenen Knochenkrebsarten – kann man da noch, wie die Direktoren des Pasteur-Instituts 1986, «das einfache Zusammentreffen von Zeit und Raum», also den blanken Zufall annehmen? Eine Wahrscheinlichkeit von eins zu einer Million errechnete der Pariser Wissenschaftsjournalist Marcel Blanc für diese Häufung. Auch wenn man rund 300 weitere Biologen mit hinzurechnet, die in den letzten zehn Jahren in den Labors beschäftigt waren, bleibt die Krebsrate noch außergewöhnlich hoch. War also ein Gen-Unfall schuld? Vor allem nach Françoise Kellys Tod brach unter den Kollegen Panik aus. «Sie war eine sehr bekannte Frau, die alle respektierten und mochten», sagte die inzwischen ausgeschiedene Pasteur-Pressesprecherin Caroline Chaine. «Daß sie starb, rief Emotionen hervor.» Man traf sich in den Labors und Büros, überprüfte alle Geräte, diskutierte, ob die Krankheitsursache am Arbeitsplatz zu suchen sei. Madame Kelly selbst nämlich hatte, kurz bevor sie starb, nach anfänglichen Zweifeln sich und ihre Freunde dann doch gefragt: Hat es vielleicht etwas mit den Genen zu tun, die ich manipuliert habe? In ihrem Testament forderte sie, daß ein möglicher Zusammenhang zwischen ihrer Arbeit mit isolierten Krebsgenen und ihrer Erkrankung lückenlos aufgeklärt werden solle.

Zu diesem Zeitpunkt, behauptet Caroline Chaine, sei der Vorsitzende des nationalen Ethik-Komitees, der Medizinprofessor Jean Bernard, längst mit der Zusammenstellung einer Enquetekommission beauftragt gewesen. Andere Darstellungen deuten darauf hin, daß die beiden besorgten Laborchefs mit ihrer Bitte um eine genaue Untersuchung der Krebsfälle bei der Direktion lange auf taube Ohren stießen. Überhaupt wird eine Rekonstruktion der ganzen Angelegenheit sehr erschwert. Da ist zum einen die legitime Fürsorgepflicht der Arbeitgeber an der Rue du Docteur Roux. Sie führt dazu, daß diejenigen Krebskranken, die noch an ihrem Arbeitsplatz sind, anonym bleiben. Zudem unterliegen einige der Arbeiten am Pasteur-Institut der Geheimhaltungspflicht; meist sind das Untersuchungen im Auftrag von Industrieunternehmen, die bestimmte Substanzen auf krebserregende Wirkung hin untersuchen lassen.

Auf detaillierte Fragen zu den bisherigen Erkenntissen der nun immerhin seit fast zwei Jahren andauernden Untersuchung überreicht Caroline Chaine die Mitgliederliste der Enquetekommission: «Die müssen Sie anrufen. Wir sind Gegenstand der Untersuchung und deshalb nicht neutral. Wir wissen nichts.» Ein neutrales Mitglied hingegen verweist den Anrufer wie den Buchbinder Wanninger sogleich zurück: «Kontakte mit der Öffentlichkeit betreut das Institut Pasteur.» Auch Laborkollegen der Erkrankten wollen sich am liebsten gar nicht äußern: Treffen werden arrangiert und dann doch wieder abgesagt. Marcel Blanc, in dessen Artikeln deshalb Personen mit dem Namen «A» oder «B» erscheinen, berichtet von regelrechten Maulkorberlassen. «Das ist denen alles ziemlich unangenehm», sagt ein Pasteur-Angestellter – nennen wir ihn «X». Ein Eindruck, der auch beim Mitglied des geschäftsführenden Hauptvorstands der IG Chemie, Papier, Keramik, Jürgen Walter, entstanden ist: «Die Franzosen müssen doch Dreck am Stecken haben. Wahrscheinlich wurde da beim Arbeitsschutz unheimlich geschlampt», meint er. Im Interesse seiner bundesdeutschen Kollegen ist auch er an Fakten interessiert. Etwas übertrieben setzt er hinzu: «Das ist ja das bestgehütete Geheimnis der Welt!» Zwei Jahre, vielleicht bis 1992 noch werde man auf den Kommissionsbericht warten müssen, erklärt Professor Jean Bernard; die Recherchen seien aufwendig. Darüber hinaus gebe es im Moment nichts zu sagen. Und schon ist das Gespräch beendet. Offizieller Termin für die Veröffentlichung des Berichts ist inzwischen das Jahr 1990. Die Gentechnik-Expertin des Freiburger Öko-Instituts, Regine Kollek, ist empört: «Die halten uns zum Narren! Immer wieder ist der Termin aufgeschoben worden, ohne wissenschaftliche Begründung.»

Immerhin: Epidemiologische Untersuchungen dauern ihre Zeit. An rund 300 Wissenschaftler, die in den letzten zehn Jahren teils nur wenige Monate lang in den beiden betroffenen Labors beschäftigt waren, wurde ein ausführlicher Fragebogen verschickt. Umfassend sollen sie ihren Gesundheitszustand beschreiben und schildern, mit welchen Materialien sie an den verschiedenen Arbeitsplätzen zu tun hatten. Da wird nach Bakterien, Parasiten, Pilzen, Viren, Krebszellen, isolierten Onkogenen und gentechnisch neu kombinierter DNA gefragt – aber auch nach Dutzenden von verschiedenen Laborchemikalien, nach radioaktiven Substanzen, bis hin zu geradezu harmlos wirkenden Mikroskopierflüssigkeiten und dem Umgang mit Tieren im Labor. Wie soll da jemals eine gemeinsame Ursache für die seltsame Krebshäufung herauskommen? Zumal, da vielleicht erst die Kombination von zwei oder mehreren Faktoren ausschlaggebend sein könnte? So ist auch die Tatsache, daß Yves Malpièces Knochenkrebs von der Sécurité Sociale als Arbeitserkrankung anerkannt wurde, noch kein Beweis. Denn für diese Einstufung genügte schon die Tatsache, daß Malpièce eine bestimmte Zeit lang mit radioaktivem Material hantiert hatte.

Eine weitere epidemiologische Untersuchung ist international ausgedehnt worden. Befragungen von Angestellten biotechnologischer Forschungslabors in 13 verschiedenen Ländern sollen den Vergleich der Krankheitsbilder von Menschen ermöglichen, die über lange Zeiträume mit den gleichen Substanzen gearbeitet haben. Darüber hinaus hat die Kommission 62 Mitarbeiter der betreffenden Pasteur-Labors von Kopf bis Fuß medizinisch untersuchen lassen – «ohne daß etwas gefunden wurde», sagt Caroline Chaine.

Warum aber wurden diese naheliegenden epidemiologischen Befragungen erst im September 1987 beschlossen? Vor allem: Warum wurde der zweite Schritt vor dem ersten getan? Bis heute nämlich ist die Frage unbeantwortet, welche Stoffe in den Tumoren der Krebsopfer gefunden wurden; insbesondere, ob darin auch gentechnisch manipuliertes Erbmaterial enthalten war. «Es sieht so aus», schreibt Marcel Blanc, «als ob das Komitee vorsätzlich eine mögliche Ursache für diese Krebsfälle von der Untersuchung ausgeschlossen hat: nämlich die, daß ein gentechnisches Experiment schiefgelaufen ist.»

Am naheliegendsten war dieser Verdacht bei Françoise Kelly. Sie arbeitete mit einer Kombination aus dem Erbgut des krebsauslösenden Affenvirus SV 40 und dem des sogenannten Adenovirus. Kelly hatte festgestellt, daß dieses künstlich hergestellte Virus «Adeno-SV 40» bei

Mäuseembryonen zu besonders aggressivem Krebszellenwachstum führte. Erst später stellte sich heraus, daß auch menschliche Zellen, denen man diese Genkombination einpflanzte, große Mengen von Krebs-Proteinen synthetisierten. Möglicherweise erzeugt also die manipulierte Kombinante Adeno-SV 40 auch beim Menschen Krebs.

Erst auf den Vorschlag Blancs hin untersuchte Gilbert Lenoir vom Internationalen Krebsforschungszentrum in Lyon (das einzige gentechnisch kompetente Mitglied der vorwiegend aus Epidemiologen bestehenden Kommission) Biopsie-Material der beiden Verstorbenen. Seine vorläufigen Ergebnisse lassen keine eindeutigen Schlüsse zu. Luc Montagnier, Abteilungsleiter am Pasteur-Institut und Mitentdecker des Aids-Virus, hatte einen weiteren wichtigen Test angeboten: Er wollte das manipulierte Virus auf seine krebserregende Wirkung untersuchen. Der Franzose führte das Experiment zwar durch, doch soll das Ergebnis erst in zwei Jahren veröffentlicht werden.

Kritiker, Herr Y zum Beispiel, ein leitender Mitarbeiter der Labors, halten solchen kritischen Argumenten noch viel radikaler entgegen: Die sieben Kranken hätten alle an unterschiedlichen Experimenten gearbeitet, teils in unterschiedlichen Räumen und unterschiedlich lange; sie hätten auch verschiedene Krebsarten entwickelt. Wie da die Ursache eine gemeinsame sein solle? Und gewiß mit einem Schuß Verdrängung fährt Y fort: «Was ist die häufigste Krebsursache? Das Rauchen! Ich will nichts herunterspielen; wir warten den Kommissionsbericht ab. Aber nehmen Sie irgendeine Gruppe von 300 Leuten – und Sie werden immer ein paar Krebskranke darunter finden!» Man sei längst wieder ruhig an den Arbeitsplatz zurückgekehrt: «Wir haben keine Angst.»

Daß freilich die Sicherheitsmaßnahmen in den Labors stets perfekt gewesen wären, muß bezweifelt werden. So ließ die Hygiene- und Sicherheitskommission des Instituts nach einer intensiven Inspektion im Sommer 1986 die gesamte Etage zwei Wochen lang schließen. Warum? «Es ist wahr, daß man von den Krebsfällen wußte», erläutert Caroline Chaine. «Deshalb war man strenger und sensibler als sonst...» Bemängelungen habe es in bezug auf die Radioaktivität, auf mutagene Substanzen und auch im Hinblick auf die Arbeit mit Krebsgenen gegeben: «Eine Verbindung zu den Krebsfällen hat man aber nicht gefunden. Es waren nur einige kleine Bestimmungen nicht angewandt worden.»

Vorschriften würden bei der täglichen Arbeit immer wieder verletzt, meint der Wissenschaftler X: «Ich erinnere mich an eine Kollegin, die war so völlig versunken in ihre Arbeit, daß sie den Wirkstoff Ethidium-Bromid ganz einfach ständig ohne Handschuhe verwendete… Ethidium-Bromid, eine Substanz, mit der man DNA sichtbar macht, ist hochgradig mutagen.» Phenole würden schon mal inhaliert, radioaktive Substanzen seien ihm selbst auch schon über die Hose geflossen: «Das Schlimme ist, daß man sich an die Gefährlichkeit gewöhnt.» Hinzu komme die Konkurrenz unter den Forschern: «Ich habe nie in meinem Leben so viel gearbeitet wie hier», sagt X. «Wir sind häufig auch am Wochenende und am späten Abend da – müde, aber voller Leidenschaft. Das hat manchmal viel mit einem Kloster zu tun.»

In Verdacht geraten ist unter anderem auch das Luftabzugssystem in der Hochsicherheits-Laboranlage. «Trotz des Absaugens wurde bei Experimenten – etwa mit Genen des Aids-Erregers – überall in der Anlage Virus-DNA gefunden», sagt Forscher Z. «Keiner weiß, ob das etwas zu bedeuten hat. Aber auszuschließen ist eine Gefahr auch nicht.»

Mathias Greffrath

Der Traum vom perfekten Menschen

Biologen und Mediziner auf der Suche nach dem Bauplan des menschlichen Lebens

Mit hoher Wahrscheinlichkeit, sagt der Gynäkologe zur schwangeren Frau, werde das Kind, das sie gerade austrage, irgendwann in seinem Leben psychotisch werden.

Leider, bedeutet der Versicherungsvertreter seinem Kunden, könne man ihn wegen seiner starken Disposition zu Herzkrankheiten nicht in die günstigere Gebührenklasse aufnehmen.

Nein, beschließt der Personalchef: Wegen einer im Gentest festgestellten Disposition zu riskantem Verhalten komme der Bewerber für eine Führungsposition nicht in Frage.

Der Berufsberater eröffnet dem Abiturienten, daß nur intuitive Selbstwahrnehmung in ihm den Wunsch erwecke, Musiklehrer zu werden; in seinen Genen stecke in Wirklichkeit mehr und anderes: eine große mathematische Begabung, auf jeden Fall die Fähigkeit zur Lösung abstrakter Probleme.

Diese vier Fälle sind nicht Realität – noch nicht. Doch solche Szenen können bald Wirklichkeit werden, wenn die Erwartungen von Genforschern und die Befürchtungen ihrer Kritiker in Erfüllung gehen.

In Westeuropa, den USA und Japan schicken sich einige tausend Biologen und Mediziner an, einen neuen, unbekannten Kontinent zu erobern. «Die Kartierung des menschlichen Genoms wird die Geheimnisse von mehr als 3000 genetischen Krankheiten enthüllen, darunter Alzheimersche Krankheit, Krebs und viele andere. Im menschlichen Genom steckt das Versprechen für die Zukunft der medizinischen Forschung.» Mit schrillen Werbesprüchen laden die American Medical Association und die Allianz für Altersforschung Ärzte, Wissenschaftler, Industrieführer, Beamte und Journalisten im Frühjahr 1989 zu einer großen Konferenz nach Washington ein – um «Möglichkeiten zu erschließen, die vor kurzem noch als Science-fiction galten», um «das Wissen, das wir gewonnen haben, nun umzusetzen: in Entdekkungen, von denen die Menschheit profitiert, und in wirtschaftliche Vorhaben für die amerikanische Biotechnologie und andere Industriezweige».

Sicher, schon heute gibt es – vor allem vorgeburtliche – Untersuchungen auf klassische Erbkrankheiten wie Trisomie 21 («Mongolismus») oder Phenylketonurie («Schwachsinn»), seltene Krankheiten, die zumeist auf nur ein defektes Gen zurückgehen. Die Medizin aber, die jetzt von den Genomforschern, vor allem aber den Wissenschaftsmanagern, versprochen wird, soll auch komplexere Krankheiten diagnostizieren können, soll schon bald die Disposition zu «Volkskrankheiten» wie Magengeschwüre, Arthritis, Herzkrankheiten durch Gentests feststellen.

In den USA arbeitet bereits eine kaum noch zu übersehende Anzahl von Labors, medizinischen Universitäten und Unternehmen an der Aufklärung der menschlichen Gene. Da wird vom «biologischen Gral» geschwärmt, und alle drei Wochen wird ein neues Schizophrenie-Gen gemeldet, mal auf Chromosom 7, mal auf Chromosom 5, mal auf dem Geschlechts-Chromosom. Da wird um Staatsgelder gebuhlt, werden Reklameslogans geprägt, werden Forscher wie Fußballstars weggekauft.

James Watson, der vor 35 Jahren mit Francis Crick die Struktur des DNA-Moleküls aufklärte, glaubt an die DNA: «Es liegt alles in dieser DNA, und wir werden es herausfinden.» Watson verwaltet den Etat des staatlichen Human Genome Project – 1990 werden es 100 Millionen Dollar sein – und koordiniert die nationalen Anstrengungen der verschiedenen amerikanischen Forschergruppen. «Ich sehe außergewöhnliche Möglichkeiten für die Verbesserung des Menschen vor uns», sagt Watson. Und weiter: «Es geht nicht um die genetische Information per se, sondern darum, das Leben durch genetische Information zu verbessern.»

Um im Wettlauf um die Entschlüsselung und Vermarktung des Genoms mithalten zu können, tüftelten die Wissenschaftspolitiker der EG unter Federführung des damaligen bundesdeutschen Kommissars Karl-Heinz Narjes im Sommer 1988 eine «europäische Antwort» aus: ein mit sechzig Millionen Mark Steuermitteln zu finanzierendes europäisches Forschungsprojekt zur Identifizierung solcher Gene, die Erbkrankheiten verursachen.

Kaum war das Programm unter dem Titel «Spezifisches Forschungsprogramm im Gesundheitsbereich: Prädiktive Medizin: Analyse des menschlichen Genoms (1988–1991)» in Brüssel formuliert worden, da schlug in Bonn der SPD-Abgeordnete Michael Müller Alarm. «Keine deutsche Regierung darf einer neuen Eugenik auf wissenschaftlicher Grundlage, einer Rassenhygiene nach dem Stand von Wissenschaft und Technik zustimmen.» Haarsträubend fand Müller weniger die konkreten Forschungsvorhaben – eine Grobkarte des menschlichen Genoms, eine «Klonbibliothek» medizinisch interessanter Chromosomen und die internationale Vernetzung der Forschungscomputer – als vielmehr das mit dem Programm gegebene Versprechen der «voraussagenden Medizin»: Nicht nur bei seltenen Erbkrankheiten wolle man das schadhafte, für den Enzymdefekt verantwortliche Gen identifizieren, sondern auch gängigen Leiden wie «Herzkranzgefäßerkrankungen, Diabetes, Krebs, Autoimmunkrankheiten, schweren Psychosen» genanalytisch zu Leibe rücken. Krankheiten also, bei denen Gene, Organismus und Umwelt auf eine bis heute ungeklärte Weise zusammenwirken.

Da es «höchst unwahrscheinlich» sei, die umweltbedingten Risikofaktoren auszuschalten, müsse man, so hieß es in der Projektbeschreibung, «soviel wie möglich über die Faktoren der genetischen Disposition lernen», um «stark gefährdete Personen vor Krankheiten zu schützen, für die sie von der genetischen Struktur her äußerst anfällig sind, und gegebenenfalls die Weitergabe der genetischen Disponiertheit an die folgende Generation zu verhindern».

War er da nicht wieder, der Hauch von Eugenik, der Wunsch, die Menschen zu «verbessern» und, wo das nicht geht, die fehlerhaften Exemplare von der Fortpflanzung, wenn möglich, auszuschließen?

Nachdem das Programm von verschiedenen Mitgliedsländern begutachtet worden war – auch der Bundesrat in Bonn hat Anfang des Jahres grundsätzlich zugestimmt, sich nur gegen die eugenische Begründung gewandt –, sollte es in diesem Frühjahr von der EG-Kommission in Gang gesetzt werden. Doch inzwischen waren manchen der Wissenschaftspolitiker, vor allem wegen starker Presse-Reaktionen, Skrupel gekommen. Im Forschungsausschuß des Straßburger Parlaments beeindruckte der Grüne Benedikt Härlin seine Kollegen mit einer tiefschürfenden Analyse der möglichen Folgen des Projekts: Am Ende des jetzt eingeschlagenen Weges befürchtete er genetische Normung, neue Formen sozialer Kontrolle und eine «Eugenik von unten» – die Ausmerzung allen Lebens, das nicht «optimal» ist. Aufgrund solcher Einwände gab Forschungskommissar Filipo Maria Pandolfi im Frühjahr 1989 bekannt, die Genomprojekte würden überarbeitet, den Bedenken der Parlamentarier solle Rechnung getragen werden. Und ein halbes Jahr darauf legte die Kommission einen neuen Entwurf vor: Die medizinischen Nutzanwendungen sind getilgt, nun geht es nur noch um Grundlagenforschung.

Die Öffentlichkeit hat funktioniert, wir können beruhigt sein? Wohl kaum, denn das Brüsseler Programm «Prädiktive Medizin» sollte nur koordinieren, was in vielen Labors, in vielen Nationen ohnehin immer weiter getrieben wird, bislang ohne umwerfende Resultate, aber getragen von der Hoffnung auf schnelles Geld und große Entdeckungen.

«Das wird doch nur aus journalistischen Gründen so aufgebauscht», findet Professor Pearson aus Leyden, ein großer Mann der europäischen Humangenetik, einer der wissenschaftlichen Väter des EG-Projekts «Prädiktive Medizin». Sicher, weltweit werde eine neue Technik entwickelt, die ein neues Gesundheitssystem nach sich ziehe. «Aber ich sehe nicht ein, woher eine kleine Gruppe von Menschen das Recht nimmt, den Fortschritt aufzuhalten.»

Es ist ein Fortschritt, der denen am wenigsten problematisch ist, die ihn verwalten: «Die USA», fürchtet Paolo Fasella, der Generaldirektor für Wissenschaft und Forschung in der Europäischen Kommission, «liegen stark vorn mit ihrem Riesenprogramm. Und man muß stark sein. Ich habe es doch erlebt. Ich habe über die Kernfusion verhandelt mit den Amerikanern. Damals haben sie uns schlecht behandelt, weil wir schwach waren. Um kooperieren zu können, muß man stark sein.»

In der Tat, es ist nicht auszuschließen, daß wirtschafts- und forschungspolitischer Nationalismus sich in der Genomforschung breitmacht. «Wie immer bin ich für den Frieden», sagte James Watson im Oktober 1989 in San Diego, wo die erste «Human Genome Conference» stattfand. «Aber wenn es Krieg gibt, werde ich ihn kämpfen.» Die Amerikaner hätten keine Lust, Grundlagenwissen zu produzieren und es umsonst in der Welt zu verteilen, damit andere Nationen Geschäfte damit machen. Und im amerikanischen Kongreß fordern Forschungspolitiker, die internationale Freiheit der Forschung und die amerikanischen Wirtschaftsinteressen müßten «balanciert» werden.

Das amerikanische Human Genome Project ist noch ganz am Anfang. Auf fünfzehn Jahre angelegt, soll es erstens eine Karte aller Chromosomen und Gen-Orte erstellen; zweitens Maschinen und Verfahren entwickeln, die drittens die gesamte Sequenz der 3 Milliarden menschlicher Basenpaare analysieren können – zu bezahlbaren Preisen und in rasant gesteigerter Geschwindigkeit.

Bislang sind die Absichtserklärungen stärker als die Gewißheit von Resultaten: Sicher, in San Diego konnten die Genforscher bekanntgeben, daß nun der Gendefekt, der die zystische Fibrose herbeiführt (eine Störung der schleimabsondernden Drüsen; die von ihr befallenen Menschen sind chronisch krank und sterben etwa im Alter von zwanzig Jahren) entdeckt sei. Aber auch wenn man nun besser und schneller diagnostizieren kann – der Weg bis zu einer Therapie auch nur der wenig komplexen, schweren Erbkrankheiten ist weit und ungewiß. Aber daß man etwa nach Hunderten von Forscher-Jahren selbst den Gen-Ort für die Huntingtonsche Krankheit (eine Nervenkrankheit und eines der vergleichsweise wenig komplexen Paradebeispiele der Molekulargenetiker) noch nicht gefunden hat; daß es höchst einfache biologische Funktionen gibt, für die sogar mehrere Chromosomen zuständig zeichnen; daß erst kürzlich, im November 1989, alle angeblich gesicherten Erkenntnisse über das Gen für manisch-depressive Psychose im Nebel neuer Ungewißheit verschwanden; daß sich der Begriff des Gens selbst unter dem genauen Blick der Forscher auflöst – all das bremst den globalstrategischen Optimismus der Forschungsmanager nicht.

Das European Molecular Biological Laboratory, kurz: EMBL genannt, ist eine freundliche Institution, im Wald südlich von Heidelberg. Die Türen stehen offen, an den Anschlagbrettern informieren Friedensgruppen, wird über Arbeitnehmerrechte belehrt, werden Kindergartenplätze gesucht. In den Labors die ewig gleichen Röhrchen, Zentrifugen, Gel-Platten, Computer. Die Wissenschaften vom Leben sind nicht grün.

«Drei Milliarden.» John Tooze sitzt im Keller des EMBL, in einem kleinen vollgestopften Büro. Er malt die Zahlen mit dem Kugelschreiber auf seinen Karoblock, zählt die Nullen noch einmal nach. «Drei Milliarden Basenpaare. Und davon haben wir», er rechnet kurz, «ein Sechshundertstel.» John Tooze ist der Sekretär von Hugo – Hugo, die Human Genome Organization, wurde am 27. September 1988 von amerikanischen Genomforschern gegründet. Hugo soll, als Dachorganisation, die internationale Zusammenarbeit organisieren, Doppelarbeit vermeiden, die Sammlung der Daten und ihren Austausch erleichtern. Tooze zeigt die Gründungserklärung: «Das Wissen, das aus diesem Projekt gewonnen wird, wird großen Nutzen für die menschliche Gesundheit und das Wohlergehen der Menschen haben.» Er zögert kurz: «Oder das Gegenteil. Es wird Gutes bewirken oder schaden. Aber bewirken wird es etwas.»

Die «Weltelite» der Genomforscher ist in Hugo organisiert, vor allem aber diejenigen, die an der Totalsequenzierung des menschlichen Genoms interessiert sind. «Wir werden schlußendlich jedes verdammte Basenpaar sequenzieren.» Tooze ist Engländer, hat mit Watson zusammengearbeitet, ist robust, freundlich und deutlich. «Sehen Sie, Sequenzieren ist keine interessante Arbeit. Es ist sogar ziemlich langweilig. Und es gehört viel Technik dazu. Deshalb muß man die Arbeit aufteilen. Und mein Job ist es, irgend jemand zu überzeugen, der das Ganze bezahlt.»

Wozu das Ganze? Tooze seufzt. Auf seinem Karopapier erklärt er geduldig, wie über Gen-Koppelungskarten Chromosomenfragmente identifiziert werden, die typisch sind für bestimmte Krankheiten. Das haben die Genetiker schon immer getan, aber sie konnten wenig mehr als mit statistischen Mitteln feststellen, wie oft zwei Merkmale zusammen vererbt werden. Und damit konnten sie Wahrscheinlichkeitsaussagen machen. Die neue Gentechnik erlaubt nun weitere Stufen der Analyse. Die erste: Mit Restriktionsenzymen – molekularen Scheren – wird die DNA des Genoms in Teilstücke geschnitten. Nun kann man die korrespondierenden DNA-Fragmente verschiedener Menschen vergleichen – also etwa die DNA-Teilstücke von Familienmitgliedern, von denen einige Träger einer Krankheit sind, andere jedoch nicht. Auf diese Weise kann man das «krankmachende» Gen einkreisen, kann man die Wahrscheinlichkeitsberechnungen verfeinern.

Aber damit weiß man noch immer nichts Genaues. Um es an einem Bild zu veranschaulichen: Die klassische Koppelungsgenetik konnte angeben, in welchem Band oder Halbband der 23 Bände langen Enzyklopädie der Erbanlagen ein bestimmtes Merkmal notiert ist; die Analyse der mit Restriktionsenzymen zerschnittenen DNA erlaubt es zu sagen, in welchem Kapitel oder Abschnitt es sich findet. Doch sein genauer Ort läßt sich nur angeben, wenn in den Kapiteln nun Buchstabe für Buchstabe verglichen wird. Und einer der «Druckfehler» macht krank – aber so genau weiß man es noch immer nicht: Es können auch zwei Buchstaben zusammen sein, oder die 37 Druckfehler auf den jeweils ersten Seiten eines Kapitels und so weiter.

Ein solches Ausbuchstabieren der einzelnen Chromosomen, ohne daß man schon die Funktionen der DNA-Abschnitte kennt, soll Hugo vorbereiten: die Totalsequenzierung des menschlichen Genoms. Buchstabe für Buchstabe soll ein Text abgeschrieben werden, in einer Sprache, deren Grammatik, Semantik und Vokabular man noch kaum kennt. Hier setzt auch die Kritik vieler Humangenetiker an: daß man nicht einzelne Krankheiten erforscht, sondern mit gigantischen Projekten ohne konkreten Nutzen der medizinischen Forschung Geld wegnimmt. «Stimmt», lacht John Tooze, «wir wollen etwas machen, das heute relativ wenig bringt. Es ist eine Vorleistung. Wir schreiben ein Adreßbuch, das von bleibendem Wert sein wird. Ich sage manchmal: Wir schreiben die Bibel des säkularen Humanismus.»

Es gibt nicht *den* Biologen, nicht einmal *den* Molekularbiologen. Bei der Erforschung des Lebens kommen höchst unterschiedliche Begabungen zusammen. Der Finne Kai Simons zum Beispiel, ein Zellbiologe, untersucht im EMBL die Epithelzellen, die verschiedene Wände haben, eine zum Körperinnern und eine nach außen. Wie entstehen die verschiedenen Proteine, was steuert die Differenzierung der Außenwände? «Wir sehen die Zelle und sehen noch gar nichts», sagt Simons, «wir sind immer noch dabei, Fakten zu finden, Grundlagen zu suchen.»

Gibt es zwei Arten von Naturforschern, die Betrachter und die Anwender? «Nein.» Simons überlegt kurz, beugt sich vor. An seiner Laborwand hängen Ansichtskarten und Kinderzeichnungen. «Wir sitzen hier und forschen und finden es nützlich und sind fasziniert. Aber alles, was wir hier forschen, wird von der Industrie in neue diagnostische Methoden umgesetzt. Wir finden mehr und mehr Marker im Genom, und bald wird es Tausende von Tests geben.»

Simons fürchtet die schwarze Utopie einer Medizin, mit der man alles und jedes testen lassen kann. «Die reichen Leute werden sich auf alles testen lassen. Das Schlimmste wird ein Krebstest sein, der sich nur auf statistische Wahrscheinlichkeit stützt.» Aber nicht die Genomforschung sei das Problem. Die falschen medizinischen Versprechen seien der Fehler.

Warum sich die Wissenschaftler nicht darum kümmern? «Die Vorsichtigen hier können nur etwas bewirken, wenn ihnen der Zeitgeist von außen hilft. Neun von zehn sitzen hier und schließen die Augen.» Simons blickt auf die Erde, schüttelt den Kopf. «Ach was. Die meisten brauchen sie gar nicht erst zu schließen. Die sehen die Probleme gar nicht. Die sehen auf das Faszinierende.»

Großforschung heißt: Jeder Wissenschaftler überblickt nur seinen kleinen Abschnitt. Und selbst in diesen kleinen Fachgebieten geht Grundlagenforschung nahtlos in Anwendungsforschung über. So werden im EMBL fluoreszente DNA-Sequenzer entwickelt, die 300 Basen für 100 Mark analysieren. Eine Datenbank wurde aufgebaut, in der die entzifferten Genomsequenzen aus aller Welt gespeichert sind, Software-Programme werden entwickelt, mit denen man die Fragmente, die einzeln untersucht worden sind, wieder zusammenkoppelt – zu Datenmengen, die sich für Modellspiele eignen und zu denen jeder freien Zugang hat: ob Forscher, Industrieller oder Staatsbeamter.

Graham Cameron, der Manager der Datenbibliothek des EMBL, zeigt auf eine Kurve an der Wand. «Vierundzwanzig Millionen haben wir jetzt von allen Organismen; und vom menschlichen Genom rund 4,8 Millionen Basenpaare. Die Zahlen sind schon veraltet. [Das Gespräch mit Graham Cameron fand im Winter 1988 statt. Ein Jahr später sind schon 12 Mio. menschlicher Basenpaare sequenziert.] Das Wachstum ist rasant. Gegen Ende des Jahrhunderts werden wir fertig sein, vielleicht auch eher.» Gelernt hat Cameron Psychologie, jetzt ist er Computerspezialist. Es fasziniert ihn, die vielen Informationen zusammenlaufen zu sehen, mitzuerleben, wie hier die Landkarte eines Kontinents entsteht, von dem man jetzt nur die Grenzen kennt.

Wohin zielt das Unternehmen? Graham Cameron rutscht auf die Kante seines Bürostuhls und wippt mit dem Stuhl, zwinkert nervös. Überlegt. «Na ja, das intrinsische Ziel wäre es, irgendwann ein unbekanntes Genom zu nehmen, es in den Computer zu stecken und das Tier zu kriegen.» Er lacht. «Ja, das wäre ein nettes Ziel.» Im Vorübergehen zeigt er mir den klimatisierten Raum, in dem die Computer stehen. Sie sind zusammengeschaltet mit den Datenbanken von Genbank in Los Alamos und einer japanischen Datenbank. Das EMBL ist eine öffentliche Institution. Für ein paar hundert Mark im Monat kann jeder die neuen Sequenzen im Abonnement beziehen, auf Compact-Disc. «Ja», sagt Cameron und lacht wieder, «neulich habe ich mitgekriegt, daß irgend jemand vom Militär Informationen abgerufen hat. Mir persönlich ist das gar nicht lieb, die hätte ich gern umgelenkt.» Was die wissen wollten? «Ach, ich weiß gar nicht, ob ich Ihnen das erzählen soll. Es war eine Sequenz aus dem Schlangengenom, die für Giftherstellung zuständig ist...»

Viele Humangenetiker halten die Analyse des gesamten Genoms auch aus theoretischen Gründen für überflüssig. Fünfundneunzig Prozent der DNA, sagen sie, seien uninteressant, enthielten keine Gene, keine Erbinformationen. «Müll der Evolution», sagen sie, *junk-DNA*, nutzlose Schleifen von ewig sich wiederholenden Sequenzen. Es lohne nicht, das zu analysieren. «Glauben Sie, daß so viel nutzlos ist?» fragt John Tooze. «Ich glaube es ja nicht. Es könnte jedenfalls möglich sein, daß wir herausfinden: Es ist nicht nutzlos. Dazu müssen wir aber das ganze Genom sequenzieren.» Totalsequenzierung – das ist auf absehbare Zeit vor allem eine Herausforderung für Apparatebauer, die die Sequenziertechnik automatisieren, für Computerfabrikanten und Software-Tüftler. Sie alle glauben daran, eines Tages den Generalcode des Lebens lückenlos vorführen zu können.

«Es ist verdammt interessant zu sehen, was das ist: Leben. Natürlich wird es auch nützlich sein zu verstehen, wie wir als Tiere funktionieren.» Grundlagenforscher John Tooze sieht die praktischen Konsequenzen: Man werde Erbkrankheiten vermeiden können – «durch Abtreibung oder, wenn man römisch-katholisch ist, durch Beratung vor der Heirat. Natürlich», sagt Tooze und legt seinen karierten Block weg, «hat die Öffentlichkeit Grund, sich Sorgen zu machen. Ich bin auch besorgt, jeder ist besorgt. Und wenn die Daten über voraussagbare Krankheiten in die Hand des Staates geraten, kommen wir in eine furchtbare Situation. Das beste wäre, man würde ein paar Leute zusammenkriegen, die die Mißbrauchsmöglichkeiten diskutieren und das dann veröffentlichen würden. So eine Art amnesty international.» Auch Hugo will ja die ethischen, sozialen und politischen Konsequenzen der Genomforschung diskutieren. Die Konsequenzen wohlgemerkt, nicht den Gang der Forschung selbst: Auf einer Tagung in Valencia beschwor im vergangenen Herbst der Nobelpreisträger Jean Dausset seine Hugo-Kollegen, beim gegenwärtigen Stand des Wissens Eingriffe in die menschliche Keimbahn auszuschließen. Er erhielt keine Mehrheit.

Mindestens zwanzig Jahre werde es voraussichtlich dauern, bis das Genom durchbuchstabiert sei, sagt Lennart Philipson, der Leiter des EMBL. «Deshalb brauchen wir jetzt eine große öffentliche Debatte. Wir brauchen eine Reihe von Körperschaften, die aus allen Gruppen zusammengesetzt sind: Laien, gebildete Laien, Geisteswissenschaftler, Kirchenleute, Juristen. Und einige Probleme müßten sofort geklärt werden. Ganz ohne Vorbedingungen geht allerdings auch Philipson in diese Debatte nicht hinein: «Es wird Probleme geben, wenn man, wie jetzt in Deutschland, die Verwendung von Embryonalgewebe kriminalisiert. Wir brauchen fötales Gewebe für bestimmte Dinge. Man darf die Grundlagenforschung am Menschen nicht behindern.»

«Genetik hat Grenzen», sagt Ernst-Ludwig Winnacker, Vizepräsident der Deutschen Forschungsgemeinschaft, Leiter des Münchner Gen-Zentrums und kein Genetiker. «Das wird immer wieder vergessen. Neunundneunzig Prozent der Gene eines Schimpansen, zwanzig Prozent der Gene einer Hefe sind ununterscheidbar von unseren.» Für die meisten Krankheiten auch der Menschen sei nach wie vor die Maus ein gutes Modell. «Und wer weiß, vielleicht ist ja auch die Vorstellung vom Gen noch zu einfach. Vielleicht ist die DNA ja nur so eine Art Verdrahtung, in der noch ganz andere Dinge geschehen.»

Harald zur Hausen, der Leiter des Deutschen Krebsforschungszentrums in Heidelberg, weiß, daß man von einem Sieg über den Krebs noch weit entfernt ist, falls es den überhaupt je geben kann. Auch Erfolge in der Gentherapie (der Ersetzung schadhafter durch gentechnisch korrigierte Gene) sind bis auf weiteres Zukunftsmusik. Aber am Nutzen der DNA-Analyse könne, so zur Hausen, kein Zweifel sein: Schon heute helfen gentechnische Methoden bei der Diagnostik – man kann nun vieles erkennen, ohne operieren zu müssen. DNA-Sonden ermöglichen eine Feinabstimmung von Präparaten, die man vordem nicht kannte. Und allmählich nähert man sich dem Verständnis der «Schalter», die normale Zellentwicklung in pathologisches Krebswachstum verwandeln. Aber zur Hausen sieht auch, wie die kurzfristige Begeisterung für die DNA die Schwergewichte innerhalb der Medizin zu verschieben droht, wie verlockend es zur Zeit ist, sich bei einfachen Erklärungen schon am Ziel zu wähnen. «Da wird man an einigen Stellen gegensteuern müssen...» In der Psychiatrie etwa, wo die psychotherapeutischen Ansätze in die Defensive zu geraten drohen. «Wenn im Jahr 2004 die Gesamtsequenz vorliegt, wird man sehen, wie wenig das ist.»

So wie Philipson, Winnacker und zur Hausen fordern viele Biologen die Regierungen auf, die Folgen der gentechnischen Revolution zu regeln, den Mißbrauch genetischer Information durch Versicherungen, Arbeitgeber und staatliche Instanzen auszuschließen. Tatsächlich ist dies kein Zukunftsproblem, sondern bereits Realität. Werksärzte der chemischen Industrie fordern den baldigen Einsatz von Gentests, mit denen man die Veranlagung für Berufskrankheiten feststellen kann. So erkrankt etwa eine Hälfte aller Westeuropäer beim Dauerkontakt mit bestimmten Benzolverbindungen, die in der Farbenherstellung eingesetzt werden, deutlich häufiger an Blasenkrebs («Langsam-Acetylierer»). Fritz Schuckmann, leitender Werksarzt bei Hoechst, fordert Einstellungstests: «Ich möchte mir in zwanzig Jahren nicht von einem Blasenkrebs-Patienten sagen lassen, warum ich damals nicht die Überprüfung seines Acetylierungsvermögens durchgeführt habe.»

Die Bundestags-Enquete-Kommission «Chancen und Risiken der Gentechnologie» hat davor gewarnt, Gentests ohne rechtlich verbindliche Grundlagen einzuführen. Zu groß wäre sonst die Gefahr, daß ganze Menschengruppen aufgrund unausgereifter Tests diskriminiert werden könnten. Die Grünen sehen in solchen Tests eine «Individualisierung des Krankheitsrisikos» und fordern statt dessen die Einstellung riskanter Produktionsverfahren. Heinz-Werner Gabriels, der forschungspolitische Leiter der IG-Chemie, spricht denn auch von einem zweischneidigen Schwert. Doch er glaubt, «daß der Einsatz solcher Methoden, wenn es im arbeitsrechtlichen Rahmen bleibt, dennoch sinnvoll ist». Diesen Rahmen aber gibt es nicht, im Justizministerium sitzt man noch an ersten Überlegungen, und eine Bund-Länder-Kommission soll erst im Sommer 1990 ihre Überlegungen vorlegen.

Drei Jahre hat es gedauert, bis das Parlament die Empfehlungen der Bundestags-Enquetekommission «Chancen und Risiken der Gentechnologie» beraten hat, und ebensoviel Zeit droht dabei verlorenzugehen, bis Gesetze, Verordnungen und Regelwerke entstehen. Währenddessen forschen die Forscher in den Universitäten, den Entwicklungslaboratorien der Konzerne, bereiten neue Medikamente vor, entwickeln Techniken der Gentransplantation, verändern unsere Vorstellungen von Krankheit und Gesundheit, kratzen an unserem Menschenbild.

Aber wie wichtig es auch sein wird, die Menschen vor genetischer Diskriminierung durch Versicherungen und Arbeitgeber zu schützen: Langfristig werden es die Erfolge und nicht die Pannen, wird es der Gebrauch gentechnischer Verfahren und nicht der Mißbrauch sein, der das ethische, soziale und wirtschaftliche Gefüge zu sprengen droht, in dem wir leben. In einer Medizin, die immer mehr kann, steckt das wirklich explosive Zukunftsproblem.

«DNA und Schicksal» – unter dieser Überschrift informierte die *Washington Post* ihre Leser über das wachsende Angebot an Gesundheitstests. Da wird die Reihenuntersuchung auf verschiedene Krebsarten in Aussicht gestellt, und ein Doktor Breslow von der Rockefeller University verkündet: «Ich glaube, in fünf Jahren werden wir den Schulkindern sagen, wie groß ihr Risiko ist, an Herzkrankheiten zu erkranken.» Die spöttische Vision von der «guten oder auch vielleicht bösen Fee, die jedem Neugeborenen eine Liste der bei ihm gefundenen genetischen Polymorphismen (Besonderheiten) in die Wiege legen wird, zusammen mit Warnungen vor bestimmten Umweltschäden, Ratschlägen für eine gesundheitsgemäße Lebensführung gerade dieses Menschen, ja ganz allgemein mit einer Prognose für die Lebenschancen und Gefährdungen» – diese Phantasie, die der deutsche Genetiker Friedrich Vogel 1980 hegte, ist kaum ein Jahrzehnt alt. Die Wirklichkeit ist dabei, sie zu überholen. Heute wird schon – unter dem Titel *psychological fallout* – erforscht, wie es sich auf den Ausbruch einer Krankheit auswirkt, wenn man über ihre Wahrscheinlichkeit unterrichtet. Schon lange bleiben die therapeutischen Erfolge hinter den diagnostischen Möglichkeiten zurück. Diese «Schere» wird sich weiter öffnen. Eltern werden immer mehr Tests nutzen, um nur gesunde Kinder zu bekommen. Jeder wird immer genauer wissen können, für welche «ganz normalen» Krankheiten – Kreislauf, Krebs, Depression – er disponiert ist – und wird dieses Wissen oft in Fatalismus oder Dauertherapie mit ungewissem Ausgang umsetzen müssen.

Wissenschaft, so hat es Huxley einmal gesagt, sei wie ein unendlicher Wald des Nichtwissens, in dem wir mit einer Kerze umherlaufen:

Was wir finden, hängt auch von der Richtung ab, in die wir gehen. Und über diese Richtung wird nicht abgestimmt, sie wird von der allgemeinen Tendenz unserer Gesellschaft zur Ökonomisierung bestimmt. «Menschliche Paarung», heißt es in einer Broschüre des Office of Technology-Assessment (OTA) in Washington, «die ohne die Verwendung genetischer Daten über die Risiken der Vererbung von Krankheiten vor sich geht, wird höhere Sterblichkeit und medizinische Kosten verursachen, als wenn Träger möglicherweise schädlicher Gene über ihren Status aufgeklärt werden.» Und der Zeitgeist? Vierundvierzig Prozent der vom OTA befragten US-Amerikaner würden es begrüßen, wenn man durch eine Gentherapie die körperliche Gestalt oder die Intelligenz ihrer Kinder «verbessern» könnte.

Ist das nun Eugenik, ist das staatlich betriebene Zuchtwahl? Nein, der Sachverhalt, auf den wir zusteuern, ist neu. Nicht der Staat zwingt Frauen zur Abtreibung, keine Diktatur läßt Männer sterilisieren. Die Menschen selbst tun es: der Trend zur Ein-Kind-Familie steigert die Perfektionswünsche der Eltern; die Möglichkeiten der pränatalen Diagnose erzwingen fast den Willen zu wissen; der entschlossene Wunsch zur Selbstverwirklichung und Lebensoptimierung verträgt sich nicht mit ungeplanten Randzonen des Lebens.

Aufklärung und Technik erweisen sich, in der Gestalt von Fortpflanzungswissen und genetischer Beratung, als die besten Eugeniker. Die gesellschaftlichen Großtrends werden sich durchsetzen: Funktionieren, Maximieren, Rationalisieren. Kein Krüppel, kein Idiot, kein kleiner, kein schwacher, kein häßlicher Mensch wird mehr «einfach so» dasein. Man wird wissen: Der oder diese wurden von ihren Eltern gewollt: aus Überzeugung, aus Dummheit, aus Fahrlässigkeit. Wie das auf die schwachen Reste von Mitgefühl, Solidarität und Verständnis fürs Schwache wirkt, kann man sich ausmalen.

Wer schützt uns vor der Vision des Professors Jacques Ruffié aus Toulouse, der die «Prädiktive Medizin» als die endgültige Einlösung des hippokratischen Versprechens pries? Wenn jedermanns individuelle Risikofaktoren bekannt seien, schreibt Ruffié, dann könne man ihm eine «ökologische Nische» zuweisen, in der er die Belastungen vermeiden kann, die sich aus seinem «genetischen Erbteil» ergeben. Es werde ratsam sein, jeden zu Beginn seiner Gesundheitskarriere über seinen Gesundheitskontostand aufzuklären und ihm dann die freie Wahl zu lassen zwischen «gewissen Freuden des Lebens und den Risiken, die sie nach sich ziehen».

«Wer *uns* folgt», so schließt Professor Ruffié, der werde den «vermeidbaren Krankheiten» entkommen können und bis ins hohe Alter gesund bleiben. Die anderen? Die werden mit «harten sozioökonomischen Konsequenzen» zu kämpfen haben. Jeder kennt seine Gene, jeder ist der Herr seines Schicksals. Und jeder bezahlt die Rechnung allein – solange er kann.

Was aber soll verwerflich sein an einer Familienberatung, die die Träger von Erbkrankheiten zum Verzicht auf eigene Kinder veranlaßt? Wo geht sie über in eine Eugenik, die ganze Bevölkerungsgruppen diskriminiert oder, im schlimmsten Fall, an der Fortpflanzung hindert – mit der Begründung, erbliche Krankheiten zu bekämpfen?

Der Blick aufs einzelne verwirrt das klare Urteil. «Sie müßten mal dabeisein und in der Beratungsstelle die Nöte dieser Leute sehen», sagt der Berliner Genetiker Jörg Schmidtke, der die Diagnosemöglichkeiten für die zystische Fibrose wesentlich vorangebracht hat.

Es ist wohl so. Niemand wird es im Einzelfall verurteilen, wenn Eltern auf Grund pränataler Diagnostik Schwangerschaften abbrechen, wenn Menschen immer mehr über sich wissen wollen. Aber einfacher wird die Angelegenheit dadurch nicht. Die Reihenuntersuchung von Säuglingen auf Phenylketonurie und die Verschreibung einer Schwangeren-Diät, die den Schwachsinn verhindert – gut? Geschlechtstest mit Abtreibung bei Nichtgefallen – schlecht? Gentests auf zystische Fibrose – gut? Reihenuntersuchungen auf Thalassämie – problematisch? Gut, schlecht, problematisch. Wer soll das alles entscheiden? Und wohin führt es? Je mehr wir testen können, desto mehr wird jeder einzelne für sich nach Optimierung streben. «Wir werden immer weiter forschen», sagen die Mediziner, der Gesundheit des einzelnen verpflichtet. Dieser Weg hat keine andere Grenze als die wirtschaftlichen Ressourcen von Gesellschaften oder einzelnen. Er ist, so Schmidtke, geknüpft an «die ökonomische Interdependenz von medizinischem Fortschritt und allgemeiner technischer Entwicklung (sprich fortschreitender Zerstörung unserer Lebensgrundlagen und damit Erzeugung neuer, auch medizinischer Probleme)» – eine Art medizinischer Hochschornsteinpolitik, die dem einzelnen immer besser hilft, dabei aber eine Atmosphäre schafft, in der über Alternativen *in* der Medizin gar nicht mehr nachgedacht wird: die Beachtung des sozialen Faktors, die Belastung der Umwelt, die Gefahren eines industriegesellschaftlichen Lebenswandels.

Es gibt Alternativen: In den USA hat man die Kosten für die Behandlung von Herzkranken durch Gesundheitsaufklärung um Milliarden gesenkt, bei uns fallen jedes Jahr sechzig Milliarden Mark Behandlungskosten allein für ernährungsbedingte Krankheiten an. Hier könnte man Leben retten und Kosten senken: durch soziale statt durch technische Maßnahmen. Aber hier winkt kein Lorbeer, hier wären nur Spitzenleistungen an gesundem Menschenverstand erforderlich.

Ist Genomforschung sinnlos? Soll man darauf verzichten, alle dreieinhalb Milliarden Basenpaare zu sequenzieren? Es ist wohl zu einfach, die Frage so zu stellen. Wenn Mediziner an tausend Stellen suchen, um die Vererbungswege von Erbkrankheiten zu verfolgen, dann ist das zumeist sinnvoll und lindert Leid. Aber wohin führt der Weg, dessen einzelne Schritte so einleuchten?

«Man muß es groß anfangen.» Privatdozent Albert Driesel steht im Dienste der DECHEMA, der Deutschen Gesellschaft für chemischen Apparatebau in Frankfurt, einer Clearing-Stelle der Chemieanlagenbauer. Driesel ist der Typ des fröhlichen Forschers und ökonomischen Globalstrategen, entwickelt dem Besucher seinen Drei-Stufen-Plan: «Zunächst müssen wir diese Wahnsinnsmengen von Daten bearbeiten – dazu brauchen wir Computer und Software. Dann müssen wir massiv in den Apparatebau und die Robotik. Dann kommt die Schulung des Personals. Und erst dann können wir die Sonden und die Diagnoseautomaten und so weiter in die Kliniken und Praxen einschießen.»

Am Ende dieser Entwicklung steht der Diagnoseautomat in jeder Arztpraxis: Der Arzt schabt ein paar Zellen von der Wange, wirft sie in den mittelgroßen Kasten im Ordinationszimmer, und noch während er mit dem Patienten plaudert, druckt der Computer schon die Diagnose der akuten Krankheiten aus, prognostiziert die Zukunft von Herz, Lunge und Leber und gibt Empfehlungen für Therapie und Diät.

Albert Driesel denkt unbekümmert, langfristig und merkantil. Weltweit würden jetzt Forschungsgelder akquiriert, Patente angemeldet, Forscher weggekauft. «Den eigentlich gläsernen Menschen, den kriegen wir ja erst in ein, zwei Dekaden. Aber wir müssen jetzt reingehen. Wenn wir jetzt nicht aufpassen, werden wir abgeschnürt, nicht nur hier, sondern auf der gesamten EG-Ebene.»

Driesel träumt schon davon, Gen-Busse durch die Lande zu schikken, in denen Kinder transgene Mäuse angucken und Hausfrauen vom Segen neuer Produkte überzeugt werden. «Nein», sagt er, sein eigenes Leben werde sich nicht ändern durch diese Aussichten. Er werde sich wohl kaum je einem Gentest auf Krebs unterziehen. «Aber das kommt alles. Wir können uns da nicht raushalten. Und wir müssen nach draußen gehen. Auch wenn ab und zu mal ein Labor abbrennt.» Driesel erhofft sich von einer Anschubsfinanzierung durch den Bundesforschungsminister einen großen Sprung nach vorn. Die Industrie zögert ihm zu lange, auch die Gerätebauer seien «noch nicht heiß gemacht».

Im Juni 1988 trafen sich rund sechzig Genforscher, Gerätehersteller, Pharmaindustrielle und Computerspezialisten in Frankfurt, in den Räumen der DECHEMA. Eingeladen hatte im Auftrag des Bundesforschungsministers die Deutsche Forschungsgemeinschaft. DECHEMA-Geschäftsführer Professor Behrens warnte die deutschen Forscher davor, sich zum Junior-Partner der USA machen zu lassen. Am Ende der Sitzung war eine Ad-hoc-Kommission gegründet, die sogleich einen langen Wunschzettel für den Forschungsminister entwarf. Einer der drei Koordinatoren: Albert Driesel.

Eine «zukunftsorientierte Medizin», steht im Kommissionspapier, brauche die «möglichst vollständigen Sequenzdaten des Humangenoms», denn «physiologische Grundlagen und pathologische Zustände des Menschen sollten letztlich auf DNA- und Proteinstrukturen zurückgeführt werden können». Mit derart reduktionistischen Auffassungen von Mensch und Krankheit wird die Genomforschung zur nationalen Aufgabe stilisiert. Ein nationaler Gen-Koordinator soll die Regierung beraten, Öffentlichkeitsarbeit für Genforschung betreiben, und eine ihm unterstellte Kommission soll gleichzeitig die sozialen und ethischen Folgen der Genomforschung abschätzen – ein etwas vordemokratisches Modell von Forschungskontrolle. Und keine zu knappe Summe solle für den Fortschritt fließen: Die Ad-hoc-Gruppe fordert auf fünfzehn Jahre hundert Millionen Mark jährlich, das Fünfzehnfache dessen, was die DFG in den letzten drei Jahren in die Genomforschung gesteckt hat. Und das an der DFG vorbei, direkt vom Bundesforschungsminister, mit einer Begründung, die heißt: wir dürfen uns das von den Amerikanern nicht wegnehmen lassen.

Es ist ein Torschlußpanik-Papier, bevor die Gentechnik richtig auf den Beinen ist, voller Tippfehler, schnell zusammengekleistert, mit Photokopien aus amerikanischen Regierungsbroschüren, alarmierenden Nachrichten über den Stand der Forschung in den USA, auf Volumen gebracht. Die IG-Chemie, sonst eher gentechnikfreundlich, lehnt das Programm als überstürzt, schlecht begründet und «rein biologistisch» ab. Kommentarlos gab die DFG das zusammengeschusterte Interessentenpapier an das Forschungsministerium weiter. Und wenn man dort anruft, stöhnt der zuständige Ministerialbeamte: «Das ist zu kurz hier und zu schwergewichtig, als daß man schon etwas sagen könnte.» Der Minister habe das Gefühl gehabt, man müsse etwas für die Genforschung tun, «damit wir nicht überrundet werden». – Warum schreiben immer die einfachen Gemüter die Papiere? Gequältes Lachen am anderen Ende der Leitung: «Bringen Sie die Genomforschung nicht ins Gerede, es wird doch immer schwerer, hier noch etwas zu machen.» Und es stellt sich die Frage, ob eine technologische Entwicklung, die wie keine andere in diesem Jahrhundert langfristig die Bedingung menschlichen Lebens verändert, nicht mehr Aufmerksamkeit verdient hätte.

Es gibt nicht nur ethische Einwände gegen die Pläne zur Totalsequenzierung und Genom-Großforschung. Es mehren sich auch fachliche. Die Herstellung genetischer (Sequenz-)Karten sei so nützlich wie die Erstellung von Straßenkarten, schreiben die amerikanischen Regierungsbeamten – eine Denkweise, die den amerikanischen Genforscher Francisco Ayala zu der Bemerkung reizte: Hier wolle man offenbar eine Landkarte der Vereinigten Staaten anfertigen, um dann zu erklären, wie Autounfälle passieren.

Auch die Visionen der Brüsseler Forschungsbürokraten entpuppen sich bei nüchterner Betrachtung als schiere Zukunftsmalerei. «Unglaubwürdig», resümierte der Vizepräsident der Deutschen Forschungsgemeinschaft, Ernst-Ludwig Winnacker, seine Kritik am Konzept der «Prädiktiven Medizin». «Da steht vieles in dem Papier, was nicht geht.»

Komplexe Krankheiten, gar Psychosen durch Reihenuntersuchungen zu bekämpfen und auszurotten – «diese Ziele sind sicher nicht zu erreichen», sagt auch der Kölner Genetiker Peter Starlinger, «aber auch falsche Ideen können böse Folgen haben. Die Rassenlehren der Nazis waren wissenschaftlich unhaltbar, aber wir wissen, zu welchen Verbrechen sie geführt haben.»

Es gibt nicht *die* Wissenschaft. Es gibt Gentechniker, die es nur für eine Frage von Jahren halten, bis wir unser Schicksal in den Genen lesen können; und es gibt Biologen, für die sind Gene kaum mehr als «Rahmenvorschriften für interaktive komplexe Gestaltungsprozesse». Intelligenz als starke Proteinproduktion, Alkoholismus und die Neigung zum Risiko als Mangel an Platelet-Monoamin-Oxidase und antisoziales Verhalten als Gendefekt – eine Gesellschaft, in der sich solche Vermutungen über Intelligenz, Geisteskrankheiten und abweichendes Verhalten durchsetzen, wird anders aussehen als eine, die zunächst die soziale Seite des Menschen sucht. Sein Sohn, so vertraute James Watson dem EG-Parlamentarier Härlin an, sei menschenscheu, fürchte sich geradezu vor Menschen. «Ich bin ganz überzeugt davon», fügte er hinzu, «daß das genetisch bedingt ist, genauso wie Schizophrenie oder auch Alkoholismus... Für Millionen von Eltern wäre es eine große Wohltat, wenn sie wüßten, daß es nicht ihre Schuld war.» Und in den USA unterstützt die Angehörigen von Psychotikern in der «National Alliance for the Mentally Ill» (NAMI) die molekulare Psychiatrie: Weil sie wollen, daß Psychosen «richtige» Krankheiten sind, daß sie nichts mit Familien-Unglück und sozialem Elend zu tun haben.

Der Traum der Gentechnik – ist es der vom verantwortungslosen Dasein?

Wie entscheidet «die Gesellschaft» über den Einsatz von Bio-Technologie? Durch das kaum koordinierte Ineinanderwirken von Legislative, Interessengruppen, Public-Relations-Agenturen, Zeitungen, Fernsehanstalten, Bürgerprotesten, Vorträgen.

Noch hätten die Parlamente Zeit nachzudenken: Soll der Arbeitsschutz an der individuellen Disposition des Arbeiters, krank zu werden, beginnen – oder sollten wir nicht besser bei der Unvertragbarkeit der Arbeitsplätze ansetzen?

Ähnliches gilt für das Versicherungssystem: Wie kann man rechtzeitig verhindern, daß durch eine Genomdiagnostik der Gedanke der Solidarität abgeschafft wird – zugunsten eines Erbgut-Denkens?

Noch sind die Dinge im Fluß. In einem trägen Fluß. Die Regierung ist weit entfernt davon, den längerfristigen Folgen der molekularbiologischen Revolution Aufmerksamkeit zu schenken. Sie kommt nicht einmal ihren ganz unmittelbaren Aufgaben nach: etwa der, in einem Gentechnik-Gesetz die Minimalvoraussetzungen zu definieren, die zur industriellen Anwendung gentechnischer Verfahren erfüllt sein müssen. Das Gentechnik-Gesetz, das sie nach dreijähriger Untätigkeit im Sommer 1989 vorlegte, wurde vom Bundesrat als «gesetzestechnisch unzureichend und inhaltlich unausgereift» zurückgewiesen. Die Bundesratsausschüsse stellten 350 Änderungsanträge und bemängelten vor allem die Einschränkung der Öffentlichkeitsbeteiligung bei Genehmigungsverfahren, die Pauschalität des vorgeschlagenen Genehmigungsprozesses und die Aushöhlung der Rechte von Ländern und Kommunen. Im Schnellverfahren wird nun einiges repariert, das Gesetz mit einigen Zugeständnissen an die SPD durchgepeitscht. Das Gesetz zum Embryonenschutz und zur Retortenzeugung, über das man im Justizministerium drei Jahre lang nachgedacht hat, wird eine weitere Legislaturperiode brauchen, bevor es verabschiedungsreif ist. Und zur Anwendung der Genomanalyse bildet man sich im Justizministerium immer noch eine Meinung.

Schon im Winter 1986/1987 hat die Bundestags-Enquetekommission «Chancen und Risiken der Gentechnologie» ihre Empfehlungen vorgelegt, darunter auch die zur Genomanalyse. Drei Jahre hat der Bundestag gebraucht, bis er die Empfehlungen der Kommission sich zu eigen gemacht hat. Aber ein Gesetzentwurf zur Genomanalyse kam bisher weder aus der Legislative noch von der Regierung. Dafür hat der Bundesforschungsminister noch einen Arbeitskreis eingesetzt, in dem Wissenschaftler, Ethiker, Gewerkschafter und Unternehmer bis Mitte 1990 Empfehlungen erarbeiten sollen, wie mit den Forschungsergebnissen der Genomforschung umgegangen werden soll. Sie sollen darüber nachdenken, wie das neue Wissen sich auf das Selbstverständnis der Menschen auswirken wird. Und noch während das Publikum sich die Frage stellt, ob das nicht die Angelegenheit aller Bürger und nicht nur von Experten wäre und ob denn zur Beantwortung dieser Menschheitsfrage ein Gremium reicht, in dem 19 Männer und eine Frau sitzen – währenddessen forschen die Forscher immer weiter und weiter. Und setzen Fakten.

Am 16. März 1989 hat – auf Initiative des SPD-Abgeordneten Willi Rothley – das Europäische Parlament gefordert, die sozialen, ökologischen und juristischen Konsequenzen der Gentechnik müßten «bereits im Forschungs- und Entwicklungsstadium» abgeschätzt werden. Jegliche Anwendung der Gentechnik zur «Verbesserung» des Menschen soll ebenso verboten werden wie die Speicherung genetischer Daten.

Vor allem aber – so die Entschließung – soll nachgedacht werden: Was ist Gesundheit, was Abweichung? Was wollen wir mit Embryonen anstellen? Wollen wir Neugeborene auf Krankheiten untersuchen, die gar nicht zu heilen sind? Und: Wie müßte man eine Forschung organisieren, die schon im Forschungsstadium ihre Folgen abschätzen kann – oder dies lernt.

In Bonn aber herrscht Ruhe. Der SPD-Abgeordnete und Vorsitzende des Forschungsausschusses, Wolf-Michael Catenhusen, hält den Gesetzgebungsprozeß im parlamentarischen Gang und ist besorgt, daß «das ungebrochene Fortschrittsmodell der anderen bei uns Einzug halten könnte». Die Grünen sind weniger fundamentalisch, reflektierter als noch vor Jahren, aber hoffnungslos in der Minderheit. Die CDU hat den Gedanken an eine parlamentarische Technikfolgen-Abschätzung überhaupt aufgegeben. Die Debatte rollt über Bonn hinweg.

Es könnte sein, daß wir in einigen Jahren aufwachen, und wenig von dem, was wir jetzt befürchten, ist eingetreten, einfach, weil es nicht funktioniert. Auch das kann sein. Aber vertrauen kann man darauf nicht. «Es gibt Unterlassungen», sagt Jörg Schmidtke in Berlin, «die sind historisch nicht rückholbar. Und nicht alles, was für den einzelnen Menschen gut ist, ist gut für die Menschheit.»

Mathias Greffrath

Debatten in Gang setzen

Über das Gen-Ethische Netzwerk in Berlin

An der Wand hängt ein Plakat, auf dem eine Kuh sich kratzen will. Aber es geht nicht mehr. Ihr Euter ist zu groß geworden. Die Kuh ist unglücklich.

«Hormonmilch? Nein danke» ist die Meldung in Nr. 45 des GEN-ETHISCHEN INFORMATIONSDIENSTES (GID) überschrieben. «Acht von neun bundesdeutschen Molkereien sprechen sich gegen den Einsatz von Rinderwachstumshormon (rBST) aus.» Das Plakat erinnert an eine Tagung, die das GEN-ETHISCHE NETZWERK vor einiger Zeit zu den unerwünschten sozial- und agrarpolitischen Folgen des hormonellen Leistungssteigerers veranstaltet hat. Und es scheint sogar, daß die Gen-Lobby hier, am entschiedenen Widerspruch von Bauern, Agrarpolitikern und Verbrauchern, ihre erste schmerzhafte Niederlage erleiden wird.

Seit 1986 gibt es das Netzwerk. Der Europaabgeordnete der Grünen, Benedikt Härlin, hat es geknüpft, zusammen mit Linda Bullard, einer Texanerin aus der 68er Generation, die eine Weile in Washington in Jeremy Rifkins «Foundation on Economic Trends» gegen die Gentechnik gearbeitet hatte. «Buying Time», das sei Rifkins große Stärke: durch prozedurale Verzögerungen den Lauf der Dinge aufhalten, so daß doch noch öffentliche Debatten entstehen können über den Sinn oder den Unsinn einer Entwicklung.

Öffentliche Debatten will auch das GEN-ETHISCHE NETZWERK in Gang setzen. Gegründet wurde es nach den Hagener Beschlüssen der Grünen zur Gentechnik, die so eng waren, daß sie für wenig mehr als ein fundamentales Nein Raum ließen. Das Netzwerk hält – auch wenn die Sympathien klar verteilt sind – bis heute Distanz zu allen politischen Gruppierungen, gibt auch kaum Grundsatzerklärungen ab, die keinen Spielraum mehr für kontrollierende Eingriffe lassen. Schwerpunkte der Diskussion zu setzen, eher Katalysator von Gesprächen über die zu einfachen Fronten hinweg zu sein, als knallharte Positionen zu beziehen – das war die Absicht von Härlin und Bullard. Sie haben sich aus der aktiven Arbeit zurückgezogen: Benedikt Härlin schreibt an einem Buch über Genomanalyse, Linda Bullard strickt bei der CEAT (Coordination Européenne des Amis de la Terre, Rue Blanche 19, B-1049 Bruxelles) weiter an der internationalen Vernetzung der Gentechnik-Gegner. Das Netzwerk ging nach seiner Gründung durch eine Phase ideologischer und persönlicher Kämpfe, wie das bei Organisationen so ist, aber getragen von der Mitgliederversammlung und vor allem von einer großen Nachfrage, hat man sich immer wieder zusammengerauft.

Es sei nicht immer einfach, diesen pragmatischen Kurs zu fahren, sagt Wolfgang Löhr, der auf einer ABM-Stelle für das Netzwerk arbeitet. Die Linie des Netzwerks schwanke leicht, je nachdem, wo die Mitgliederversammlung stattfinde und wer sie besuche. Aber auch im Redaktionsbüro sei man oft gespalten. In der Frage des Gentechnik-Gesetzentwurfs der Bundesregierung etwa habe man keine klare Linie: ob man ihn insgesamt ablehnen wolle, weil er die Anwendung von Gentechnik fördere, oder ob man für seine Verbesserung eintreten wolle.

Acht Mitarbeiter/-innen arbeiten im Büro des GEN, in der Winterfeldtstraße 3 in Berlin 30 – Biologen, Tierärzte, Soziologen, Politologen, vier von ihnen durch ABM-Gelder finanziert.

In Hängeordnern und Regalen laufen hier die Informationen über den gegenwärtigen Stand der Gentechnologie in Landwirtschaft, Humanmedizin, Pharmakologie, Kriminologie usw. zusammen; in einer Datenbank sind sie geordnet und gespeichert.

Ein paar Dutzend Anfragen kommen am Tag: Journalisten brauchen Daten; kirchliche Gruppen, Kreissparkassen, Berufsschulklassen und Parteigliederungen suchen Referenten – das Netzwerk vermittelt sie. Es unterstützt Umweltorganisationen mit Informationsmaterial, unterhält Informationsstände auf der «Giftgrünen Woche» in Berlin, verfaßt Artikel für Zeitungen und Zeitschriften.

Vor allem aber wird in diesem Büro, in dem man das Neueste über die Freisetzung von Petunien und Peter Singers Bio-Ethik, über den genetischen Fingerabdruck und transgene Tiere erfährt, von Susanne Billig, Ute Sprenger und Andreas Greiner der GID redigiert, der GEN-ETHISCHE INFORMATIONSDIENST: Einmal im Monat erscheint er, enthält auf 24 Seiten das Wichtigste und Aktuellste zu Freisetzung und Genrecht; berichtet von Riesenbohnen für die Dritte Welt ebenso wie von den Bauchschmerzen der Mitarbeiter im Bundesgesundheitsamt, von Gen-Therapie-Versuchen in Amerika und von Genehmigungsverfahren in Aachen.

Für Interessenten stellt das Netzwerk vier- oder fünfmal im Jahr einen umfangreichen Pressespiegel zusammen, der die wichtigsten in- und ausländischen Zeitungsartikel enthält – diese Dienstleistung wird vor allem von Journalisten genutzt, ebenso wie die Datenbank.

«Wahrscheinlich», sagt einer der GEN-Mitarbeiter, «haben wir, außerhalb der Industrie, den besten Überblick. Manchmal wollen sogar die Pressesprecher der Konzerne von uns Informationen.»

Jeder kann Mitglied werden im GEN-ETHISCHEN NETZWERK. Unter den 850 Mitgliedern sind Naturwissenschaftler aller Sparten, Pfarrer, Angestellte des Bundesgesundheitsamtes, Lehrer. Man muß kein Gegner der Gentechnik sein.

Reiner Klingholz

Probleme wird man lösen können

Gespräch mit dem Biologen Joshua Lederberg

Der Amerikaner Joshua Lederberg entdeckte 1947, damals 21 Jahre alt, gemeinsam mit Edward Tatum den natürlichen Genaustausch bei Bakterien – eine wesentliche Vorarbeit für die Entwicklung der Gentechnik. Für diese Untersuchungen erhielt Lederberg 1958 den Nobelpreis für Medizin. Der Professor für Biologie und Computerwissenschaften war Mitglied zahlloser Beratungsgremien der amerikanischen Regierung und ist seit 1978 Präsident der Rockefeller-Universität in New York. Lederberg war einer der Wortführer auf dem Londoner Ciba-Symposium «Man and his future» im Jahr 1962, auf dem die damals führenden Biowissenschaftler eigenwillige Gedanken zur Zukunft der Menschheit formulierten.

Klingholz: Sie werden oft mit Ihrem Beitrag zum Ciba-Symposium im Jahr 1962 zitiert. Eine Idee der Experten war damals, das Erbgut des Menschen durch Züchtung aufzuwerten. Sind Sie immer noch der Auffassung, der Mensch sei genetisch durchaus verbesserungswürdig?

Lederberg: Ich glaube, wir müssen uns die Grundlagen der damaligen Diskussion vor Augen führen. Julian Huxley und Hermann Müller hatten zu dieser Zeit ein eugenisches Programm entworfen. Sie glaubten, die Spezies Mensch würde genetisch verarmen, weil ausgerechnet jene Individuen die meisten Kinder bekämen, die am wenigsten zum Fortschritt der Menschheit beitrügen. Sie schlugen deshalb vor, daß sich nur Menschen vermehren sollten, von denen man annahm, daß sie mit positiven Eigenschaften gesegnet seien.

Klingholz: Nach den Gesetzen der Vererbungslehre ist das ein ziemlich unsinniger Vorschlag.

Lederberg: Genau das habe ich damals auch gesagt. Es würde Hunderte von Jahren dauern, bis man da irgendeinen Effekt hätte feststellen können. Wenn man wirklich zu der Überzeugung gekommen wäre, daß die genetische Verarmung des Menschen ein Problem sei, dann hätte man fünfzig oder hundert Jahre warten sollen, bis man das mit besseren Techniken hätte lösen können. Es war auch völlig unklar, ob die Eigenschaften, um die es damals ging, überhaupt zu einem großen Teil vererbbar sind. Es gab keine Möglichkeit, zu unterscheiden, welche Züge eines Menschen genetisch und welche umweltbedingt sind. Ich nahm an, letztere würden eine wesentlich größere Rolle spielen, aber ich konnte auch das Gegenteil nicht beweisen. Deshalb habe ich auch nicht in diesem Sinne argumentiert.

Klingholz: Was weiß man denn heute darüber?

Lederberg: Wir werden in Zukunft sicher besser verstehen können, inwieweit Intelligenz oder Verhalten genetisch bedingt sind. Die Gentechnik wird uns die wunderbare Gelegenheit dazu bieten. Wir werden, wenn wir bestimmte Familien untersuchen, herausfinden, ob Intelligenz oder andere Eigenschaften an ein bestimmtes Stück der Erbsubstanz geknüpft sind. Wenn wir das wissen, können wir immer noch entscheiden, ob das Ganze ein Thema ist, ob wir da eingreifen wollen. Ich selbst glaube im übrigen nicht, daß der Mensch dabei ist, genetisch zu verarmen, nur weil sich die falschen Leute vermehren.

Klingholz: Aber in Zukunft wird es vielleicht möglich sein, das Erbgut generell durch die sogenannte Gentherapie zu verbessern.

Lederberg: Dazu gibt es verschiedene Möglichkeiten, und ich denke, die Gentherapie ist die unwahrscheinlichste. Aber wenn wir, sagen wir mal, in zweihundert Jahren die DNA maschinell herstellen können, dann könnten wir genau entscheiden, welchen Menschen, nach welchem genetischen Vorbild, wir haben wollen.

Klingholz: Welche Standards sollen dabei zugrunde gelegt werden?

Lederberg: Es ist sehr gefährlich, sich nach den Wünschen einer bestimmten Epoche zu richten. Hermann Müller hat dafür auf dem Ciba-Symposium selbst ein wunderbares Beispiel vorgetragen. Als er noch in der Sowjetunion lebte, war er sehr von der kommunistischen Idee ergriffen, und er fand es hervorragend, wenn jeder die Gene Lenins gehabt hätte. Fünf Jahre später war dies für ihn das Schlimmste, was er sich vorstellen konnte.

Klingholz: Wer entscheidet generell über Nutzen und Risiko einer wissenschaftlichen Entdeckung, wer setzt notfalls Schranken?

Lederberg: Das ist eine politische Entscheidung. In Amerika befindet darüber die staatliche Gesundheitsbehörde, weil sie den größten Teil der Grundlagenforschung finanziert. So etwas wird dann in entsprechenden Gremien diskutiert. Ich sehe bei diesem Prozeß keine Probleme.

Klingholz: Es gibt beispielsweise Wissenschaftler, die vorgeschlagen haben, Chimären zwischen Schimpansen und Menschen zu züchten, als Ersatzteillager für Organtransplantationen. Gibt es gegen solche Versuche ethische Bedenken?

Lederberg: Ich selbst wünsche mir das nicht. Und wenn jemand diesen Versuch unternähme, gäbe es wohl ein derartiges Theater, daß es niemand ein zweites Mal wagen würde. Daraus folgt keine Kettenreaktion, bei der alles außer Kontrolle gerät. Aber das sind ethische Fragen, die weit vor uns liegen, sie sind zu abstrakt, und deshalb ist es gefährlich, jetzt schon darüber zu entscheiden.

Klingholz: Was aber geschähe, wenn dieser Versuch ein großer Erfolg würde?

Lederberg: Dann würde er vielleicht gutgeheißen, *weil* die Menschen es so wollen.

Klingholz: Wo bleiben Sie dann mit Ihrer einstigen Moral?

Lederberg: Genau das ist das Problem, wenn wir ethische Grundsätze für zukünftige Generationen aufstellen wollen. Das sollten wir grundsätzlich nicht tun. Über Ethik sollten die entscheiden, die den Nutzen und die Kosten dieser Entscheidung tragen müssen. Ich will meinen Nachkommen keine Optionen verbauen. Dazu habe ich zu wenig Vertrauen in meine eigene Ethik. Man muß nur ansehen, wie sich die Vorstellungen ändern. Hätten wir heute noch die moralischen Prinzipien der viktorianischen Zeit, wie beklemmend wäre unser Leben. Man muß dann reagieren können, wenn eine Sache außer Kontrolle zu geraten droht. Bitte verstehen Sie mich nicht falsch, ich will nicht diese wahnsinnigen Experimente befürworten, die man in zwanzig, dreißig Jahren völlig anders sieht.

Klingholz: Es gibt auf diesem Gebiet Fragen, die schon heute auf eine Antwort warten. Was ist beispielsweise mit der pränatalen Diagnose? Soll man leichte und schwere Erbdefekte bereits am Embryo diagnostizieren, um dann unter Umständen auszuwählen, ob eine Schwangerschaft ausgetragen werden soll oder nicht?

Lederberg: Das ist natürlich eine sehr schwierige Frage. Zu schwierig, um sie heute zu beantworten. Wenn wir auf diese Weise Erbkrankheiten vermeiden können, sollten wir das in manchen Fällen tun, in anderen Fällen nicht. Wir müssen das genau beobachten, wir müssen mehr wissen, damit wir verstehen, welche Entscheidung wir fällen.

Klingholz: Führt uns das nicht automatisch in den Wahn, eine bessere Rasse schaffen zu wollen?

Lederberg: Richtig! Trotzdem dürfen wir uns nicht jetzt schon festlegen, welche Experimente wir irgendwann einmal machen wollen.

Klingholz: Darf sich die Gesellschaft auch aus Angst oder aus Unwissen gegen einen wissenschaftlichen Fortschritt wehren?

Lederberg: Natürlich, das ist ein politischer Vorgang, und die Gesellschaft hat die letzte Entscheidung. Das wäre natürlich verrückt, aber solche Dinge geschehen immer wieder. Man kann sich für die dümmsten Dinge entscheiden. Ganze Staaten verfallen irgendeiner Ideologie. Vor fünfzig Jahren gab es so etwas in Deutschland. Damals ließ sich ein ganzes Land von der Hitlerschen Ideologie gefangennehmen.

Klingholz: Inwieweit ist ein Wissenschaftler verantwortlich für die Folgen seiner Forschung? Kann man einen Molekularbiologen verurteilen, der die Methodik entwickelt, ein neuartiges Virus zu schaffen, die dann von einem militärischen Labor genutzt wird, um eine verheerende biologische Waffe zu entwickeln?

Lederberg: Ich glaube, eine Forschung zu unterlassen ist kein Mittel, sie zu verhindern. Wenn man Biowaffen verhindern will, muß man auf internationaler Ebene verhandeln. Ich habe selbst intensiv an einem derartigen Vertrag mitgewirkt. Und seit 1972 haben wir ein Abkommen, das die biologische Kriegsführung ächtet.

Klingholz: Trotzdem wird auf diesem Gebiet nach wie vor geforscht.

Lederberg: Es ist gar nicht so leicht, zu sagen, wo die Grundlagenforschung aufhört und wo die militärische beginnt.

Klingholz: Beunruhigt es Sie, wenn Studenten, die Sie hier an der Rockefeller-Universität ausgebildet haben, später in ein Militärlabor gehen?

Lederberg: Die libyschen Studenten, die in Amerika Atomphysik studierten, haben mir große Sorgen bereitet. Aber das kann man nicht verallgemeinern. Die Technik, biologische Waffen zu entwickeln, ist ja schon hundert Jahre alt. Seit Robert Koch und Louis Pasteur herausgefunden haben, wie man Mikroben in Laborkulturen wachsen läßt, kann man Biowaffen herstellen.

Klingholz: Die Gentechnik erleichtert das sehr.

Lederberg: Nur ein wenig. Es ist gar nicht so einfach, einen künstlichen Erreger zu schaffen, der schrecklicher ist als alles, was es natürlicherweise schon gibt – als das Typhusbakterium etwa.

Klingholz: Schrecklicher nicht, aber raffinierter.

Lederberg: Raffinierter hieße nicht unbedingt tödlicher, sondern leichter zu handhaben. Man müßte etwa über einen gezüchteten Erreger verfügen *und* gleichzeitig über einen Impfstoff, mit dem man die eigene Bevölkerung schützt. Die Forschung an Impfstoffen ist aber die gleiche, ob sie nun zivile oder militärische Ziele hat. Das läßt sich nicht trennen. Wenn wir keinen Weg finden, Kriege generell zu verhindern, dann können wir auch nicht verhindern, daß die schrecklichsten Waffen benutzt werden.

Klingholz: Kennen Sie eigentlich Erwin Chargaff?

Lederberg: Ja, natürlich, er hat sehr wichtige Vorarbeiten zur Entschlüsselung des genetischen Codes geleistet.

Klingholz: Er hält die ganze Gentechnik für unmoralisch. Schon der Versuch, Bakterien genetisch zu kreuzen, geht ihm zu weit.

Lederberg: Sagt Chargaff so etwas? Jetzt übertreiben Sie aber. Das klingt eher nach Jeremy Rifkin.

Klingholz: Chargaff hat sich dazu sogar in *Nature* geäußert, einem der angesehensten wissenschaftlichen Fachblätter. Haben Sie mit ihm schon einmal über die ethischen Grenzen der Gentechnik diskutiert?

Lederberg: Nein, ich hatte keine privaten Diskussionen mit Chargaff.

Klingholz: Seltsam, wo er doch ganz in Ihrer Nähe wohnt? Wissenschaftler reden doch sonst viel miteinander.

Lederberg: Wenn er zu uns auf die Vorträge käme, wäre das sicher möglich.

Klingholz: Aber Sie wissen doch, daß Chargaff ein großer Kritiker der Gentechnik ist?

Lederberg: Ich erinnere mich, daß er einmal gesagt hat, Molekularbiologen würden biochemisch arbeiten, ohne eine Lizenz dafür zu haben. Irgendwie ist er wohl ein Fundamentalist. Ich verstehe seine Auffassung aber nicht. Ich kann nicht nachvollziehen, daß er glaubt, uns geriete die Gentechnik aus der Kontrolle. Ich verstehe nicht, warum es unmoralisch sein sollte, zwei DNA-Stränge miteinander zu verschmelzen.

Klingholz: Chargaff hat einmal geschrieben, für ihn sei die Gentechnik das Auschwitz der Biologie.

Lederberg: Als ob man für solche Gewalttaten irgendeine Technologie bräuchte. Hitler ist doch das beste Gegenbeispiel. Er hat die Unmenschlichkeit in ein nie gekanntes Ausmaß getrieben, ohne sich einer bestimmten Technologie zu bedienen. Da könnte man genausogut sagen, das Telephon sei schuld gewesen, weil es ihm die Möglichkeit gab, ein so großes Imperium zu kontrollieren.

Klingholz: Halten Sie es für sinnvoll, gentechnisch hergestellte neue Lebensformen, Pflanzen, Bakterien oder Nutztiere zu patentieren, oder behindert das die Freiheit der Forschung?

Lederberg: Die Möglichkeit, ein Patent zu bekommen, wird die Forscher eher antreiben, denn wenn man mit einer Erfindung Geld verdienen kann, inspiriert das die Wissenschaftler.

Klingholz: Ist die Ökonomie ein guter Motor der Forschungsförderung?

Lederberg: Nicht immer. Ich fürchte, daß bei der landwirtschaftlichen Gentechnik viel zuwenig investiert wird. Die Chance für eine Firma, damit richtig Geld zu verdienen, ist nicht sehr groß, bei all dem Wirbel, den die Presse um die Gentechnik macht. Deshalb müßte der Staat hier eingreifen, weil das wirklich den Hungrigen auf der Welt helfen würde.

Klingholz: Sie sprechen über Krieg und Hunger. Welches sind denn momentan die größten Probleme der Menschheit?

Lederberg: Erstens, wie die Menschen miteinander auskommen. Zweitens, wie sie mit der Technologie und den Umweltproblemen klarkommen. Und drittens, wie sie mit den begrenzten Reserven dieser Erde umgehen. Für die entwickelte Welt sind die Punkte eins und zwei die wichtigsten. Für den größten Teil der Welt aber ist das Hauptproblem die Nummer drei: satt zu werden und am Leben zu bleiben.

Klingholz: Wie wollen Sie als Wissenschaftler helfen, dieses Problem zu lösen?

Lederberg: Wir produzieren heute mehr Nahrung pro Kopf der Weltbevölkerung als im Jahr 1900, *weil* wir über eine hochentwickelte Technologie verfügen. Der Hunger ist also technisch lösbar. Wir stoßen jedoch an Grenzen, weil wir dabei soviel Abfall produzieren. Die Umweltverschmutzung beginnt bereits, unsere industrielle Produktionsfähigkeit einzuschränken. Bald wird es womöglich in der Landwirtschaft ebenso zugehen. Denken Sie nur an die Klimaveränderung, deren Beginn wir beobachten, weil wir die Wälder abholzen und fossile Brennstoffe verheizen.

Klingholz: Was kann man dagegen tun?

Lederberg: Die einzige mögliche Alternative ist für mich die Kernenergie. Damit gibt es zwar auch Probleme, aber die wird man lösen können. Das wird allerdings nicht ganz billig werden.

Klingholz: Gibt es denn einen sicheren Weg, den Atommüll loszuwerden?

Lederberg: Den braucht man nicht zu entsorgen. Das Zeug irgendwo einzugraben, wo man es nicht mehr sehen kann, ist nämlich keine Lösung. Wir müssen die Abfälle dort lagern, wo man sie genau beobachten kann. Dann können wir eingreifen, wenn es ein Leck geben sollte. Die Leute erschrecken immer, weil wir das hunderttausend Jahre lang tun müßten. Aber bisher haben wir damit ja auch keinen tatsächlichen Ärger gehabt. Da wird viel zuviel Lärm gemacht.

Klingholz: Die Probleme der Menschheit hängen doch offenbar alle mit dem unbegrenzten Wachstum auf vielen Ebenen zusammen. Gibt es da überhaupt keine Grenzen?

Lederberg: Irgendwann schon. Vielleicht kann sich die Weltbevölkerung noch verzehnfachen, ich weiß es nicht.

Klingholz: Werden die Umweltprobleme einen Einfluß auf das Wachstum ausüben? Eine Klimaveränderung könnte dramatische Folgen für die Entwicklung der Menschheit haben.

Lederberg: Ja, aber da können wir gegensteuern. Wenn die Temperaturen steigen, wenn der Meeresspiegel steigt und die Küstenstädte zu überfluten droht, werden wir schon etwas tun.

Klingholz: Es scheint, als müsse zumindest unser Intellekt noch anwachsen.

Lederberg: Das ist unsere wichtigste Ressource. Die einzige, die nicht abnimmt, wenn es mehr Menschen gibt. Das ist das Wundervolle. Die Bodenschätze werden weniger, je mehr Menschen es gibt. Aber das Wissen bleibt, davon können alle profitieren, ganz egal ob es eine Milliarde oder zehn Milliarden sind.

Klingholz: Glauben Sie wirklich, daß die Intelligenz langfristig ein Evolutionsvorteil der Spezies Mensch ist? Schließlich verdanken wir ihr nicht nur Wissenschaft und Technik, sondern auch Kriege und die Umweltprobleme.

Lederberg: Das mit dem Dreck sollten wir gerade durch die Intelligenz lösen. Die Verschmutzung entsteht, weil es für die Verursacher einfach billiger ist, den Dreck zu ignorieren, als ihn zu vermeiden. Die Kosten dafür tragen andere. Umweltverschmutzung muß hoch besteuert werden. Das wäre eine intelligente Lösung.

Klingholz: Ich habe nicht den Eindruck, als würden wir unsere Intelligenz bei diesen Fragen ausreichend nutzen.

Lederberg: Das ist kein Grund zur Aufregung. Die Welt wird deswegen nicht untergehen. Die Besorgnis wächst ja, und langsam wird das alles besser werden.

Klingholz: Wie wird die Dritte Welt mit dem Bevölkerungswachstum, mit Hunger und Krankheit fertig werden?

Lederberg: Das wird immer schwieriger. Wenn sich dort die medizinischen Bedingungen verbessern, wird es noch mehr Menschen geben. Man löst ein Problem und verursacht damit das nächste, denn dann fehlt es wieder an Geld für eine Gesundheitsversorgung. Den meisten Ländern der Dritten Welt stehen dafür nicht mehr als fünf Dollar pro Jahr und Kopf der Bevölkerung zur Verfügung. Das ist nicht genug. Infektionskrankheiten und Epidemien sind die zwangsläufige Folge.

Klingholz: Ist Aids in der Dritten Welt ein Beispiel für diesen Problemkreis?

Lederberg: Das mit Aids hat zwei Gründe: das Bevölkerungswachstum und die schnellen Transportmöglichkeiten rund um die Welt. Dadurch gibt es heute keine lokal begrenzten Infektionskrankheiten mehr. Wir werden noch mehr solcher Viren zu sehen bekommen, und zwar überall dort, wo die Menschen einen engen Kontakt zu einem großen Parasitenpotential im Dschungel haben. Und man kann nicht voraussagen, ob das harmloser oder schlimmer sein wird als Aids.

Klingholz: Haben Sie mit einer Epidemie wie Aids gerechnet?

Lederberg: Ich habe darüber seit zwanzig Jahren geschrieben. Das ist ein natürliches Phänomen, und es gibt keinen Grund, warum so etwas nicht immer wieder passieren sollte. Ich bin sicher, Aids wird nicht die letzte Epidemie dieser Art sein.

Klingholz: Warum haben sich die Menschen, zumindest in den Industrienationen, lange so sicher vor Infektionskrankheiten gefühlt?

Lederberg: Die Menschen sind leichtgläubig geworden, nur weil es ein paar Impfstoffe gibt und wunderbare Medikamente. Das ist wie in

Erdbebengebieten, in denen es 75 Jahre nicht gebebt hat. Dort bauen die Leute auch wieder Häuser, die einen neuen Erdstoß nicht überstehen werden.

Klingholz: Denken Sie, daß die Wissenschaft mit Hilfe der Gentechnik einen Impfstoff gegen Aids finden wird?

Lederberg: Ja, es ist jedoch unklar, wie wirkungsvoll dieses Vakzin sein wird. Der Grund dafür ist, daß Aids eine so außergewöhnliche Krankheit ist. Es ist die einzige Krankheit, die wir kennen, gegen die unser Immunsystem absolut machtlos ist. Unser Körper bildet zwar Antikörper gegen das Virus, aber die haben keine Wirkung. Ein Impfstoff veranlaßt den Organismus ebenfalls, Antikörper bereitzustellen. Wir wissen nicht, ob das im Falle von Aids hilfreich sein wird.

Klingholz: Was wäre die Folge, wenn es nicht gelänge, einen wirksamen Impfstoff zu entwickeln?

Lederberg: Schlimmstenfalls müßte man warten, bis die Menschheit an das Aids-Virus HIV angepaßt ist. Ich kenne dafür keine Beispiele in der Natur, aber es ist denkbar, daß nur resistente Individuen die Auseinandersetzung mit einem Krankheitserreger überstehen. Aus diesen Überlebenden würde dann eine neue Population erwachsen.

Klingholz: Sie haben selbst geschrieben, das Aids-Virus könnte so weit mutieren, daß es seinen Ausbreitungsweg verändert.

Lederberg: HIV ist ein sehr erfolgreiches Virus, und es macht auf den ersten Blick keinen Sinn, warum es seinen Übertragungsmechanismus noch verbessern müßte. Es wäre in der Tat ein Pyrrhussieg des HIV, wenn es die menschliche Spezies ausrotten würde, denn dann müßte es selbst aussterben. Aber die Evolution richtet sich nicht nach solchen Prinzipien. Mutationen können immer auftreten, und sie können verheerende Konsequenzen haben. Ich will hier keine Panik verbreiten, aber wir wissen von alledem noch sehr wenig.

Klingholz: Es gibt mittlerweile Tausende von Labors, die mit HIV arbeiten. Das Virus wird allen möglichen Chemikalien und künstlichen Bedingungen ausgesetzt. Erhöht das den Evolutionsdruck auf das HIV, so daß es sich dabei womöglich erst recht verändert?

Lederberg: Die Möglichkeit ist da, aber wir haben keine andere Wahl, als mit der Aids-Forschung weiterzumarschieren. Die Aussichten auf ein Ende der Epidemie sind so schlecht, und das Risiko bei der Forschung ist so gering, wir müssen einfach alles tun, was uns einfällt.

Klingholz: Das Experiment, Labormäusen die gesamte Erbmasse des HIV einzubauen, hat aber auch bei manchen Ihrer Kollegen heftige Bedenken ausgelöst.

Lederberg: Vielleicht tragen heute schon zehn Millionen Menschen das Virus in sich. Es ist leicht, das Risiko, das von der Aids-Maus ausgeht, zu übertreiben, aber es ist gering, verglichen mit der Gefahr der Epidemie. Wenn wir solche Experimente, bei denen wir viel lernen können, nicht machen, gehen wir ein viel größeres Risiko ein.

Jörg Albrecht

Strahlenresistente Greifschwanztypen

Obskure Gedanken der Gentechniker

An positiven Utopien hat es in der Geschichte der Genetik nie gefehlt. Die Tatsache, daß die Vererbung eine materielle Grundlage besitzt, hat die Forscher in diesem Jahrhundert zu phantastischen Vorstellungen beflügelt; einen Höhepunkt erreichte die Diskussion Anfang der sechziger Jahre, als die Struktur der Erbsubstanz Desoxyribonukleinsäure (DNA) entschlüsselt und der genetische Code entziffert wurden. Auf einem Symposium der Ciba Foundation trafen sich 1962 in London siebenundzwanzig der damals führenden Biologen, Soziologen, Anthropologen und Mediziner, darunter sechs Nobelpreisträger, um das künftige Schicksal der Menschheit zu diskutieren. «Man and his future» hieß der englische Titel des Symposiumberichts; auf deutsch erschien er – herausgegeben von Robert Jungk und Hans Josef Mundt – unter dem Titel «Das umstrittene Experiment – der Mensch». Viele der Vorschläge, die damals gemacht wurden, wirken aus heutiger Sicht ausgesprochen kühn. Doch die Kühnheit steckt weniger im Gedanken, sondern eher in der Formulierung. Da es heute technisch möglich ist, einige der damals vorgeschlagenen Maßnahmen in die Tat umzusetzen, ist die Sprache gemäßigter geworden. Die Utopie der sechziger Jahre hat uns – zum Teil jedenfalls – längst eingeholt.

Vordenker und Mitinitiator des Ciba-Treffens war Sir Julian Huxley, der führende Evolutionsforscher seiner Zeit und Generaldirektor der UNESCO in den Jahren unmittelbar nach dem Zweiten Weltkrieg. Sein Eröffnungsvortrag war ein Parforceritt durch die Geschichte der Menschheit, mitten hinein in eine schöne neue Welt:

«Wir haben das Vorrecht, in einem entscheidenden Augenblick der Geschichte des Kosmos zu leben; jenem, in dem der gewaltige Evolutionsprozeß in der Person des forschenden Menschen seiner selbst bewußt wird. (...) Das bedeutet gleichzeitig eine Ermutigung und eine

Bedrohung. Die Bedrohung liegt in der offensichtlichen Unvollkommenheit des Menschen als psychosoziales Wesen; sowohl individuell wie kollektiv braucht er dringend Verbesserungen, und er ist ihrer durchaus fähig. Die Ermutigung ergibt sich aus den tatsächlich bis heute erfolgten Verbesserungen. Wenn eine blinde, opportunistische und automatische natürliche Selektion in einigen Milliarden Jahren aus einem Viroid den Menschen schaffen konnte, was könnten dann nicht die bewußten gezielten Anstrengungen des Menschen in einigen Millionen Jahren schaffen, gar nicht zu reden von den Tausenden von Jahrmillionen, die er wahrscheinlich noch vor sich hat? (...)

Die Bevölkerungsexplosion führt uns zu der grundsätzlichen Frage – so grundsätzlich, daß sie meist gar nicht gestellt wird –, wozu sind die Menschen da? Wie auch die Antwort lauten mag, ob dazu, tüchtiger oder mächtiger zu werden, oder, wie ich vorschlagen möchte, dazu, größere «Erfüllung» zu finden, klar ist, daß die allgemeine Qualität der Weltbevölkerung nicht sehr hoch ist, daß sie sich zu verschlechtern beginnt und daß sie verbessert werden könnte und sollte. Die Verschlechterung ist auf genetische Defekte zurückzuführen; die damit behafteten Menschen wären infolge der Selektion verschwunden, hätte man sie nicht künstlich am Leben erhalten. Dazu kommt eine Menge neuer Mutationen durch zunehmende Radioaktivität. Beim modernen Menschen hat die Richtung der genetischen Evolution begonnen, ihr Vorzeichen zu ändern, vom positiven zum negativen, vom Fortschritt zum Rückschritt; wir müssen versuchen, die alte Richtung zur positiven Entwicklung wiederherzustellen. (...)

Die Verbesserung der genetischen Qualität des Menschen durch eugenische Verfahren würde eine große Last an Leiden und Qual von den Schultern der Menschheit nehmen und zur Steigerung der Lebensfreude und der Tüchtigkeit beitragen. Ich möchte ein Beispiel geben: Theoretisch könnte der Pegel der allgemeinen Intelligenz durch eugenische Selektion angehoben werden; und selbst ein leichter Anstieg würde einen merklichen Zuwachs an hochintelligenten und tüchtigen Leuten ergeben, die wir brauchen, um unsere immer komplizierteren Gemeinschaften zu lenken. So würde ein Ansteigen des mittleren Intelligenzquotienten (IQ) um 1,5 Prozent, also von 100 auf 101,5 bedeuten, daß 50 Prozent mehr Menschen mit einem IQ von 160 und darüber zur Welt kämen. Für mich ist es eine erregende Tatsache, daß der Mensch, nachdem er seiner Vorherrschaft und seiner zentralen Stellung im Weltall beraubt war und die Rolle eines unbedeutenden Bewohners eines kleinen abseitsliegenden Planeten unter vielen Millionen von Sternen erhalten hatte, jetzt wieder in eine Schlüsselstellung gerückt ist; er wurde zu einem der seltenen Vorläufer oder Fackelträger oder Sachwalter – suchen Sie eine Metapher nach Ihrem Geschmack! – des Fortschritts im kosmischen Prozeß der Evolution. (...)»

Zu den jüngsten Teilnehmern des Ciba-Symposiums zählte der damals gerade 37jährige Nobelpreisträger und Molekularbiologe Joshua Lederberg. Er vertrat ebenfalls den Standpunkt, der Mensch sei genetisch durchaus verbesserungswürdig:

«Die Molekularbiologie hat kürzlich den Mechanismus der Vererbung entdeckt, und nun können wir sagen, daß die wichtigsten Merkmale irdischen Lebens von der Experimentalchemie aufgeklärt werden. Viele Rätsel der Vererbung sind schon heute erstaunlich einfach gelöst worden. (...)

Jetzt können wir den Menschen definieren. Genotypisch besteht er jedenfalls aus einer 180 Zentimeter langen bestimmten molekularen Folge von Kohlenstoff-, Wasserstoff-, Stickstoff- und Phosphoratomen – das ist die Länge der DNA, die im Kern des Ursprungseies und im Kern jeder reifen Zelle zu einer dichten Spirale gedreht ist, die fünf Milliarden gepaarte Nukleotide lang ist. (...)

Die meisten Genetiker, so weit im übrigen auch ihre Ansichten auseinandergehen mögen, machen sich ernste Sorgen um Zustand und Aussichten des menschlichen Genotypus. (...)

Aber selbst wenn diese Mängel erträglich oder neutralisiert oder wenn sie auch nur falsch dargestellt wären, verschwenden wir nicht trotzdem auf sündhafte Weise einen Schatz des Wissens, wenn wir die schöpferischen Möglichkeiten genetischer Verbesserungen vernachlässigen? Muß nicht die gleiche Kultur, die auf einmalige Weise die Möglichkeit globaler Vernichtung geschaffen hat, auch ein Höchstmaß an intellektueller und sozialer Einsicht schaffen, um ihr eigenes Überleben zu sichern? Aber müssen dazu unbedingt Verfahren der Tierzucht auf den Menschen übertragen werden? Dazu möchte ich zunächst bemerken, daß die Technik der menschlichen Genetik schrecklich unbeholfen ist, selbst wenn man sie an den Praktiken der heutigen Landwirtschaft mißt. Innerhalb weniger Generationen könnten wir einige Kunstgriffe von unschätzbarem Wert erlernen. (...) Ich könnte mir vorstellen, daß wir unter diesen Voraussetzungen sehr bald die Grundlagen besitzen werden, eine Technik zu entwickeln, um beispielsweise die Größe des menschlichen Gehirns durch vorgeburtliche oder frühe nachgeburtliche Eingriffe zu regulieren.»

Was die praktische Umsetzung von Lederbergs Vorschlägen anging, so hatte sich ein anderer Nobelpreisträger, Francis Crick, einer der Mitentdecker der DNA-Struktur, bereits weitreichende Gedanken gemacht:

«Ich möchte mich auf eine bestimmte Frage konzentrieren: Haben die Menschen überhaupt das Recht, Kinder zu bekommen?

Wie wir hörten, wäre es für die Regierung nicht sehr schwierig, der Nahrung etwas beifügen zu lassen, was den Nachwuchs unterbindet. Außerdem könnte sie – das ist hypothetisch – ein anderes chemisches Mittel bereithalten, das die Wirkung des ersten aufhebt und das nur solche Leute erhalten, deren Fortpflanzung erwünscht ist. Das wäre keineswegs indiskutabel. Gilt allgemein die Ansicht, daß ein Recht auf Kinder besteht? Das wird zwar in der christlichen Ethik als sicher angenommen, aber von der humanistischen Ethik her sehe ich nicht ein, wodurch generell ein Recht auf Kinder zu begründen sein soll. Wenn man die Menschen davon überzeugen könnte, daß ihre Kinder keineswegs Privatangelegenheit sind, so wäre das ein gewaltiger Fortschritt. Die zu beantragende Erlaubnis für das erste Kind könnte unter verhältnismäßig einfachen Bedingungen gegeben werden. Sind die Eltern genetisch belastet, so erhalten sie nur für ein Kind die Genehmigung, unter besonderen Umständen vielleicht für zwei. (...)»

Gegen Ende des Symposiums hielt der Genetiker J. B. S. Haldane einen Vortrag über «Biologische Möglichkeiten für die menschliche Rasse in den nächsten zehntausend Jahren». Einige der heute noch lebenden Teilnehmer des Ciba-Symposiums behaupten, seine Ausführungen hätten nur der allgemeinen Erheiterung gedient. Doch ihre Diskussionsbeiträge waren ganz ernsthafter Natur und zeigten, daß sie das Ganze nicht als humoristische Einlage betrachteten. Haldane prophezeite unter anderem:

«Wenn die klonische Fortpflanzung möglich sein sollte, wird man vermutlich die meisten Klone von Leuten machen, die mindestens fünfzig sind, außer bei Athleten und Tänzerinnen, die jünger geklont werden könnten. Man würde Menschen dafür auswählen, die sich in allgemein anerkannter Weise ausgezeichnet haben. Manchmal bliebe es auch dem Zufall überlassen. Die klonischen Nachkommen von Arthur Rimbaud würden vielleicht unter günstigen Lebensbedingungen keinerlei Neigung zur Dichtkunst zeigen und zweitklassige Baumeister werden. Klone dieser Art würden dann nicht weitergezüchtet. Andere Klone wären die nichtsexuellen, ohne Begattung erzeugten Nachkommen von Leuten mit sehr seltenen Anlagen, deren Wert problematisch scheint, beispielsweise: dauernde Dunkeladaption, Fehlen des Schmerzempfindens und besondere Fähigkeiten der viszeralen Wahrnehmung und Steuerung. Hundertjährige würden, wenn es möglich ist und wenn sie einigermaßen gesund sind, grundsätzlich geklont; nicht weil Langlebigkeit unbedingt erwünscht wäre, sondern weil Unterlagen über mögliche Erwünschtheit benötigt würden. (...)

Außerirdische Lebensbedingungen weichen am eindeutigsten in der Schwerkraft, der Temperatur, dem Luftdruck, der Luftzusammensetzung und der Strahlung (einschließlich energiereicher Materieteilchen) von unseren ab. Ein Gibbon ist dem Leben in einem schwächeren Schwerefeld wie in einem Raumschiff, auf einem Asteroid oder vielleicht sogar auf dem Mond von vornherein offenbar besser angepaßt als der Mensch. Noch mehr gilt das für Affenarten mit Greifschwänzen. Durch Pfropfen von Genen könnten solche Eigenschaften auch der menschlichen Rasse angezüchtet werden. Menschen, die ihre Beine durch Unfall oder Mutation verloren haben, wären als Astronauten besonders geeignet, denn die Beine des Menschen und ein großer Teil des Beckens sind in diesem Fall nicht nötig. Wenn man ein Medikament entdeckte, ähnlich dem Thalidomid, aber nur auf die Beine und nicht auf die Arme wirkend, könnte man die Mannschaft des ersten Raumschiffes zum *Alpha Centauri* damit behandeln. Das Gewicht und der Bedarf an Nahrung und Sauerstoff würden dadurch vermindert. Besser noch wäre eine regressive Mutation zur Gestalt unserer Vorfahren im mittleren Pliozän mit Greiffüßen und einem affenähnlichen Becken. In nächster Zukunft wird der Mensch schwerlich hohen Gravitationsfeldern ausgesetzt sein, wie sie z. B. auf der festen oder flüssigen Oberfläche des Jupiter bestehen. Wahrscheinlich wäre es unter solchen Bedingungen gut, vier Beine oder wenigstens sehr kurze Beine zu haben. Ich würde auf dem Jupiter einen achondroplastischen einem normalen Menschen vorziehen. (...)

Widerstandsfähigkeit gegen Strahlung ist für Astronauten sicher eine wünschenswerte Eigenschaft. Vielleicht kann sie erreicht werden, vielleicht auch nicht. Bei einigen Bakterien ist es eine, wenn auch seltene, erbliche Eigenschaft. Falls es zu einem Atomkrieg kommt, werden die Überlebenden auf ihre Strahlungsresistenz selektiert sein, wenn eine solche Selektion möglich ist. Danach sind sie als Astronauten brauchbarer. Und selbst wenn die Gefahr übertrieben wäre, hätte es Sinn, strahlungsresistente Typen zu züchten, sobald wir wissen, wie man es macht. (...)

So könnte es dahin kommen, daß die Menschen sich in zehntausend Jahren von uns nicht nur in Verbesserungen, sondern auch in Anlagen und Bestrebungen derart unterscheiden, daß es zwecklos ist, diese Gedanken noch weiter auszuspinnen. (...) Ich habe mein eigenes Utopia gezeichnet oder, wie mancher Leser vielleicht annehmen wird, meine eigene private Hölle. Ich rechtfertige mich damit, daß immerhin auch utopische Entwürfe den Lauf der Geschichte beeinflußt haben.»

Mathias Greffrath

Wir brauchen wüste Pessimisten

Gespräch mit dem Biochemiker und Kulturkritiker Erwin Chargaff

Erwin Chargaff wurde 1905 in Czernowitz geboren. Er studierte in Wien Chemie und hörte die Vorlesungen von Karl Kraus, ging 1934 über Paris nach Amerika. An der Columbia-Universität in New York forschte und lehrte er vierzig Jahre lang, zuletzt als Leiter des Instituts für Biochemie. Seine Arbeiten über die Basenpaarungen waren entscheidend für die Entdeckung der Doppelhelix der DNA. Chargaff ist Mitglied der National Academy of Sciences der USA. In Deutschland ist er in den letzten Jahren vor allem durch seine Autobiographie «Das Feuer des Heraklit», zahlreiche wissenschafts- und kulturkritische Essays und öffentliche Vorträge gegen die Gentechnik bekannt geworden.

Greffrath: Wenn man mit jüngeren Wissenschaftlern über Sie spricht, dann sagen die: «Ach ja, der Chargaff.» – und das in einer schwer zu definierenden Mischung von schlechtem Gewissen und Verachtung.

Chargaff: Na ja, in Amerika hat immer ein Kult der Jugend geherrscht, der auf die Anfänge des Landes zurückgeht. *Novus ordo rerum* steht auf meiner schmutzigen Ein-Dollar-Note: eine neue Ordnung der Dinge. «Neu» ist immer ein hohes Prädikat in Amerika, und leider Gottes hat das auch auf das geistige Leben übergegriffen. Und wenn die sagen: «Ja, der Chargaff», dann haben sie zum Teil recht: Ich bin jetzt älter als 82, ein alter Mann, und war immer ein *enfant terrible*. Aber von meinen Arbeiten mußte ich nichts zurücknehmen. Natürlich ist unterdessen die Wissenschaft der ganzen Welt zusammengewachsen zu einer Art zu groß gewordener Sekte. Die hat ihr eigenes Budget, besoldet ihre Lobbies, übt großen Einfluß auf den Kongreß aus. Sie hat Querverbindungen zur Industrie, weil ja die Physik der Industrie Riesenaufträge verschaffen kann. Und in dem Moment, wo die Wissenschaft einen so großen Einfluß hat, bekommen die Wissenschaftler eine Gewerkschaftsmentalität: Kein Vogel darf sein Nest beschmutzen. Andere Nester darf man beschmutzen. Als Chemiker darf man sagen: Es geht soviel Geld fürs Ballett drauf, aber um Gottes willen nicht, daß wir größere Sorgen haben, als drei Milliarden auszugeben für «the mapping of the human genome», also für die Analyse des gesamten Genoms eines Menschen.

Greffrath: Sie halten das für eine sinnlose Angelegenheit?

Chargaff: Man wird das Genom vermessen und dann sagen: Alle Menschen sind krank. Es gibt ja nicht *das* menschliche Wesen. Es ist ja jeder verschieden. Ich halte es für dumm und für einen Trick, viel Geld zu bekommen. Sie wollen in der Molekularbiologie auch so etwas haben wie die Teilchenphysiker: CERN und andere schöne Riesenanlagen, die viele Wissenschaftler beschäftigen können.

Greffrath: Praktischen Nutzen erkennen Sie nicht?

Chargaff: Nein. Sie werden fraglos neue Krankheiten entdecken und erzählen, daß sie die heilen können, wieder mit Gentechnologie. Es ist der Leerlauf einer teuflischen Maschinerie. Das kann nur gestoppt werden durch Verarmung, Verblödung oder durch eine Katastrophe, die die Bevölkerung so dezimiert, daß sie wirklich andere Sorgen hat.

Greffrath: Sie sind der einzige fundamentalistische Gegner der Gentechnik, der aus der Branche selbst kommt.

Chargaff: Ich bin kein Fundamentalist. Ich bin nur immer ein altmodischer Mensch gewesen und habe mich geweigert, mich dieser Tempoveränderung anzupassen. Ich habe die alte Zeit noch erlebt vor der *big science.* Ich bin kein besonderer Verherrlicher dieser alten Zeit, aber wir müssen uns einmal klarmachen, was geschehen ist. Aus Gründen, die ich immer noch nicht ganz verstehe, hat das Tempo der Adaption neuer wissenschaftlicher Befunde sich auf etwa ein Zehntel der Zeit verringert, die sie früher dauerte. Zweihundert Jahre vergingen zwischen der ersten Beschreibung der Elektrizität und den Stromwerken vom Ende des letzten Jahrhunderts. Sieben Jahre zwischen Hahn und Straßmann und Hiroshima. Mit der Gentechnologie ging es fast noch schneller. Ich würde sagen, drei bis vier Jahre nach den ersten Untersuchungen haben sich die Venture-Kapitalisten zusammengefunden, um Gesellschaften zu gründen.

Greffrath: War das zur Zeit Ihrer Forschungen noch nicht abzusehen, daß es dahin gehen würde – in die Praxis, ins Geschäft?

Chargaff: Nein. Absolut nicht. Ich würde noch weiter gehen: Wenn Sie sich dieses abscheuliche Symposium anschauen, «Man and his future», das im Jahre 1962 von der Ciba organisiert wurde, dann würden Sie sehen, daß diese großen genetischen Zauberer, die da versammelt waren, alles mit Augenzwinkern vorgebracht haben. Die haben doch nicht gedacht, daß irgendeine dieser Zukunftshoffnungen innerhalb von zehn oder fünfzehn Jahren realisierbar sein würde. J. B. S. Haldane zum Beispiel, ein guter Freund von mir, ein bedeutender Physiologe und Biochemiker, stand bei diesem Kongreß auf und sagte: Ja, also man wird Menschen ohne Gliedmaßen züchten müssen, besonders ohne Beine, damit sie in die kleinen Raumkapseln hineinpassen. Hände werden sie haben müssen, Greifarme, denn sie müssen ja die Tasten drükken und so weiter. Und das wird möglich sein durch Veränderungen am Gen. So etwas sagt ein Mensch wie Haldane nur dann, wenn er nicht nur an die Unrealisierbarkeit glaubt, sondern eigentlich einen Witz machen will.

Greffrath: Das heißt, man soll diese Sprüche von damals gar nicht so ernst nehmen?

Chargaff: Doch, schon. Was der Lederberg zum Beispiel sagte, ist dummes Zeug: Der Mensch sei nichts anderes als anderthalb Meter DNA oder so ähnlich. Das haben die schon geglaubt. Oder der Crick, der sagte, man müsse dem Trinkwasser ein Gift beimischen für die Menschen, von denen man nicht wolle, daß sie sich reproduzieren. Wie man die aussuchen soll, sagte er nicht. Da haben Sie's schon wieder: Der Crick ist doch kein dummer Mensch, das kann er nicht ernst gemeint haben. Das war damals für die Leute eine Art unverantwortlicher Utopie, also eine Art 3084.

Greffrath: Ihre Entdeckungen machten Sie, als es *big science* noch nicht gab. Sie wollten einfach wissen, wie die Vererbung funktioniert. Woher kam dann dieses Anwendungsinteresse?

Chargaff: Ein begeisterter Diabolist wird sagen, der Teufel ist aufgewacht und hat das alles beschleunigt. Aber so einfach ist es nicht. Viel davon ist der amerikanische Geist: daß sogar der Angstschrei des Schweins im Schlachthof von Chicago noch irgendwie verwertbar sein müsse. Früher sagte man immer: «They use everything but the squeak of the pork.» Heute also verwendet man auch «the squeak of the pork»: für akustische Zwecke, für Forschungen, für Hintergrundmusik im Fernsehen, für ich weiß nicht was. Wenn man früher in die

Medizin-Fakultät der Columbia-Universität ging, saßen die Leute da und haben Stipendienanträge geschrieben. Heute sitzen sie über Patentanträgen.

Greffrath: Die Entdeckungen, von denen wir jetzt reden, fallen in die Zeit nach Hiroshima. Das heißt in eine Zeit, in der das Bewußtsein für die Folgeprobleme von Wissenschaft hätte geschärft sein müssen.

Chargaff: Nun gut, aber wir haben leider viel mehr auszulöffeln als die meisten Generationen vor uns. Denn wir haben unsere Unschuld verloren. Oppenheimer, glaube ich, hat gesagt: Die Wissenschaft hat am Tag von Hiroshima ihre Unschuld verloren. Er selbst hat sie eigentlich schon vorher verlieren müssen, denn das Manhattan-Projekt war eigentlich das erste wissenschaftliche Konzentrationslager. Damals wurden viele hochbegabte Wissenschaftler, Physiker und Chemiker unter starker militärischer Bewachung eingesperrt, und man hatte ihnen gesagt: Play and kill, spielt und tötet. Diese Wissenschaftler haben gewußt, daß sie eine große und unselige physikalische Entdeckung – die Spaltung des Atoms – ausnützen zum größten Massenmord der Weltgeschichte. Was sie komischerweise nicht gewußt haben, ist, daß die Strahlung länger dauern wird und daß sie auch die Zukunft gefährdet. Für das, was hinterher geschieht, daß die Erde für Jahrhunderte verseucht ist, haben sie sich nicht interessiert.

Greffrath: Offensichtlich ist die institutionalisierte Wissenschaft unfähig, aus diesem Unwissen von damals heute für die Gentechnik zu lernen.

Chargaff: Weil es ja völlig anders aussieht. Die Atomenergie ist nicht vergleichbar mit der Nuklearenergie der Zelle. Niemand stirbt ja, niemand geht zugrunde. Es ist eine Explosion, wenn ich es so sagen darf, des menschlichen Gewissens. Wir haben mit der Gentechnik die Brutalisierungsstufe des menschlichen Denkens und der menschlichen Einbildungskraft sozusagen um einen Kilometer erhöht. Plötzlich werden Sachen als durchaus annehmbar und denkbar empfunden, die noch meine Großeltern gar nicht erwogen hätten, weil sie nicht diskutiert wurden. Ich glaube nicht, daß zum Beispiel damals überhaupt hätte diskutiert werden können, was ich heute über die Parkinson-Operationen lese, bei denen man das Gehirngewebe von einem Fötus in das Gehirn des Kranken transplantiert. Angeblich geschieht etwas Gutes. Ich glaube, hauptsächlich geschieht dem Chirurgen, der das macht, etwas Gutes. Nun wird schon heute geleugnet (und das ist für mich der erste Beweis, daß es geschehen wird), daß man daran denke, Föten für diesen Zweck zu züchten. Aber es ist nur ein Schritt von der Verwendung von Föten aus Spontanabtreibungen hin zu kleinen Fabriken, in denen man mit künstlicher Befruchtung eben diese Menscherln macht, die man dann verwendet.

Greffrath: Das heißt, ob nun Gentherapie, Keimbahntherapie oder andere Sparten der Biomedizin – Sie erwarten, daß alles, was machbar sein wird, auch gemacht wird?

Chargaff: Unbedingt. Unbedingt. Weil die Moral aus Gummi ist, es immer gewesen ist, sich leichter anpaßt als vieles andere. Ich glaube, alles, was Geld bringt, wird tatsächlich gemacht werden. Meine einzige Hoffnung ist, daß die Biotechnologiefirmen, die das machen, zum großen Teil zusammenkrachen werden. Vorläufig ist ja erstaunlich wenig herausgekommen. Ich weiß eigentlich wirklich nur vom Insulin und von dieser Activase, diesem Blutgerinnungsmittel. Interferon hat sich ja als Niete herausgestellt, nachdem man es zunächst groß aufgeblasen hat. Und dann gibt es angeblich noch irgendein Wachstumshormon. Erstaunlich wenig für das Geld, das die Forschung kostet, für die Gehälter, die bezahlt werden – erstaunlich wenig.

Greffrath: Ist das Skepsis über das, was man machen kann? Oder eine Gewißheit, daß sehr wenig möglich sein wird?

Chargaff: Nein, möglich ist, daß vieles möglich sein wird. Man kann ja keinen Wechsel auf die Zukunft unterschreiben. Das Wesentliche in der Wissenschaft ist, und das ist so geblieben, daß praktisch noch alles möglich ist, was einem nur möglich erscheint, inklusive der Erschaffung des Lebens. Obwohl ich glaube, dies wird wahrscheinlich nicht gelingen. Man wird dann sicherlich schwindeln und sagen: Das hier lebt. Das ist wie mit dieser Maus, die jetzt gerade patentiert wurde. Es ist doch vollkommen grotesk: Der Mann hat doch die Maus nicht gemacht, er hat nur irgendwie dieses unglückliche Tier jetzt zum Krebsträger gemacht und eine Rasse gezüchtet, die hundertprozentig Krebs kriegen wird. Nun, das verdient doch wirklich eine diabolische Ohrfeige: Tiere zu züchten, die schmerzhaft und frühzeitig zugrunde gehen.

Greffrath: Und die Begründung, man tue dies, um den Krebs beim Menschen zu bekämpfen?

Chargaff: Angeblich, angeblich. Es ist so wie in der Höhle der Trolle, wo dem Peer Gynt alles so verschwommen erscheint und er nichts richtig sieht. Da sagen ihm die Trolle: Ja, du mußt eine kleine Augenoperation unternehmen, dann wirst du Trollaugen bekommen und alles in herrlicher, strahlender Klarheit sehen. Heute wird nun jedem Menschen dieses Trollauge eingesetzt, und dann sieht er alles ganz anders. Wenn heute noch Leute gegen Leihmütter protestieren, wird es bald schon eine Akademie für Leihmütter geben, mit Ehrungen und einem Oscar für preisgekrönte Leihmütter.

Greffrath: Und das Ziel, Krebs abzuschaffen, legitimiert für Sie gar nichts?

Chargaff: Kein Mensch kümmert sich darum. Tatsache ist, daß die Krebsinstitute an ihrer eigenen Erhaltung arbeiten und nicht an der Abschaffung des Krebses.

Greffrath: Sie halten die ganze Geschichte für Scharlatanerie?

Chargaff: Na ja, schon wieder: nicht einzelnes. Wenn ich eine Stelle als Abteilungsleiter in einem Krebsinstitut hätte und da schöne Arbeit machen könnte über Enzymrezeptoren, würde ich ja nicht das Gefühl haben, daß ich jemanden betrüge. Der einzelne betrügt ja nicht. Nur der Name: Krebsinstitut, Krebsforschung. Es gibt sehr gute Leute: Pathologen, Zytologen und so weiter, die herrlich erkennen können, welche Art von Krebs jemand hat und wie die Aussichten sind und so weiter. Im Praktischen aber sind wir nicht sehr weit gekommen.

Greffrath: Die Gentechnik sei das «Auschwitz der Biologie», haben Sie einmal gesagt...

Chargaff: Diesen Titel hat tatsächlich *Nature* erfunden: «molekulares Auschwitz». Aber wie soll man das nennen, wenn man wirklich anfangen wird, Menschlein zu züchten, zu allem und jedem Zweck? Schauen Sie, angeblich verwendet die kosmetische Industrie auch schon seit Jahren Material aus der Placenta. Wenn ich es gekonnt hätte, hätte ich das verboten. Man müßte einfach den Menschen einprägen, daß in der menschlichen Gesellschaft ein gewisser Respekt notwendig ist: also zum Beispiel ein anständiges Begräbnis von Leichen ohne Verwertung. Immer wieder höre ich, in Auschwitz hätten sie selbst die Goldzähne verwertet. Wenn man Gehirne herausnimmt: Ist das viel besser als Goldzähne?

Greffrath: Wenn man die Molekularbiologie vergleicht mit anderen großen Entdeckungen: Wo würden Sie sie einreihen?

Chargaff: Ich würde sagen, die Entdeckung des Oswald Avery, der ja einer meiner Apostel ist, daß die DNA die Trägerin der Erbinformation ist, die ist sicherlich von erstrangiger Bedeutung, vergleichbar mit Mendel. Crick und Watson sind schwer einzuordnen. Wenn man die Größe eines wissenschaftlichen Konzepts daran messen würde, wie viele Arbeitsplätze es geschaffen hat, dann ist die Doppelhelix natürlich erstklassig. Sie hat einer ganzen Generation eigentlich zu sehr guten Jobs verholfen. Aber es wäre sehr gut gewesen, wenn dieses Konzept zehn Jahre später aufgekommen wäre. So hat es gewisse Sachen vorzeitig abgeschnitten.

Greffrath: Zum Beispiel?

Chargaff: Zum Beispiel: Sie lesen, daß es vier Bestandteile der DNA gibt, also Adenin, Cytosin, Guanin und Thymin, und die bilden den Code. Wieviel DNA hat man sich eigentlich angeschaut, seit wir mit unseren Analysen aufgehört haben? Wir haben uns damals in unserem Labor vielleicht zehn, zwölf, fünfzehn angeschaut und die Spektren jedes Bestandteils bestimmt. Und es gibt Millionen davon.

Greffrath: DNA von verschiedenen Arten?

Chargaff: Ja, aber sehr verschiedenen. Kein Mensch hat wahrscheinlich einen Fisch angeschaut, oder sicherlich gibt es keine Beschreibung der Känguruh-DNA. Vielleicht wird einmal einer kommen und durch Glück in irgendeinem Käfer eine ganz andere Art Nukleinsäure finden. Und das wird eine Riesenrevolution sein, entstanden durch die reine Unachtsamkeit von heute.

Wir ersticken doch am vorzeitigen Reduktionismus. Mit Reduktionismus meine ich die philosophische oder wissenschaftliche Haltung, daß man aus gewissen Prämissen schließt: Das ist alles, was wir zu wissen brauchen, um eine Konklusion zu erzeugen. Und dann heißt es: Zellteilung ist *nichts als* Wachstum, oder Genetik ist *nichts als* die Gene und die DNA. Dieses «nichts als» ist der Reduktionismus.

Greffrath: Gilt es auch für die Praxis, also für die Gentechnik?

Chargaff: Ja, die ist rein maschinell. Da ist wirklich nichts dahinter. Es gibt den blöden und wahrscheinlich falschen Gedanken, daß irgend jemand das Gen bereits isoliert hat. Im Grunde hat kein Mensch je ein Gen isoliert. Meiner Meinung nach haben sie nur ein Stück von der DNA herausgefischt und ihm eine Frage gestellt. Und sagt die DNA «Ja», dann heißt es: Das ist das Gen für dieses oder jenes. Aber wenn man nicht genug Fragen stellt, kriegt man nicht genug Antworten. Vielleicht liegt ja alles mögliche andere auch noch auf diesem Stück DNA. Das ist ja eines meiner Argumente gegen die Gen-Transplantation: daß man nie weiß, was man noch alles hineinbringt. So einfach ist das nicht, das Gen wird ja nicht in leuchtenden Orangefarben markiert, so daß man weiß: Hier ist die Grenze. Es gibt so viele verbotene Vereinfachungen in all dem, was da propagiert wird – da ist gar kein Ende. Selbst die Prämisse, wir kennen alle Bestandteile der DNA, kann sich sehr gut als wirklich falsch herausstellen.

Greffrath: Heißt das, daß man jetzt an bestimmten Stellen nicht weiterkommt, weil die DNA nicht alles ist?

Chargaff: Es könnte sein. Ich habe früher gesagt, wir vernachlässigen völlig den Proteinbestandteil der Kerne. Wir beschränken uns zu sehr auf die DNA, weil es dort gerade so viel zu entdecken gibt. Was ich sagen wollte, ist nur: Es ist durchaus denkbar, daß in ein paar Jahren oder ein paar Jahrzehnten irgendwo ein Donnerschlag erfolgt.

Greffrath: Das alles heißt ja, daß eine Wissenschaft, der es noch darauf ankäme, zunächst einmal zu sehen, wie alles zusammenhängt, sich systematisch Bremsen anlegen müßte. Wie soll das geschehen?

Chargaff: Ursprünglich war ich für eine Monopolisierung der Gentechnik durch den Staat. Über Fragen der Genetik sollte nur in Regierungslaboratorien gearbeitet werden. Meine einzige Absicht dabei war, das Ganze möglichst zu verlangsamen. Denn wenn die Regierung das Monopol hat, geht alles viel langsamer – besonders in Amerika, aber überall auf der Welt, glaube ich. Wenn nur das Bonner Gesundheitsministerium ein Institut für Genforschung hätte, und die würden die einzigen in Deutschland sein, könnten Sie hundert Jahre lang ruhig schlafen, nicht wahr?

Greffrath: Nun sagen die Genforscher immer, sie täten ja nichts anderes als die Natur selbst.

Chargaff: Nur, wenn die Natur das getan hat, dann hat sie Millionen Jahre dazu gebraucht. Und die tun es in drei Wochen. Es wäre undenkbar, daß die Natur von heute auf morgen eine Mutation hervorbringen würde, so daß aus einem Esel ein Pferd wird. Das alles muß langsam gehen. Wir denken sowieso schon in Maßstäben, die für die Natur völlig unnatürlich schnell ist. Und nun haben wir das noch einmal unnatürlich schnell beschleunigt.

Das ist ja bei allem so, nicht nur bei Mutationen. Früher haben die Menschen ihr Schicksal mit größerer Geduld ertragen, als heute jemand die Abwesenheit irgendeiner speziellen Haferflockensorte ertragen könnte. Wenn es heute eine Woche lang in Amerika keine Cornflakes gäbe, dann würden die Leute mehr ächzen, als sie jahrhundertelang über den Ruß der Kerzen geächzt haben. Heute wird uns gesagt, es sei eine Katastrophe, wenn die neue Raumfähre nicht innerhalb eines Jahres aufsteigen wird. Was ist schon geschehen? Die Raumfähre ist nicht aufgestiegen. Aber mir wird eingeimpft, daß es unerträglich sei, daß ich nicht existieren könne, wenn das nicht morgen geschieht.

Greffrath: Zum Staatsmonopol für Gentechnik ist es nicht gekommen. Was kann man außerdem noch tun, um die Forschung zu verlangsamen?

Chargaff: Man müßte den Advokaten beibringen, wie sie erfolgreich Schadenersatzprozesse durchführen könnten. Da ist enorm viel zu holen in Amerika. Das wäre eine andere Methode, es zu stoppen. Wenn irgendeiner dieser kleinen *Fly-by-night*-Konzerne zu fünfzehn Millionen Dollar Strafe verurteilt wird, dann macht der zu.

Und weiter denke ich, es sollten die öffentlichen Aufpasser einmal schauen, wie hoch die Kosten des menschlichen Insulins sind und ob sie wirklich hinuntergehen – wie man es behauptet – für das genetisch erzeugte. Denn ich glaube, sie sind höher als je. Ich bezweifle, daß irgend etwas jemals billiger werden wird durch Gentechnik. Und dann sollte es ein Pressegesetz geben, das die Presse verpflichtet, immer wenn sie über eine erfolgreiche Operation, einen wunderbaren Eingriff, ein geniales Experiment berichtet hat, auch die Nachgeschichte zu berichten. Wie schaut der Mann nach einem Jahr aus? Lebt er noch? Was ist geschehen? Ich glaube nämlich, wir werden vollkommen an der Nase herumgeführt. Die große Operation passiert heute, und in drei Tagen ist er tot. Und das sagt man uns meistens nicht. Dasselbe gilt für die Gentechnik. Ich möchte wissen: Was ist der Nutzen? Wo ist die Bilanz? In der Medizin ist es erstaunlich wenig. Es gibt Blutactivase, das angeblich bei Herzerkrankungen wirkt. Es ist aber so teuer, daß eine Behandlung, glaube ich, 50000 bis 100000 Dollar kostet.

Greffrath: Die amerikanische Krankenversicherung bezahlt es bei den über 60jährigen gar nicht, weil es zu teuer ist.

Chargaff: Niemand kann es bezahlen – außer ein paar Millionären.

Greffrath: Aus ihren Worten höre ich aber kein kategorisches Nein, sondern ein Plädoyer für lange Prüfzeiten.

Chargaff: Ja, weil wir auf der praktischen Seite geredet haben. Eigentlich will ich aber von etwas anderem reden, von der neuen Brutalisierungsstufe, die nie wieder verschwinden wird, von der dauernden

Gewöhnung dieser Gesellschaft an immer neue Greuel – nur weil man sagen kann: Das ist nützlich.

Greffrath: Aber Rückkehr zur Natur geht auch nicht. Wir haben doch diese «Natur» gar nicht mehr, von der Sie reden.

Chargaff: Nein, nein, nein. Die ist ja auch nicht mehr restaurierbar, außer durch eine Katastrophe – dann wird sie vielleicht nach einigen zehntausend Jahren wiederkommen. Aber es gibt keinen Menschen, der zu sagen wagt, daß die Überfüllung der Welt durch eine furchtbare Katastrophe aufgehalten werden wird.

Ich glaube nach wie vor an die Weisheit des Systems – wenn wir es in Ruhe lassen. Die Welt hat sich ohne Menschen für Millionen Jahre durchgewurschtelt, und sie wird es weiter tun, wenn der Mensch die Ozonschicht vollkommen zerstört hat und die Gletscherzone zum Schmelzen bringt.

Greffrath: Was setzen Sie gegen die *quick fixes*? Also gegen die Versprechen, bessere Tiere, bessere Pflanzen, mehr Gesundheit herzustellen mit Gentechnik, und Medikamente gegen Aids und Herzinfarkt?

Chargaff: Zunächst möchte ich ein Moratorium von drei Jahren. Und dann in jedem Land einen Volkskongreß, der Bilanz zieht. Das kann man ja statistisch machen. Zum Beispiel, wenn die Krebssterblichkeit zunimmt und immer mehr Geld in die Krebsforschung gepumpt wird, dann ist das doch ein Zeichen dafür, daß das verlorenes Geld ist, daß es vielleicht besser wäre, Häuser für die armen Obdachlosen in New York zu bauen. Und wenn sich aufgrund dieser Bestandsaufnahme zeigt, daß gewisse Sachen nicht funktionieren, dann würde ich den Wissenschaftsbetrieb verkleinern. Man müßte nur den Druck aller Lobbies gleichzeitig ausschalten können – den Druck sowohl der Gewerkschaften, wie der Industrie, wie der Obdachlosen, wenn Sie wollen, und Gott weiß was noch.

Greffrath: Wer soll das machen?

Chargaff: Eine Revolution. Es ist nichts anderes denkbar. Und zwar eine Revolution von der Art, die kein Mensch formulieren kann.

Greffrath: Das sind sehr unpraktische Gedanken.

Chargaff: Drei Jahre Nachdenken nicht. Zumindest der Volkskongreß ist kein so unmöglicher Gedanke. Jemand Geschickterer als ich könnte so etwas schon veranstalten.

Greffrath: Es scheint, daß in dieser Frage von allen wirtschaftlich potenten großen Nationen die Deutschen am ehesten eine Art von

Skepsis gegenüber der Gentechnik haben. Wie kommt es, daß die Deutschen da sensibler sind?

Chargaff: Aus guten und aus schlechten Gründen. Einerseits sind die Deutschen mehr geneigt zu Schwärmerei und Mystizismus – ich meine, Blubo war zwölf Jahre lang eine gültige Religion in Deutschland. Und es ist ja was dran, an der Altromantik: der dichte schöne Wald. Andererseits haben sie schlechte Erfahrungen mit dem Rattenfänger von Braunau in den dreißiger Jahren gemacht und sind infolgedessen gegen Versprechungen sofortigen Glücks etwas skeptischer als die Amerikaner, die jedem Evangelisten zum Opfer fallen. Die Amerikaner interessieren sich auch nicht für ihr Gemeinwesen und auch nicht wirklich für die Zukunft.

Greffrath: Also ist es doch der staatsfreie Kapitalismus, der die Entwicklung so vorantreibt?

Chargaff: Ja. Und zwar ist es ein nicht mehr definierbarer Multikapitalismus. Ich glaube, es gibt neue Staaten. Ich glaube, Nestlé ist ein Staat und nicht mehr eine Schweizer Gesellschaft... Dabei ist Nestlé nicht mal der ärgste Vertreter, Ciba oder Hoechst sind wahrscheinlich ärger. Das sind alles unüberschaubare Länder, in denen es keine Demokratie gibt, keine Wahl, nichts – und die eigentlich die Staaten herumschieben, zum Teil durch Erpressung, zum Teil durch Lobbies, indem sie sagen: «Wenn du es uns nicht tun läßt, ziehen wir einfach nach Thailand, und dort werden wir es machen.» Man sagt immer, vor dem Terrorismus darf man nicht zurückweichen. Aber das ist ein viel ärgerer Terrorismus als irgendeiner, und der wird Tag und Nacht geübt in allen Ländern.

Greffrath: Wie ist es mit Kriterien im einzelnen? Es gibt die Erscheinung, daß gerade umweltbewußte Frauen verstärkt pränatale Diagnosen machen, die mit gentechnischen Mitteln verbessert worden sind – gerade weil sie Angst haben, daß die Umwelt so kaputt ist. Würden Sie das akzeptieren?

Chargaff: Wie Sie sich denken können, erwarten wir kein Kind. Aber ich bin überzeugt, daß, wenn wir eins erwarteten und die Mutter wäre keine Erstgebärerin von vierzig Jahren, oder wie das heißt, dann würde ich nicht daran denken, eine Diagnose machen zu lassen.

Greffrath: Warum nicht?

Chargaff: Das sind wirklich zum Teil Bewegungen, die geschürt werden vom Eigennutz der Ärzte und der sonstigen Nutznießer, die daran verdienen wollen. Seit wann wollen die Menschen die Zukunft lesen? Das ist etwas, was eigentlich verboten sein sollte.

Greffrath: Aber wenn man dadurch Leid verhindert?

Chargaff: Ich glaube nicht. Bei so etwas müßte mir schon wieder mein «Follow-up-Untersuchungsbüro» sagen, wie es wirklich ist. Ich möchte wissen, wie viele schwachsinnige Kinder geboren werden, obwohl man diagnostiziert hat, daß sie gesund sind.

Greffrath: Selbst wenn also im einzelnen ein mongoloides Kind hier und dort mehr auf die Welt kommt, so ist für Sie die Gefahr, daß die ganze biomedizinische Entwicklung zu einer eugenischen Gesellschaft führt, zu groß.

Chargaff: Ich bin sehr gegen die Abschaffung des menschlichen Schicksals. Denn wo wird es hinführen? In einem kleinen Sketch habe ich ein Gespräch aus dem Jahre 2020 beschrieben zwischen einer Gesundheitsstelle und einer Frau Müller. Man hat festgestellt, daß dem Söhnchen – es ist elf Jahre alt – das Gen für das Riechen von Vanille fehlt. Alles ist ja genetisch – ich kann, glaube ich, auch kein Vanillin riechen. Und da sagt man dann der Mutter, sie müsse jetzt kommen und beim Söhnchen eine Operation vornehmen lassen. – Alle Dinge fangen unschuldig an, und aus einer inneren Logik heraus, deren Anfang nicht voraussagbar ist, führen sie zu immer Ärgerem und Ärgerem.

Greffrath: Ist nicht die Schwierigkeit bei Ihrer Art Kritik, daß man unter Umständen die Sensibelsten aus der Wissenschaft herausholt und daß dann nur noch die Blöden und Robustesten sitzenbleiben?

Chargaff: Nein, die Wissenschaft ist nur noch über die Geldgeber beeinflußbar. Aber diese Kontrolle würde fast vollautomatisch funktionieren, weil sich dann die Scharlatane einem anderen Drogenhandel zuwenden würden. Oder ins Kinogeschäft gehen. Es ist gar keine Frage, daß die Verschlechterung der moralischen Atmosphäre in den Wissenschaften fast parallel gegangen ist mit dem Zustrom von Leuten.

Greffrath: Und was ist mit den Überlegungen all dieser Gentechnologen, die sagen: Wir sind degeneriert, wir haben Aids, und mit der Gentechnik kann man etwas dagegen machen?

Chargaff: Es ist lächerlich, daß ein alter Mann Askese predigt, wissen Sie, und deshalb tue ich es auch nicht. Aber irgendwie weiß ich nicht, was Aids ist. Es gibt ja einen Herrn Duisberg, einen ursprünglich deutschen Molekularbiologen in Kalifornien, der überhaupt leugnet, daß das Virus, das man beschreibt, irgend etwas mit der Krankheit zu tun hat. Und in der Tat, es wäre fast das erste Virus, von dem man nie hat nachweisen können, daß es die Krankheit erzeugt. Es begleitet sie nur. Wenn es da ist, ist manchmal später die Krankheit da. Ich kann das nicht überprüfen, aber das Argument hat einen Punkt, der mich berührt. Und dieser Duisberg sagt, das große Geschrei habe wieder rein kommerzielle Gründe. Die Entdecker des Virus wollen den Anspruch nicht aufgeben, daß sie die Entdecker dieses Virus sind, die Krankheit sozusagen «gelöst» haben. Ich möchte bei alldem schon wieder mein Kontrollbüro fragen: Nimmt Aids wirklich zu? Es sterben unzählige Menschen, und in den Nekrologen der *Times* steht: Er starb an Aids. Komischerweise stirbt ja kein Mensch an Aids. Er stirbt an Komplikationen, die hervorgerufen sind dadurch, daß Aids das Immunsystem ruiniert. Sie sterben an Lungenentzündung oder irgendwelchen anderen Sachen.

Greffrath: Soll das heißen, die Frage ist falsch gestellt, wenn man nach Aids fragt? Müßte man nach dem Immunsystem insgesamt fragen?

Chargaff: Ja. Nach der Besichtigung der alten Wissenschaften habe ich das Gefühl, daß die wichtigen Dinge oft gefunden wurden, wenn man sie nicht gesucht hat. Es sind oft diese Zufallsentdeckungen, die man auf englisch *serendipity* nennt, die ein Licht werfen auf etwas, das man noch nicht wußte. Der Mendel wollte eigentlich nur anschauen, wie seine Erbsen wachsen; er hat nicht eine neue Wissenschaft gründen wollen. Gerade deshalb hat er sie vielleicht gegründet. So glaube ich, wird Aids oder sogar Krebs vielleicht einmal aufgeklärt werden, von einer Seite her, von der man das am wenigsten erwartet.

Greffrath: Ist die Idee von dem Hippokratischen Eid der Wissenschaftler, die ja alle paar Jahre wieder hochkommt, eigentlich absurd?

Chargaff: Ja, völlig absurd. Der Eid wird nicht von den Medizinern gehalten. Niemand auf der Welt hält ihn. Es ist so, als wenn man sich ein Käppchen aufsetzt oder den Talar anzieht, wenn man die Doktorurkunde bekommt. Das sind Manieren und Zeremonien. Ich glaube nicht daran, ich glaube nicht an Unterschriften, ich glaube nicht an Manifeste. Der «Fortschritt» kann nur durch Katastrophen gestoppt werden oder durch den plötzlichen Entschluß einer großen Zahl von Menschen, auf ihn zu verzichten. Das ist religiös, und deshalb sage ich manchmal: Was man braucht, ist ein neuer Messias. Und auch der hat ja einige hundert Jahre gebraucht.

Greffrath: Und wenn nichts geschieht?

Chargaff: Dann werden wir alle zugrunde gehen. Ich meine nicht persönlich, aber irgendwie wird doch die Überbevölkerung so fühlbar werden, daß es einfach nicht mehr weitergeht. Wenn es nicht mal mehr Stehplätze in New Mexico oder in Nevada gibt, dann geht die Welt zu Ende.

Greffrath: Dann erwarten Sie von der Wissenschaft gar nichts?

Chargaff: Nein, gar nichts. Die wird nur dazu beitragen. Denn sie wird die Lebensdauer erhöhen, und es wird bald dazu kommen, daß die Jungen die Alten umbringen müssen. Das sehe ich wirklich schon auf dem Tapet.

Greffrath: Das heißt, wenn wir die Überbevölkerung der südlichen Welt dadurch, daß wir dort mehr Wohlstand schaffen, abbauen, werden auf der ganzen Welt die Alten zum neuen Problem?

Chargaff: Ja, sicher. Und die Jungen murren, weil sie die Alten durch ihre Steuern erhalten müssen. Dieses Murren wird noch sehr laut werden. Hier ist es schon sehr laut.

Greffrath: Wäre es nicht heute, wo die Gentechnik unsere persönliche Integrität bedroht und das Ozonloch unsere Haut, fast so etwas wie eine Überlebensbedingung, daß mehr Leute naturwissenschaftlich gebildet sind? Und sei es nur, um «Nein» sagen zu können?

Chargaff: Ja, aber es ist fast nicht möglich. Denn sofort, wenn ein solcher «Robespierre» dahergelaufen kommt und sagt, wir machen euer Labor zu, dann wird man sagen: Du hast das überhaupt nicht verstanden, du bist ganz falsch informiert. Man kann ihn sofort einwickeln. Man wird ihm sagen: Wie kannst du von Physik reden, wenn du nicht einmal weißt, was der Zweite Lehrsatz eigentlich ist.

Greffrath: Kommen wir denn überhaupt ohne Gegenexperten weiter?

Chargaff: Wir kommen nur weiter, wenn wir sagen: Genauso wenig wie ein Politiker alles verstehen muß, was er entscheidet, gilt das auch für die Wissenschaften. Das heißt, es muß Wissenschaftspolitiker geben, die entscheiden, ob eine Technik sein soll oder nicht. Und die werden viele Fehlentscheidungen treffen – so wie die Frau Thatcher.

Greffrath: Das heißt, man darf die Wissenschaft verbieten?

Chargaff: Selbstverständlich. Nur das dumme Volk zahlt einfach und kriegt dann den Gestank dafür. Man soll sich nicht blöd machen lassen. Meine Predigt besteht ja nur aus dem Ausruf: Laßt euch nicht blöd machen. Und diese dauernden Argumente, daß die Wissenschaft uns hilft, die sind unwahr. Sogar die paar Errungenschaften technologischer Art, die wir genießen, wie die Elektrizität beispielsweise, Pasteur vielleicht, Robert Koch – im allgemeinen ist das von unbekannten Leuten zur Wohltat gemacht worden. Ich weiß nicht: Wer hat eigentlich das Wasserleitungssystem in Paris, in New York, in London usw. konstruiert. *Das* sind die großen Errungenschaften. Es ist wirklich sehr wenig Wissenschaft daran – außer in der modernen Medizin, da ist es fast alles. Und da ist auch fast alles zurechenbar. Man kann sagen, das Aspirin hat der und jener erfunden. Aber natürlich, leider Gottes, haben gerade diese Errungenschaften auch zur Überbevölkerung der Welt sehr beigetragen. Wenn es keine Antibiotika geben würde, dann gäbe es wahrscheinlich viel weniger Menschen.

Greffrath: Das soll jetzt aber kein Argument dagegen sein?

Chargaff: Ich wage nicht, es zu haben. Allerdings, ein Beobachter vom Mars würde sagen: Warum seid ihr so blöd, warum sterbt ihr nicht früher?

Greffrath: Nun sind Sie aber doch kein Lobpreiser vergangener Zeiten...

Chargaff: Nein, ich meine, alle Zeiten waren bestialisch. Unsere ist vielleicht etwas ärger als manch andere – als die meines Großvaters etwa. Unserer Generation kann man vielleicht eher etwas aufschwatzen, weil wir geistig erschüttert sind. Sie müssen ja bedenken, was allein die Menschheit dadurch verliert, daß im Durchschnitt jeder Mensch des Westens drei Stunden vom Tag durch das Fernsehen amputiert bekommt. Was das bedeutet: im Monat, im Jahr, in der Lebenszeit. Insofern kann man ungefähr sagen: Die Menschen werden gar nicht so alt, sie vegetieren so alt, und diese Zeit muß man abziehen von ihrer Lebensdauer, um ihre wirkliche Lebensdauer zu kriegen.

Greffrath: Wenn man sich eine Gesellschaft vorstellt, in der Mensch und Natur mehr in Harmonie miteinander leben, als wir das heute tun – könnte in einer solchen Gesellschaft die Gentechnik eine Rolle spielen?

Chargaff: Ja. Ich bin ja nicht dagegen, daß man eine Hefe erzeugt, die vielleicht ein besseres Bier macht... Ich meine, solche Sachen sind denkbar. Nur, es bleibt leider nicht dabei, und die Büchse der Pandora muß man wohl entweder ganz ausräumen oder ganz zumachen. Vielleicht ist meine Idee, daß gewisse Sachen möglich sind, falsch. Aber ich denke, in einer ordentlichen Gesellschaft könnte fast alles getan werden, denn man würde nichts tun, was nicht getan werden soll.

Greffrath: Heißt das im Umkehrschluß: Eine Gesellschaft, die so weitermacht wie unsere, braucht die Gentechnik?

Chargaff: Wahrscheinlich verdient sie die Gentechnik. Ja, ich glaube schon. Ich versuche eigentlich nur, einen Kreis von Verzweifelten hervorzubringen. Ich glaube, wenn wir genug Leute hätten, die sehr verzweifelt sind – wüste Pessimisten, Super-Ciorans – das wäre schon etwas. Ein Anfang.

Greffrath: Was ist mit Ihren ehemaligen Schülern in dieser Hinsicht los?

Chargaff: Alle anders, nur abtrünnige Schüler. Die halten mich für verrückt.

Günter Altner

An der Grenze

Gentechnik und die Suche nach einer neuen Moral

Die Warnung des Philosophen Hans Jonas anläßlich eines Symposiums der Frankfurter Hoechst AG 1986: «Wir müssen wieder Furcht und Zittern lernen und, selbst ohne Gott, die Scheu vor dem Heiligen» – diese Warnung ist durchaus gehört worden. Aber wie tief ist die Botschaft in die Gehirne der Forscher eingedrungen? Als Menetekel an der Glaswand des Gentechniklabors lassen viele die guten Worte des alten Mahners gelten, sofern sie als allgemein-unverbindliche Ansprache an den inneren Menschen verstanden werden können. Die wissenschaftliche Gemeinde hat es inzwischen gelernt, Einreden von Theologen und Philosophen, die ins Zentrum biotechnischer Begehrlichkeit zielen, als Mahnung an den «inneren Menschen» zu feiern, wegzustecken und weiterzumachen. Haben nicht auch die Politiker aller Couleur der theologischen Einrede in Weltsachen längst ihr «Unzulässig» entgegengehalten und alle diese Kritiker – nach dem klassischen Muster der Zwei-Reiche-Lehre – auf die innere Erbauung verwiesen?

Was also ist gemeint mit der «Scheu vor dem Heiligen» in unseren Gentechniklabors? Gibt es etwas an der Natur selbst, in ihren Strukturen und Strukturgesetzen, das uns zögern lassen könnte, nicht nach unserer Willkür verändernd in sie einzugreifen? Gibt es mehr als die bloße Moral? Läßt sich der Einspruch mit einem «Naturgesetz» begründen? Kann man wenigstens ein starkes Interesse finden? Ist hier nicht längst alles geschehen? Ist nicht die Moral ein Anachronismus? Und ist nicht die Natur unwiderruflich zum Warenlager menschlicher Nutzungsinteressen geworden? In der Tat, die Kommerzialisierung der irdischen Lebenssysteme steht ins Haus, nicht nur im Sinne klassischer Vermarktungsstrategien, sondern eben vom «Kern», vom genetischen

Bestand her. Leben – reduziert auf bloßen Nutzwert – soll gentechnisch perfektioniert und passend gemacht werden für alle Zwecke, mit denen sich Geld machen läßt. Dabei wird der Forschungseinsatz gegen Hunger, Krankheiten und Umweltzerstörung zum heuchlerischen Motto für den großen Kahlschlag. Am Ende werden die durch Evolution eröffneten Lebenschancen unter die Rahmenbedingungen einer wild ausufernden Industrieproduktion gezwungen sein; Leben als Abfallhalde einer neuen gentechnischen Industriekultur?

Vom Heiligen läßt sich weit und breit nichts ausmachen. Im Gegenteil, hier wird die Entmythologisierung des Heiligen in der Natur bis zu einem letzten, äußersten Punkt vorangetrieben. Zum Menschen. Nach ihm, der in der Tradition der neuzeitlichen Wissenschaft einerseits der herrschaftlich Verfügende und andererseits der durch naturrechtliche und moralphilosophische Postulate Geschützte war, nach ihm selbst greift die gentechnische Ingenieurskunst ohne Zögern. Nichts soll uns mehr heilig sein, auch wir selbst nicht. Man führe sich nur die seitens der Deutschen Forschungsgemeinschaft, der Max-Planck-Gesellschaft und der Bundesärztekammer erhobene Forderung nach «embryonenverbrauchender Forschung» vor Augen. Um «hochrangiger Forschungsziele» willen soll die Medizin ihre alte Ethik fahrenlassen und das tötende Experiment am menschlichen Leben gestatten. Dabei ist Gentechnik mit im Spiel. Die Transferierung von Genen in den frühen menschlichen Keim zur Herstellung lebenslänglicher Resistenz gegen Krebs, Aids und andere Infektionen wird erwogen. Welcher Ignorant sähe hier nicht, daß der Weg in die Züchtung des leidensfreien (und unsterblichen) Menschen mit therapeutischen Verheißungen gepflastert wird?

René Descartes hatte – zu Beginn der wissenschaftlichen Neuzeit – noch die Sensibilität, über die von ihm deklarierte Herrschaftsstellung des erkennenden Subjektes so zu erschrecken, daß er in eine tiefe Seelenkrise verfiel. Seine späten Schüler exekutieren die von ihm begründete Kunst der rechnenden Vernunft ohne Zögern am menschlichen Subjekt selbst. Hilft uns da noch das von Hans Jonas ausgerufene: Heilig, heilig…?

«Vorstellungen von der Unantastbarkeit der Natur», vermutet Wolfgang van den Daele, der in der Enquetekommission des Bundestages zwei Jahre über die Gentechnik mitberiet, «gelten offenbar nur so lange, wie die moralischen Schranken, die sie aufrichten, zugleich auch technische sind.» Man kann gegen diese Feststellung aufbegehren und ihren Zynismus beklagen. Aber das wäre eine vorschnelle und unfruchtbare, eine nur «moralische» Reaktion. Denn die Feststellung stimmt zunächst einmal. Die moderne Biologie hat nicht nur Pflanzen und Tiere, sondern gerade auch den Menschen in seiner scheinbar unantastbaren Meisterstellung verfügbar gemacht. Es ist dies alles sehr viel unauffälliger und normaler, als es die Visionen von Orwell und Huxley ahnen ließen, aber um nichts harmloser und gefährlicher. Die Manipulierung kommt peu à peu: Über die Konsumverlockung durch therapeutische Bonbons schleicht sie sich in die lebenshungrige Seele des Einzelverbrauchers ein, ohne daß dabei die Bio-Technokratie in Erscheinung treten müßte.

Wir müssen wirklich fragen: War die idealistische und moralische Feier des menschlichen Subjektes eine jahrhundertealte Illusion, die nun zerbricht? Die wachsende Lawine der gentechnischen Machbarkeiten und die Veränderung des Menschen selbst läßt nun für alle offenbar werden, daß der Mensch die Natur (im Vergleich zu anderen Naturwesen) mit unverhältnismäßig wachsenden Folgen gestaltet. Aber gerade die Gentechnik läßt ihn innewerden, daß er selbst unvermeidlich Natur bleibt. Und dabei wird deutlich, daß die normative Unantastbarkeit des Menschen, wie sie in früheren Jahrhunderten selbstverständlich erscheinen mochte, schwindet – aber nicht verschwindet. In der Spannung zwischen Natursein und Naturgestaltung wächst dem Menschen auf eine neue Weise die Last seiner Freiheit und seiner sittlichen Verantwortung gegenüber sich selbst und gegenüber der allgemeinen Natur (Welt) zu.

Mehr noch, die Grunderfahrung in diesem krisenhaften Umdenkprozeß erschöpft sich nicht in der Erkenntnis, daß die Natur unter Einschluß des Menschen zum «Warenlager» geworden ist. Mit den ihm zuwachsenden Möglichkeiten der Gestaltung und Verfügung (bis hin zur Selbstmanipulation und zur menschheitlichen Selbstauslöschung) wird sich der Mensch rätselhafter und unverfügbarer, als er es je war, wird ihm die klassisch zugesprochene Würde zur Bürde und zur Pflicht, wird er – und mehr, als er es je begehrte – zum Subjekt der Geschichte. Und damit kann er die Natur, mit der er sich von Herkunft her und auf Zukunft hin unabdingbar verbunden sieht, nicht mehr in das Jenseits der Wertfreiheit und Wertneutralität verstoßen, wie es den humanistischen Traditionen Europas und insbesondere der abstrahierenden Rationalität der Naturwissenschaften entspricht. Denn anders als diese kann er nicht länger von ihrer Unerschöpflichkeit ausgehen.

Sieht man es so, dann haben auch Theologie und Kirche in diesem Prozeß des Aushandelns und der Suche nach dem Verantwortbaren mehr einzubringen, als es unseren materialistischen Pragmatikern opportun erscheint. Dann gewinnt der Begriff der Schöpfung wieder an Sinn. In der Öffentlichkeit haben die Grenzüberschreitungen der Gentechnik zum Ruf nach moralischen Schranken geführt – zugunsten des Menschen und zugunsten der Natur. Es ist fast schon eine Selbstverständlichkeit, daß nach der humanen und ökologischen Zulässigkeit technischer Entwicklungen und Anwendungen gefragt wird. Daß nicht alles, was gemacht werden kann, gemacht werden darf, haben die Menschen in der Gesellschaft nicht erst bei Hans Jonas gelernt. Sie haben es längst selbst entdeckt.

Dabei wird über die Schutzwürdigkeit des Menschen hinaus der Eigenwert der Natur von den verschiedensten Positionen her begründet: theologisch, philosophisch, agnostisch und aus mehr oder weniger reflektierten naturschützerischen Grundsätzen heraus. Dieser ganze Aufstand der Gewissen findet in der Erklärung der österreichischen Wissenschaftler für den Umweltschutz einen sehr markanten Ausdruck: «Jede Form von Leben ist einzigartig und muß unabhängig von ihrem augenblicklichen Nutzwert für den Menschen geachtet und im Sinne einer elementaren Kulturleistung vor gedankenloser Ausrottung bewahrt werden.»

Man darf sich die gegenwärtige Konfrontation nicht dadurch erleichtern, daß man von vornherein einen Teil der Konfliktpartner ausblendet. Es geht nicht nur um den Streit zwischen Wissenschaft und Laienverstand über die humane, soziale und ökologische Zumutbarkeit bestimmter Erkenntnisschritte und ihrer Anwendungsfolgen, so als sei da der einzelne Wissenschaftler im Labor und dort die auf seine persönlichen Forschungsergebnisse wartende Menge der Bürger. Die Situation ist sehr viel komplizierter und brisanter. Längst ist die Grenze zwischen Wissenschaft, Politik und Wirtschaft durchlässig geworden. Wir leben, um einen Ausdruck von Rolf Kreibich zu benutzen, in der «Wissenschafts- und Hochtechnologiegesellschaft», in der wirtschaftliche Nutzungsinteressen bis in die Grundlagenforschung reichen und von dort wiederum Impulse für den technisch-industriellen Fortschritt auslösen. Und dies nicht nur ungewollt und zufällig, sondern auch gezielt und unter Einsatz von Kapital. Jeremy Rifkin spricht in unserem Zusammenhang zu Recht von der «totalen Industrialisierung» der belebten Natur durch Gentechnik.

Die ganze Schwierigkeit des sensibel und problembewußt gewordenen Bürgers und des zusammen mit ihm nachdenkenden Ethikers besteht darin, daß er sich ständig durch die Dynamik des technisch-industriellen Systems überrollt sieht, bevor seine Bedenken überhaupt die Foren der gesellschaftlichen Auseinandersetzung erreicht haben. Das erzeugt verständlicherweise Aggression und bringt zusätzliche Schärfe in die Auseinandersetzungen.

Orientiert an der flinken Kooperation zwischen hochqualifizierten Universitätsforschern und Kapitalgebern in der amerikanischen Gentechnik-Industrie, hat die Bundesrepublik mit Ende der 70er Jahre zu einer Aufholjagd angesetzt, deren Erfolge sich heute unter anderem im Wirken von vier Genforschungs-Zentren – unter Beteiligung der Großchemie – und in entsprechend erhöhten staatlichen Fördermitteln dokumentieren. Angesichts solcher Entwicklungen und der damit angezielten Industrialisierung der belebten Natur muß man kritisch fragen: Wissen die Betreiber der Gentechnologie wirklich, was sie tun? Arbeiten sie wirklich auf hinreichend geprüfter Grundlage und mit vorzeigbaren Sicherheitsgarantien auch für Kinder und Enkel? Endet die Spaltung des Zellkerns nicht doch in einem wirren «Herumgepansche mit den Genen», wie Erwin Chargaff befürchtet? Es kennzeichnet die Qualität der gegenwärtigen Auseinandersetzung, daß die beunruhigten Bürger bei ihrem zweifellos konsumorientierten Gesundheitsbedürfnis gepackt und an die Seite der Gentechnik-Industrie gepreßt werden. Hubert Markl, Präsident der Deutschen Forschungsgemeinschaft, hat mit einem zitierenswerten Maß an Zynismus die Aids-Bedrohung zum Anlaß genommen, dem Bürger Industrie- und Wirtschaftskonformität abzuverlangen. Anläßlich des 125jährigen Jubiläums der Firma Hoechst führte er am 30. Januar 1988 aus: «Wen würde es derzeit nicht erschrecken, wie sich eine bislang unerkannte, grausam tödliche Virusseuche ausgerechnet durch jene zwischenmenschlichen Beziehungen ausbreitet, die uns der Inbegriff vertrauensvoller Hingabe sind: der zwischen Liebenden wie jener zwischen Mutter und Kind? Wer wünschte nicht, daß die Hoechst AG oder wer immer so schnell wie möglich eine Schutzimpfung oder ein Medikament dagegen entwikkelt? Da würden ganz bestimmt nicht nur die Aktionäre jubeln. Noch der erbittertste alternative Feind der Großchemie würde wohl diese Alternativen den augenblicklich drohenden Folgen der Alternative zur Partnertreue und Keuschheit vorziehen. Woher erwarten denn alle die Abhilfe, die sie von der Peinlichkeit verantwortungsbewußter Lebensführung befreien soll? Natürlich von Wissenschaft und Forschung: Chemie, Genetik, Molekularbiologie, Pharmakologie, Immunologie: nur her damit, wovon wir sonst nichts hören wollen.»

Gewiß, hier wird der verwöhnten Hochtechnologie-Wissenschaftsgesellschaft der Spiegel vorgehalten. Aber Vertrauen zur Wissenschaft wird mit diesem alerten Jubiläumssarkasmus nicht ausgelöst, im Gegenteil. Das Grundargument kritischer Bürger heute ist nicht die Wissenschaftsfeindlichkeit, sondern die Forderung, daß Wissenschaft, Technik und industrielle Interessen der Einrede und Zielkritik bedürfen, damit sie soziale und philologische Zusammenhänge nicht zerstören – gegen den Willen der Betroffenen und die Forschungen der Zukunft.

Darüber sind sich heute alle nachdenklichen Gesprächspartner einig. Man kann es nicht besser sagen als die Bischöfe Franz Hengsbach (kath.) und Hans Otto Wölber (ev. luth.): «Wissenschaft ist keineswegs wertneutral, und zwar nicht zuletzt, weil heute reine Forschung und industrielle Anwendung fast schon Hand in Hand gehen.» Und: «Es gibt auch eine Irrationalität der Wissenschaft durch ihre Faszination von sich selbst. Wir haben es mit einer weit ausgreifenden, aber zugleich klammheimlichen Entwicklung zu tun, bei der die Gesellschaft es besonders schwer hat, durchsichtige, effektive Verantwortungsstrukturen zu entwickeln.» Wie schön, wenn unsere vielgeschmähten Bischöfe die Klugheit der Macher auf diese Weise zur Diskussion stellen.

Wir sind im Verlauf der geschilderten Argumente ein Stück weit in den heute an vielen Orten stattfindenden Meinungsstreit um die Gentechnologie geraten. Nur wer daran teilnimmt, kann ermessen, was auf dem Spiel steht, wie schwer aber auch eine Bremsung und Umorientierung zu erreichen ist. Bei der Auseinandersetzung um die Atomenergie ist es nicht nur gelungen, die Schwachstellen dieser Technik bloßzulegen und dadurch die Sicherheit relativ zu verbessern; es war auch möglich, im zweiten Schritt Alternativen zu entwickeln, die bis heute die energiepolitische Auseinandersetzung bestimmen und die Front der Atomenergie-Befürworter bröckeln lassen. Eine von Nobelpreisträgern hochgelobte Technik wurde durch Laienemotion und Grundsatzargument entmythologisiert. Die Voraussetzung für dieses kleine «Wunder» war eine starke Aktivierung der Nachdenklichen und in der Folge ein über die Konfrontationen hinweggehender Diskurs, der zu einer kritischen Abwägung der Argumente pro und kontra führte.

Im Streit um die Gentechnologie werden heute die Würde des Menschen und der Eigenwert der Natur geltend gemacht – mit verschiedener Begründung und Gewichtung. Wie verhalten sie sich zueinander? In erster Annäherung könnte man sagen: Die Würde des Menschen zeigt sich in einem unverwechselbaren Personsein. Der Eigenwert der nichtmenschlichen Geschöpfwelt zeigt sich in der unverwechselbaren Ausprägung der Arten, in ihrem ökologischen Zusammenspiel, was wiederum seinen Ausdruck in den aktuellen Biotopen und in der relativen Stabilität ökologischer Gleichgewichte findet. Dabei ist alles auf Wandel angelegt. Aber das Geheimnis dieses Wandels war immer sein langsames und vielstufiges Fortschreiten, sein Offensein und seine Potenz für höhere Ordnungen, sein Vernetztsein mit der schnelleren Gangart der menschlichen Geschichte. Wie ja auch im Blick auf das Ganze von der Perspektive der Verheißung und des Friedens die Rede sein muß, wie sie nicht zuletzt in den Visionen der christlichen Traditionsgeschichte angelegt ist. Der Durchbruch in die immer tiefer greifende Manipulierung des Lebens verunsichert bis ins Bodenlose. Wie und wo immer die Religion noch in den Nischen der technischen Zivilisation blühen möge, mit der Gentechnik erreicht die naturwissenschaftliche Säkularisierung der irdischen Schöpfung ihren vorläufigen Höhepunkt. Das Heilige scheint durch Tatsachenforschung endgültig ausgetrieben zu sein. Selbst in der durch die molekularbiologische Manipulationskunst betroffenen Personalität des einzelnen Menschen soll es nicht mehr wohnen. Wer sich auf diese Entwicklung ohne Ausflüchte und weltanschauliche Beschönigungen einläßt und dabei die privatisierte Frömmigkeit von Forschern und Industriemanagern als schmückendes Beiwerk erkennt, der erlebt voll Erschrecken, daß nun «alles» möglich wird und erlaubt scheint. Wir machen Leben und Menschen auf Bestellung. Im Erschrecken über diese Verfügungsmacht meldet sich freilich eine Emotion, die nicht ohne Argumente ist und die zu neuen Maßstäben führen mag. Sie erkennt in den allertiefsten und finstersten Schichten dieser Verfügung die prinzipielle Fragwürdigkeit des Verfahrens, seine Grenzen, seine Unbedarftheit, seine unreflektierte

Hybris. Durch die Erfahrung der Macht klug geworden, regt sich ein Denken, das mitten im Zugriff der Tatsachenforschung an das dieser «Kunst» entgehende Unverfügbare erinnern möchte. Die christliche Theologie spricht von Schöpfung. Anders als die Philosophie und mehr als die Wissenschaften erinnert sie damit an das Nicht-Menschliche, von dem alles Leben abhängt – auch das menschliche selbst. In der Krise kann Theologie das ihr von jeher Aufgetragene neu klären und vielleicht auch neu sagen und so die vom Verschwinden bedrohte Heiligkeit wieder transparent machen.

In dem sich abzeichnenden vielfältigen Protest gegen die Anmaßungen der Gentechnik meldet sich eine noch unaufgeklärte, noch nicht wortmächtige Vernunft, die eine neue Verbindung zum Mitmenschen und zur Mitkreatur fördern möchte. Es geht dabei nicht um die Fixierung auf metaphysisch vorwegdefinierte Zielbestimmungen, denn auch die Theologie hat ihre Unschuld verloren; wohl aber geht es um mühselig-tastende Suchbewegungen – nach Qualitäten, deren Bewahrung die Angelegenheit der Theologie war, auch wenn ihr die Wörter ausgegangen sind. Kein Wiederaufleben «alter Religion» also – aber es kann gar nicht anders sein, als daß die Sinngarantien von gestern erinnert und zum Anlaß neuer Begründungsversuche werden.

Eben dieser Vorgang erfordert ein radikales «Mehr» an Demokratie. Wenn die Gestaltung von Wissenschaft und Technik von vornherein unter dem Gesichtspunkt der ökologischen und sozialen Reflexion vonstatten gehen soll, ist Einrede und Mitbestimmung auf allen relevanten Ebenen der Technologiegestaltung unvermeidlich. Nur so kann die Ehrfurcht vor dem Leben – von allen spirituellen und folgenlosen Ausflüchten befreit – konkret werden. Wir dürfen nicht, wie Dietrich Bonhoeffer in den härtesten Stunden seiner politischen Verantwortung schrieb, das Diesseits vorzeitig aufgeben. Je mehr wir uns auf die konkrete, vielfältige und vergängliche Gestalt des Lebens als Verpflichtung einlassen, desto unbestechlicher werden wir alle zerstörerischen Verfügungsutopien abweisen können.

Ernst Ulrich von Weizsäcker

Die Gefahren des Erfolges

Was geschieht, wenn die Gentechnik sich durchsetzt?

Natürlich läßt sich eine Kultur vorstellen, in welcher die Gene durch ein wirksames Tabu vor jeglicher Manipulation geschützt wären. Wissenschaft, Medizin und Landwirtschaft kämen nicht auf die Idee, das Tabu zu brechen, und würden keinen Gedanken an einen «Bedarf» nach gentechnischen Produkten verschwenden. Eine solche Kultur könnte durch Wohlstand, Frieden, wissenschaftlich-technischen Fortschritt und andere Merkmale ausgezeichnet sein, die wir für wünschenswert halten. Daß durch ein Gentechnik-Tabu die wissenschaftliche Neugier oder das freie Unternehmertum eingeschränkt ist, wäre in der so vorgestellten Kultur ganz einfach kein Thema.

Das wäre der Traumzustand, an welchen die Gegner der Gentechnik denken. Vorstellbar ist er, aber ist er auch realistisch? Ich bin nicht dagegen, daß sich Gegner der Gentechnik diesen Zustand intensiv vorstellen und für ihn auch kämpferisch eintreten. Aber ich sehe nicht, wie sie in den nächsten dreißig Jahren Erfolg haben können. Resonanz gibt es für ihre Position außer in den wenigen überlebenden traditionellen Kulturen nur in unserem Land, in Skandinavien, Holland und, stark abgeschwächt, in den angelsächsischen Ländern. Für die romanischen und slawischen europäischen Länder und erst recht für die Regierungen sämtlicher Entwicklungsländer sind Biotechnik und Gentechnik längst zu einem Inbegriff des Fortschritts und speziell der Hoffnung geworden, die technologische Dominanz der hochentwickelten Industrieländer zu brechen.

In dieser Situation ist es nicht verwunderlich, daß sich Vertreter der deutschen, skandinavischen oder amerikanischen Industrie und Wissenschaft vehement gegen den moralischen Rigorismus im eigenen

Land zur Wehr setzen: «Was hilft der Menschheit ein Gentechnik-Verzicht in unserem Land, oder ein lokales Moratorium bei der Freisetzung genmanipulierter Organismen, wenn praktisch alle anderen Länder fröhlich weitermachen und wir keinerlei völkerrechtliche Einflußmöglichkeit auf sie haben? Nur wenn wir vernünftige Kontrollen und Regelungen vorschlagen, die die Gentechnik nicht unterbinden, können wir die vorwärtsdrängenden Länder zur Kooperation bewegen, und erst dadurch haben wir eine Chance, den Gefahren zu begegnen.» Das ist ein starkes Argument. Ich muß es akzeptieren, wenn ich auf die Beherrschung der Gentechnikgefahren in den kommenden dreißig Jahren Einfluß nehmen will. Mögen andere versuchen, in eben dieser Zeit weltweit die Voraussetzungen dafür zu schaffen, daß sich die Kulturen der Menschheit eines Tages auf eine Weiterentwicklung ohne Genmanipulation einigen.

Lange Zeit war die Diskussion um die Gentechnik durch ein eigenartiges Schattenboxen gekennzeichnet. Die Gegner malten vielfach Gefahren an die Wand, welche die Befürworter leicht als nichtexistent oder beherrschbar bezeichnen konnten. Umgekehrt machten und machen die Befürworter häufig den Fehler, mit den ersten beruhigenden Befunden bereits eine weitergehende Harmlosigkeit der Gentechnik abgeleitet zu sehen.

Nach den ersten Meldungen über geglückte DNA-Chirurgie 1974 war die Welt alsbald voll von Schauergeschichten über menschheitsbedrohende Bakterien, die aus den Hexenküchen der Gentechniker entweichen könnten. Nichts davon ist eingetreten. Sicherheitstechnik, Arbeiten mit vital geschwächten Mutanten und das Selbstschutzinteresse der Wissenschaftler sorgten bislang für praktisch unfallfreies Forschen. Auch Befürchtungen über Unfälle bei militärischer Gentechnik oder über Umweltschäden bei geplanten oder unfreiwilligen Freisetzungsprogrammen scheinen sich nicht zu bestätigen. Zumindest kann man argumentieren, daß konventionelle Züchtungen die Umwelt wesentlich nachhaltiger beeinträchtig haben als die wenigen lokalen und unter einigermaßen sorgfältiger Kontrolle durchgeführten Freisetzungsexperimente.

Was aber folgt aus dem Nichteintritt der befürchteten Schäden? Objektiv folgt wenig. Die natürliche Umwelt und auch die durch jahrtausendelange Eingriffe des Menschen veränderte Umwelt ist einigermaßen robust gegen Erbgut aus dem Labor, welches nicht auf ökologische

Durchsetzung in der Natur, sondern auf die Produktion extravaganter Biochemikalien getrimmt ist. Größere Chancen hatte da schon das Erbgut von aus anderen Kontinenten eingeschleppten Tier- und Pflanzenarten, die daselbst ihre Vermehrungsfähigkeit über viele Generationen bewiesen haben. Aber erstens ist die ökologische Robustheit unserer Umwelt nicht unbegrenzt, wie beispielsweise das Ulmensterben (durch einen Pilz, der von Käfern verbreitet wird – lange vor der Gentechnik) gezeigt hat, zweitens sind die wenigen bisherigen Freisetzungsexperimente natürlich mit der ausdrücklichen Absicht geplant worden, daß kein Schaden entsteht, und drittens ist ein Schluß von einzelnen gutgegangenen Experimenten auf eine dauerhafte Harmlosigkeit wissenschaftlich unzulässig.

Es hilft also nichts: Wenn man über die realen Gefahren sprechen und politische Schlußfolgerungen ziehen will, dann muß man sich sowohl theoretisch als auch experimentell mit dem Einzelfall auseinandersetzen. Pauschale Schlußfolgerungen sind unzuverlässig, gleichgültig, ob sie von Gegnern oder Befürwortern angeboten werden.

Die Hungrigen der Welt füttern, Kranke heilen und weltweit die Altlasten sanieren, das sind die herkulischen Aufgaben, die gerne als Beleg für den Bedarf an Gentechnik angeführt werden. Das zugleich gewichtigste und verkehrteste Argument für die Gentechnik ist der Welthunger. Gewichtig: Wer würde nicht alle Skrupel gegenüber einer Technik ganz schnell vergessen, wenn er dafür das Welthungerproblem lösen könnte! Aber eben dies kann die Gentechnik realistischerweise gar nicht leisten. Denn in Wirklichkeit mangelt es der Welt gar nicht an Nahrungsmittelproduktion oder gar an gentechnisch produziertem Rinderwachstumhormon oder herbizidresistenten Kulturpflanzen. Viel eher mangelt es den Hungrigen an Kaufkraft oder an der Erlaubnis, ein Stückchen Land zu bebauen. Wenn es Kausalzusammenhänge zwischen Gentechnik und Welthunger gibt, so sind sie alles andere als einfach. Hier nur ein paar Stichworte, die den möglichen Zusammenhang beleuchten: Mag sein, daß man gentechnische Kulturpflanzen herstellen kann, die auf bestimmten versalzten oder sehr trockenen Böden noch wachsen, wo sonst keine Feldfrucht gedeiht. Aber ohne daß man den in der betreffenden Gegend lebenden Hungrigen das so erzeugte Saatgut schenkt und den Boden zur Nutzung überläßt, wird das kein Beitrag zur Überwindung des Hungers sein. Und welches Gentechniklabor wird Millionen investieren, um nachher das Produkt zu verschenken? Es mag auch sein, daß man die Bauanleitung für bestimmte essentielle Aminosäuren ins Erbgut von lokalen Kulturpflanzen hineinmanipulieren kann, die bislang Ursache einer Eiweißmangelernährung sind. Aber wiederum: Wer wird das Saatgut verschenken? Und vielleicht ist es ökonomisch (und ökologisch) viel vernünftiger, Hülsenfruchtanbau, Fischzucht und Geflügelhaltung zur ergänzenden Deckung des Eiweißbedarfs zu unterstützen (was übrigens in der traditionellen Eigenbedarfswirtschaft die Regel war).

Umgekehrt: Wenn teures, gentechnisch erzeugtes Saatgut auf dem Markt ist, welches die Forschungs- und Entwicklungsmillionen wieder hereinspielen muß – wer wird dann realistischerweise der Saatgutkäufer sein? Es wird die nach industriellen Maßstäben wirtschaftende Plantage oder Großfarm sein, die ihre Produkte wiederum viel eher auf dem Weltmarkt, also an die kaufkräftigen Industrieländer und die satten Eliten in den Städten verkauft, als sie an die Hungernden zu verschenken. So steht also zu befürchten, daß die Marktdurchsetzung des gentechnisch erzeugten Saatguts den Trend zur Landnahme durch die Großfarmen weiter verstärkt und – ungewollt – das Hungerproblem womöglich noch verschärft.

Was den Bedarf an Agrar-Gentechnik in unseren Breiten angeht, so gilt mutatis mutandis das gleiche wie für den Welthunger. Bloße Produktionssteigerungen nützen eigentlich niemandem. Qualitative Verbesserung der Produktion durch Gentechnik könnte man sich vorstellen, aber der Bedarf müßte erst noch erzeugt werden. Höchstens bei Robustheitsfaktoren sehe ich einen gewissen realen Bedarf; man muß sich aber im klaren darüber sein, daß die breite Einführung von Robustheitsfaktoren tendenziell die Überproduktion vermehren würde.

Die zweite herkulische Aufgabe, die Heilung von Kranken durch gentechnisch erzeugte Präparate, ist da schon wesentlich näher an der Realität. Tatsächlich sind Insulin, Interferon und allerlei andere komplexe Eiweißstoffe aus genmanipulierten Bakterien bereits zur pharmazeutischen Routine geworden. Ein Ende dieser Entwicklung ist noch nicht abzusehen. Es darf aber bezweifelt werden, ob neben mikrobieller Gentechnik auch eine gentechnische Fortzüchtung von Arzneimittelpflanzen sinnvoll und ergiebig ist. Und Genmanipulation am erbkranken Menschen ist zumindest in der Bundesrepublik heute kein Thema.

Noch positiver sieht die Lage bei der Altlastensanierung oder allgemeiner beim Einsatz von Mikroorganismen im Umweltschutz aus. Die Vorstellung, daß man genmanipulierte Mikroorganismen losschicken kann, um die mit organischen Giften verseuchten Böden oder kontaminiertes Abwasser zu reinigen, indem sie die Gifte fressen und verdauen und zu harmlosen Endprodukten abbauen, ist in der Tat verlockend, und sie ist auch biotechnologisch durchaus realistisch. Das Beste an der Idee, aus ökologischer Sicht, ist die Tatsache, daß die auf die toxische Nahrung spezialisierten Mikroorganismen verhungern würden, sobald sie das giftige Substrat aufgezehrt haben. Für die Reinigung von schwermetallverseuchten Böden ist das Verfahren allerdings ungeeignet, da sich Schwermetalle nicht abbauen lassen; allenfalls eine Auswaschungs- und Konzentrationsarbeit könnte man von genmanipulierten Mikroben erwarten.

Ein bedeutender Bedarfssektor der Gentechnik spielt eigentlicherweise in der öffentlichen Debatte um ihren Nutzen nur eine untergeordnete Rolle, nämlich die Wissenschaft selbst. Für ungezählte Verfahren in der Biochemie, Physiologie und Gentechnik spielt heute die Verwendung von gentechnisch veränderten Mikroorganismen oder deren Produkten bereits eine wichtige Rolle. Die Gefahren für Mensch und Umwelt scheinen nicht größer zu sein als die des normalen Laboratoriumbetriebs. Natürlich ist wegen der Vermehrungsfähigkeit der Organismen besondere Vorsicht angezeigt, aber die existierenden Sicherheitsrichtlinien scheinen auszureichen. Das Fazit dieses Abschnitts könnte lauten: Gentechnik trifft auf einen gewissen Bedarf, aber dieser liegt nicht dort, wo er in Sonntagsreden der Befürworter verortet zu werden pflegt. Und der Bedarf reicht schwerlich aus, um aus der Gentechnik für längere Zeit einen bedeutsamen wirtschaftlichen Wachstumsbereich zu machen. Die Multimilliardenerwartungen, von denen man gelegentlich in Hightech-Journalen lesen kann, beziehen sich größtenteils auf eine Form der industriellen Landwirtschaft, deren Nutzen äußerst zweifelhaft und deren Akzeptanz folglich gering ist und hoffentlich bleibt.

Wenn sich die bisherigen Befürchtungen der Gentechnikgegner nicht bestätigt haben, warum dann die Aufregung, die das Thema weiterhin umgibt? Lauern vielleicht irgendwo Gefahren, die bislang zu wenig im Blickfeld sind? Zu den tieferen Ursachen der Aufregung komme ich im Schlußabschnitt. Sie haben mit unserem an ein Tabu heranreichenden kulturellen Selbstverständnis zu tun: «Mit den Genen spielt man nicht.» Aber ehe ich diese kulturelle Tiefendimension diskutieren kann, will ich über Gefahren und Bedenken sprechen, die mit den bisherigen günstigen Erfahrungen überhaupt nicht ausgeräumt sind.

Die eigentlichen Gefahren, das ist meine zentrale Behauptung, liegen im Erfolg – nicht so sehr in Mißerfolgen oder Unfällen der Gentechnik. Nicht das unbeabsichtigt aus dem Labor entsprungene Monsterbakterium macht mir gegenwärtig die größte Sorge, nicht ein theoretisch möglicher Denkfehler eines Wissenschaftlers bei einem sorgfältig auf Harmlosigkeit hin geplanten Freisetzungsexperiment und nicht die befürchteten mikroklimatischen Störungen durch die experimentelle Freisetzung der Eis-Minus-Bakterien auf einer kalifornischen Erdbeerplantage. Man darf ja davon ausgehen, daß die Experimentatoren wegen der intensiven kritischen Blicke der Öffentlichkeit und gegebenenfalls auch der Staatsanwaltschaft mit größter Vorsicht vorgehen. Selbst ein harmloser Unfall würde ja schlagartig das Vertrauen der besorgten Öffentlichkeit in die Gentechnik weiter aushöhlen und damit Arbeitsplätze und Gentechniker gefährden. Natürlich bedeutet diese Argumentation nicht, daß man getrost wegschauen darf, wenn mit genmanipulierten Organismen hantiert wird; die Ordnungsorgane des Staates und die kritische Öffentlichkeit müssen im Gegenteil die angespannte Wachsamkeit durchhalten, damit die Vorsicht der Experimentatoren nicht nachläßt.

Aber was geschieht, wenn die behutsamen Experimentatoren auf einige Jahre unfallfreier Freisetzung zurückblicken können? Wenn die Industrie endlich den Lohn für die hohen Investitionskosten hereinholen will? Wenn Landwirte unter Optimierungszwang oder in Existenznöten vor der Frage stehen, ob sie den Sprung zum gentechnisch präparierten Saatgut wagen sollen oder nicht? Wenn Wissenschaft, Industrie und Aufsichtsbehörden übereinstimmend sagen, in der Experimentalphase sei alles gutgegangen? Dann tritt die Gentechnik wegen ihres anfänglichen Unbedenklichkeits-Erfolgs in eine wesentlich riskantere Phase ein. Sie steht dann nicht mehr unter der Kontrolle der um ihre Zukunft und um ihr Image besorgten Wissenschaft, sondern unter der Kontrolle von wissenschaftlich nicht besonders vorgebildeten Praktikern, die dem kalten Wind des wirtschaftlichen Konkurrenzkampfes ausgesetzt sind. Bald ist dann der Punkt erreicht, wo die Kontrollorgane den Einzelfall gar nicht mehr überwachen können. Nun kann es für den einzelnen Akteur zum «wirtschaftlichen Befehlsnotstand» kommen: In einer wirtschaftlichen Zwangslage werden die Skrupel abgelegt. Wohin das führt, ist ökologisch viel weniger vorherzusagen als der Ausgang der heutigen Freisetzungsexperimente. Hier wird es relevant, daß wir, wie der Kieler Ökologieprofessor und schleswig-holsteinische Umweltminister Berndt Heydemann betont, über die Dynamik von Ökosystemen unter dem Einfluß von ökologisch neuartigen Mitspielern noch verzweifelt wenig wissen. Lawineneffekte sind nicht auszuschließen. Und stets muß man befürchten, daß der wirtschaftlich in die Enge getriebene Mitspieler die Sache nur noch weiter verschlimmert.

Ökologische und erst recht evolutionäre Prozesse vollziehen sich normalerweise langsam. Es dauert typischerweise Jahrzehnte, bis man die Effekte von Eingriffen einigermaßen studieren und verstehen kann. Den menschlichen Mitspieler kennzeichnet aber eine ungeheure Ungeduld, insbesondere wenn es um Schadenskorrekturen geht. Mit der Gentechnik in der Hand kann der Mensch so beängstigend rasch «helfend eingreifen» (wir wollen einmal unterstellen, daß das Motiv nicht rein egoistisch ist), daß der Natur gar keine Zeit bleibt zu artikulieren, was sie davon hält.

Die bis hierher charakterisierte Phase der praktischen Gentechnik hat wenigstens noch den Vorteil, daß Schäden und Fehlschläge noch als solche erkannt werden. Wenn gentechnisch herbizidresistent gemachte Kulturpflanzen zu einem Überdosieren von Herbiziden führen, treten – hoffentlich – alsbald ökologische Proteste auf. Wenn klonierte und womöglich genmanipulierte Ölpalmen, Tomaten oder Fichten zu trostlosen und langfristig störanfälligen Monokulturen führen, wird zwar zunächst einmal ein großer ökologischer Verdrängungsschaden, vielleicht auch ein großflächiger Boden- und Gewässerschaden angerichtet, aber es wird alsbald einen politischen Konsens geben, daß dies eine Fehlentwicklung war. So besteht eine gewisse Hoffnung, daß eine fehlgeleitete Landwirtschaft auch wieder zurückgedrängt wird.

Aber dann steht schon der nächste «Erfolg» vor der Tür. Unter dem Druck der Öffentlichkeit wird die Gentechnik alles tun, um die ökologischen Torheiten der ersten Einführungsphase nicht zu wiederholen, und dann kommen unweigerlich die ökologisch optimierten Kulturpflanzen auf den Markt, denen kein Schädling, kein Wetter und kein Unkrautgift mehr etwas anhaben kann. Die Einführungsstrategie für diese neuen Sorten wird heißen: Verminderung des Chemikalieneinsatzes. Denn das Insektengift und der Stickstoff werden jetzt von den genmanipulierten Pflanzen selbst produziert. Auch die Toleranz gegen natürliche oder zivilisatorische Widrigkeiten des Bodens oder der Witterung läßt das Herz der umweltbewußten Mitbürger höher schlagen. Es sieht aus wie die ökologische Krönung von Jahrzehnten harter Forscherarbeit und agrarindustrieller Optimierung. Und genau hier setzen meine größten Bedenken gegen die angewandte Gentechnik ein. Was auf den ersten Blick wie ein ökologischer Triumph aussieht, ist in meinen Augen das eigentliche Labormonster. Diese Monster trotzen nicht nur der Natur, der ursprünglichen wie der zivilisatorischen, sondern sie werden vom «Markt» auch immer wieder bestätigt, und sie verbreiten sich folglich praktisch schrankenlos. Keine Klimazone, keine Insel, kein Boden, keine Anbaumethode, keine Kultur bleibt von ihnen verschont. Eine Zeitlang haben die Monster noch keine Selbstvermehrungsfähigkeit in der Natur, entweder weil das technisch noch schwierig ist oder weil die Saatgutindustrie ihre Kunden zum ständigen Neukauf zwingen will, aber das ist für ihren Siegeszug nur ein retardierendes Moment.

Doch was soll eigentlich so gefährlich an diesem Siegeszug sein? Die Antwort bleibt unvermeidlich spekulativ. Aber als konditionale Aussage läßt sich sagen, daß wenn es irgendwo einen unaufhaltsamen Siegeszug gibt, dann ist dieser zugleich eine unaufhaltsame Serie von Niederlagen von älteren Kulturpflanzen und den zugehörigen Kulturen, sowie von Wildkräutern und den zugehörigen Ökosystemen (jede Pflanzenart ist die Lebensbasis von durchschnittlich zehn Tierarten). Mit den Besiegten gehen zugleich Optionen zugrunde, die man dringend braucht, wenn doch einmal etwas schiefgeht. Wenn die Welternährung oder auch nur ein wichtiger Sektor davon an wenigen Kulturpflanzen, also an wenigen Chromosomensätzen hängt, dann wird jeder größere Denkfehler und jede gut ausgetüftelte Sabotage zum Verhängnis. Robustheit gegen Salz, Insekten, Wetter und Gifte und gegen heutige Mikroorganismen feit nicht gegen jederlei Angriffe, beispielsweise von Saboteuren oder von neumutierten Pilzen oder Viren. Weltweite Homogenität von Saatgut, welcher Art auch immer, bedeutet einen äußerst bedenklichen Verlust an «Fehlerfreundlichkeit» (Christine von Weizsäcker). Gewiß kann man da wieder künstlich gegensteuern, mit künstlicher Vielfalt, mit Genbanken zum Konservieren von Optionen und mit Naturschutz (auf den Flächen, die wirtschaftlich uninteressant erscheinen). Aber das Grundphänomen einer weltweit standardisierten, sabotage- und fehleranfälligen Agrarlandschaft wird dadurch nur kosmetisch verändert.

Besorgniserregend ist auch die Häufung von möglicherweise mobilen – genetischen Robustheitsfaktoren. Derart ausgestattete Pflanzen werden voraussehbar die verbliebenen, halbwegs natürlichen Ökosysteme gefährden, ganz anders als die heutigen, ökologisch eher schwächlichen Kulturpflanzen.

Natürlich ist all das zuletzt Gesagte eher eine Spekulation, sowohl biotechnologisch wie agrarökonomisch und ökologisch. Aber sie ist nötig, um den Typus von Gefahren zu charakterisieren, der jenseits der kleinräumigen Freisetzungsexperimente und jenseits der Kinderkrankheiten der Agrar-Gentechnik auf uns wartet.

Zurück zur heutigen Realität. In allen Industrieländern spricht man über rechtliche Regelungen über die bestehenden Sicherheitsvorschriften hinaus. Insbesondere über die Freisetzung von gentechnisch veränderten Organismen gibt es eine heiße Debatte. Weitgehende Einigkeit herrscht heute darüber, daß das Zulassungsverfahren auf einem grundsätzlichen Verbot aufbauen muß und dann erst in Einzelfallbeurteilung die Zulassung erteilt werden kann. In dieser Richtung, allerdings nach meiner Auffassung in vielen Punkten zu lasch, ist auch der Entwurf der EG-Richtlinie zur Freisetzung konzipiert.

Fragt man sich, wie man die realen Gefahrenunterschiede überhaupt rechtlich in den Griff bekommen kann, so landet man nahezu unweigerlich bei der Idee der Haftung: Wenn sich das Haftungsrisiko mit der Dimension des Einsatzes automatisch vergrößert, dann ist die dimensionsabhängige Vorsicht ebenso automatisch eingebaut; dann wird es nämlich selbst für sehr kapitalkräftige Firmen oder deren Versicherungen hochgradig riskant, Versuche mit weltweitem ökologischem Schadenspotential durchzuführen.

In der deutschen Umweltpolitik wird jenseits aller Gentechnik-Überlegungen ernsthaft diskutiert, ob man amerikanische oder japanische oder noch andere Formen der Umwelthaftung gesetzlich verankern kann. Sowohl in den USA wie in Japan hat die über das übliche Zivil- und Strafrecht hinausgehende Umwelthaftung zu erheblicher Vorsorge und Vorsicht seitens der Industrie geführt. Beim Umwelthaftung für die Freisetzung gentechnisch veränderter Organismen hängt ein Damoklesschwert über demjenigen, der die Freisetzung zu verantworten hat.

Firmen, die ansonsten in den USA gute Geschäfte mit Umwelthaftungsversicherungen machen, zögern bezeichnenderweise noch sehr, sich überhaupt auf die Versicherung des Freisetzungsrisikos einzulassen. Das hängt allerdings auch daran, daß es schwierig ist, die «Schäden» zu objektivieren, was bei der für Amerika charakteristischen Prozeßfreudigkeit ein nahezu unkalkulierbares Kostenrisiko mit sich bringt.

Bei der Diskussion um die gesetzliche Regulierung der Freisetzung wird mir immer bewußter, wie unverantwortlich wir in der Vergangenheit mit Eingriffen in die Natur umgegangen sind. Wenn heute Vertreter der Gentechnik argumentieren, ihre Freisetzungspläne seien doch ökologisch gar nichts anderes als das Ausprobieren und systematische Verbreiten von neuen Kulturpflanzen, haben sie gar nicht so unrecht. Aber die großen ökologischen Schäden der letzten 30 Jahre Landwirtschaft verleihen dem Argument einen etwas zynischen Charakter. Wenn es gelingt, auch bei konventionellen Kulturpflanzen eine rechtliche Regelung zur Umweltverträglichkeit einzuführen, dann könnte man meines Erachtens bei der Freisetzung gentechnisch veränderter Organismen etwas großzügiger sein. In beiden Bereichen muß die Natur selbst und nicht nur die menschliche Ökonomie als schützenswert angesehen werden.

Auf der regulatorischen Ebene alleine sind die Probleme der Gentechnik schwerlich zu bewältigen. Letztlich rührt es an das zivilisatorische und religiöse Selbstverständnis, ob die Gene auf ihre Eigenschaft als chemische Schriftstücke reduziert und wie Moleküle behandelt und instrumentalisiert werden dürfen. Vieles spricht gegen diesen Reduktionismus, zumindest solange die Menschheit noch nicht gelernt hat, mit derartig explosivem Wissen dauerhaft friedfertig umzugehen. Der spekulative Ausflug in die Agrar-Gentechnik hat vielleicht hinreichend illustriert, wie vernetzt das Verhältnis von Nutzen und Gefahr sein kann. Wenn das, was wir heute als Erfolg, als Siegeszug empfinden, die eigentliche Gefahrenquelle von morgen sein kann, dann ist unsere Urteilskraft wohl noch nicht weit genug entwickelt.

Doch wie entwickeln wir die Urteilskraft weiter?

In der Wissenschaft gibt es seit alters zwei verschiedene Motive, die sich ergänzen und die in einem ausgewogenen Verhältnis zueinander stehen müssen: die Neugier, der Erkenntnisdrang einerseits und das Trachten nach Anwendung und Weltverbesserung andererseits. Dominiert das erstere, dann wirft man der Wissenschaft vor, sie bleibe im

Elfenbeinturm (und sei ein teurer Kostgänger). Dominiert das letztere, dann kommt es zu besinnungslosen Schritten und Fortschritten, die großen Flurschaden anrichten. Letzteres ist die Gefahr bei einer raschen Industrialisierung und weltweiten Durchsetzung der Gentechnik. Um des Schutzes ökologischer und anderer Erkenntnisgewinnung willen sollte sich gerade die Wissenschaft gegen ein übereiltes Tempo zur Wehr setzen. Der Fortschritt muß jederzeit neugier-, erkenntnis- und fehlerfreundlich bleiben. Dann haben wir eine Chance, auch die nötige Urteilskraft für den Umgang mit der Gentechnik zu gewinnen.

Wir sind es bislang noch gewohnt, daß jedes Problem auch eine technische Lösung findet und daß auftretende Nebeneffekte der technischen Lösung ihrerseits wieder beherrschbar sind. Dieser «Gotteskomplex» (Horst Eberhard Richter) hindert uns an Einsichten in die grundsätzliche Fehlerhaftigkeit unserer Fähigkeiten. Je weitreichender, erdumspannender, titanischer unsere Fähigkeiten werden, desto gefährlicher wird die Fehlerhaftigkeit. Fehlerfreundlich wäre demgegenüber eine Technik und eine Kultur, die bewußt auf erdumspannende Durchsetzung verzichtet und die eine Balance sucht zwischen dem Lernen und Offenhalten von Optionen einerseits und dem Erfolg aufgrund heutiger Kriterien andererseits.

Die enthusiastische Befürwortung der Gentechnik in manchen Ländern und die sich mit der generellen «Fortschritts»-Dynamik entschuldigende Gentechnik-Verteidigung bei uns scheinen anzudeuten, daß wir von einer fehlerfreundlichen Kultur bezüglich der Gentechnik noch weit entfernt sind. Es steht zu befürchten, daß die eilfertige Expansion dieser Technik zu großem, erdumspannendem Unheil führt. Das ist vielleicht der rational am leichtesten faßbare Kern der weiterverbreiteten rigorosen Ablehnung des «Spiels mit den Genen». Wer die Technik will, muß sich zumindest mit diesem rationalen Kern intensiv auseinandersetzen und sollte mithelfen, daß die hier angesprochenen Befürchtungen nicht Wirklichkeit werden.

Glossar

Adenin, Cytosin, Guanin, Thymin
Einzelbausteine der DNA, auch Basen genannt, die das Informationsmuster eines DNA-Strangs bestimmen. Bei einem RNA-Strang übernimmt die Base Uracil den Platz des Thymin.

Agrobakterium tumefaciens
Bodenbakterium, das zweikeimblättrige Pflanzen infizieren kann und dort Wucherungen, Wurzelhalsgallen genannt, hervorruft.

Aids
(Aquired immune deficiency syndrome). Schwere, meist tödliche, erworbene Störung des menschlichen Immunsystems, die durch die Aids-Viren HIV-1 und HIV-2 ausgelöst wird.

Aminosäure
Einzelbaustein von Eiweißen oder Proteinen. Insgesamt gibt es 20 verschiedene Aminosäuren.

Antibiotika
Substanzen aus Bakterien oder Pilzen, wie etwa das Penizillin, die andere Mikroorganismen am Wachstum hindern oder sie abtöten.

Bakterien
Einzelliges Kleinstlebewesen, das keinen Zellkern besitzt; bei Bakterien liegt die DNA als unverpacktes Knäuel vor.

Chimäre
Lebewesen, das die Erbinformation von zwei oder mehr Lebewesen trägt. Bekannt wurde die «Schiege», eine Kreuzung aus Schaf und Ziege, oder die «Tomoffel», eine Verschmelzung aus Tomate und Kartoffel.

Chromosom
Untereinheit der gesamten Erbinformation eines höheren Lebewesens. Der Mensch besitzt auf seinem etwa zwei Meter langen DNA-Faden 46 paarweise angeordnete Chromosomen.

DNA (deoxyribonucleic acid)
Desoxyribonukleinsäure, langkettiges, fadenförmiges Biomolekül, das die gesamte Erbinfomation eines Lebewesens trägt.

DNA-Polymerase
Enzym, das aus den DNA-Bausteinen und aus einem DNA-Einzelstrang als Vorlage eine DNA-Doppelhelix anfertigt.

dominant
Eigenschaft eines Erbmerkmals, das sich gegenüber dem alternativen Merkmal des Geschlechtspartners durchsetzt. Das unterlegene Merkmal wird rezessiv genannt.

Doppelhelix
Struktur zweier langkettiger Molekü-

le, die in Form einer Sprossenleiter miteinander verbunden sind. Typische Form der DNA.

Embryo
Frucht in der Gebärmutter bis zum 3. Schwangerschaftsmonat. Erst von der 9. Woche an, also nach Abschluß der Organentwicklung bis zur Geburt, heißt das ungeborene Kind Fötus.

Embryo-Transfer (ET)
Am zweiten bis vierten Tag nach einer In-vitro-Befruchtung wird ein Embryo künstlich durch den Muttermund in die Gebärmutter einer Frau gespült, damit er sich dort einnistet.

Enquetekommissionen
Der Bundestag muß Enquetekommissionen «zur Vorbereitung von Entscheidungen über umfangreiche und bedeutsame Sachkomplexe» einsetzen, wenn mindestens 25 Prozent der Abgeordneten dies beantragen. Die Enquetekommission «Chancen und Risiken der Gentechnologie» arbeitete vom August 1984 bis zum Dezember 1986. Ihr Bericht kann beim Deutschen Bundestag, Referat Öffentlichkeitsarbeit, angefordert werden.

Enzyme
Eiweißstoffe, auch Fermente genannt, die als Katalysatoren einen biologischen Reaktionsprozeß beschleunigen.

Exon
Der Teil der DNA, der die tatsächliche Erbinformation trägt. Die Gene höherer Lebewesen sind mit Bereichen, den sogenannten Introns, durchsetzt, die informationslos sind. Diese Introns werden nach der Abschrift der DNA in die RNA herausgeschnitten und die verbleibenden Exons ohne Unterbrechung miteinander verbunden.

Gen
Informationstragende Untereinheit der DNA, die die Nachricht für einen Eiweißstoff oder eine RNA trägt.

Gendiagnose
Erkennungsmöglichkeit von Erbkrankheiten, die auf einer Untersuchung der DNA beruhen.

Gen-Ethisches Netzwerk
Parteiunabhängiger Informationsdienst über Entwicklungen im Bereich der Gentechnik, Gesetzgebungsvorhaben und Bürgerinitiativen. Das Gen-Ethische Netzwerk gibt den Informationsdienst GID heraus. Adresse des Gen-Ethischen Netzwerks: Potsdamer Str. 96, 1000 Berlin 30.

Genom
Summe der Gene, gesamte genetische Information eines Organismus.

Gentherapie
Behandlung einer Erbkrankheit durch künstliche Veränderung der DNA.

Gen-Zentren
Vom Bundesforschungsministerium und der Industrie finanziert, entstanden seit 1982 in München, Köln, Heidelberg, Hamburg und Berlin Forschungsinstitute, in denen «wissen-

schaftlich attraktive und technologisch aussichtsreiche» Grundlagenforschung betrieben wird.

haploid
Einfacher Chromosomensatz, wie er in Geschlechtszellen vorkommt. Aus zwei Chromosomensätzen, einem männlichen und einem weiblichen haploiden, entsteht durch Verschmelzung ein diploider Satz – die vollständige Erbinformation.

Hepatitis B
Ansteckende Leberentzündung, auch Gelbsucht genannt.

Hormone
Körpereigene Substanzen von Pflanzen, Tieren und Menschen, die der Informationsübertragung zwischen Zellen und Organen dienen. Hormone wirken in winzigen Mengen und haben meist nur eine bestimmte und hochspezifische Aufgabe.

Hybridzüchtung
Besonders gezüchtete Inzuchtstämme von Nutzpflanzen oder -tieren, die miteinander gekreuzt sind. Hybride sind besonders ertragreich, aber kaum vermehrungsfähig, so daß sie immer wieder neu gezüchtet werden müssen.

Immunsystem
Sämtliche Moleküle, Zellen und Organe, die nicht körpereigene Substanzen als fremd erkennen und dagegen eine Abwehrreaktion einleiten.

Insulin
Hormon, das der Körper in der Bauchspeicheldrüse produziert und das den Blutzuckerspiegel reguliert.

Interferone
Eiweißstoffe des Organismus, die Nachrichtenfunktionen haben und die zum Teil der Vermehrung von Viren entgegenwirken.

Intron
siehe Exon

in vitro
Im Reagenzglas vollzogene Reaktion, die sonst im Organismus (in vivo) ablaufen würde.

In-vitro-Fertilisation (IVF)
Befruchtung einer reifen, aus dem Eierstock entnommenen Eizelle durch eine Samenzelle in der Glasschale (in vitro), außerhalb der Gebärmutter. Deshalb auch extrakorporale Befruchtung genannt.

Kallus
Klumpen von noch unspezialisierten Pflanzenzellen, der sich in einer Kulturlösung aus einer Einzelzelle entwickeln kann.

Klon
Genetisch einheitliche Zellen oder Individuen, die aus einer einzigen Zelle bzw. einem einzigen Individuum durch ungeschlechtliche Vermehrung entstehen.

komplementär
Zueinander passende Nukleotidbausteine der DNA und der RNA. Zum Beispiel: Bei der DNA-Doppelhelix stehen immer die Nukleotide Adenin und Thymin oder Guanin und Cytosin gegenüber.

Leguminosen
Pflanzengruppe der Hülsenfrüchtler, zu der Bohne, Erbse, Lupine oder Erdnuß gehören.

Leihmutter
Frau, die ein Kind für eine andere Frau austrägt. Entweder wird die Leihmutter mit dem Samen eines «Bestellvaters» befruchtet, dann «leiht» sie auch ihre Eizelle, sie ist also die genetische Mutter des Kindes. Oder sie trägt einen fremden Embryo aus, der entstanden ist aus der Ei- und Samenzelle von «Bestelleltern». Hier leiht die Frau «nur» ihre Gebärmutter, sie ist mit dem Kind nicht genetisch verwandt.

Lesch-Nyhan-Syndrom
Erbleiden, das sich unter anderem in spastischen Lähmungen und Schwachsinn äußert.

Ligase
Enzym, das die Reaktion zum Aneinanderkoppeln von DNA-Nukleotiden fördert.

messenger-RNA (m-RNA)
Boten-RNA, die als eine Abschrift der DNA im Zellkern entsteht und die dann in das Zytoplasma zu den Ribosomen schwimmt. Dort wird die in der m-RNA gespeicherte Information in ein Protein übersetzt.

Mutation
Veränderung der Erbsubstanz durch Abweichungen vom ursprünglichen Informationscode.

Nukleinsäuren
Langkettige, informationstragende Moleküle wie DNA und RNA; aufgebaut aus jeweils vier Einzelbausteinen.

Nukleotid
Baustein der Nukleinsäuren, der jeweils aus einer Base (Adenin, Cytosin, Guanin, Thymin, Uracil), einem Zukkermolekül und ein bis drei Phosphatgruppen besteht.

Öko-Institut
Unabhängiges, weitgehend durch Spenden finanziertes Institut in Freiburg, das die Risiken von Großtechniken und die Einsatzmöglichkeiten alternativer Techniken erforscht.

Onkogene
Krebsgene, die eine Zelle zu tumorartigem Wachstum veranlassen.

Pestizide
Chemische Substanzen zum Abtöten von Schädlingen. Zum Beispiel: Insektizide gegen Insekten, Herbizide gegen unerwünschte Pflanzen, Fungizide gegen Pilze usw.

Phenylketonurie
Erbkrankheit, die sich in mehr oder weniger starkem Schwachsinn äußert. Das Leiden läßt sich unterdrükken durch eine Diät, die möglichst wenig von der Aminosäure Phenylanalin enthält.

Plasmide
Ringförmig geschlossene DNA-Moleküle, die in Bakterien und Pilzen vorkommen und die sich unabhängig von dem eigentlichen DNA-Strang vermehren. Da die Mikroorganismen über die Plasmide von Natur aus Erbinformationsstücke austauschen,

nutzt die Gentechnik die kurzen Moleküle als Genfähren.

Prä-Embryo
Die Leibesfrucht bis zu dem Entwicklungsstadium, in dem sich erste Zellen spezialisieren und die Einnistung abgeschlossen ist. Etwa 14 Tage nach der Befruchtung wird aus dem Vorembryo ein Embryo.

Proteine
Stoffklasse der Eiweiße, die aus den Aminosäuren zusammengesetzt sind. Proteine haben im Organismus eine Aufbaufunktion (bei Muskelfasern oder in Zellwänden) oder spezifische Aufgaben (Enzyme, Hormone oder der Blutfarbstoff Hämoglobin).

Rekombination
Methode, mit der sich verschiedene Erbinformationsfragmente zu einem Molekül zusammenfügen lassen.

Restriktionsenzyme
Enzyme, die eine bestimmte Abfolge auf der DNA erkennen und dort den Nukleinsäurestrang spalten.

Retroviren
Viren, die ihre Erbsubstanz in einem Einzelstrang aus RNA speichern. Ein viruseigenes Enzym namens Reverse Transkriptase übersetzt die RNA in einen Doppelstrang aus DNA, der sich dann in dem Chromosom der Wirtszelle einnistet.

rezessiv
siehe dominant

Ribosomen
Eiweißfabriken der Zelle, aufgebaut aus ribosomaler RNA und Proteinen. Hier wird die Nachricht der m-RNA in Eiweißstoffe umgesetzt.

RNA (ribonucleic acid)
Ribonukleinsäure; langkettiges, informationstragendes Molekül, das in der Zelle als Boten-, Transfer- und ribosomale RNA vorkommt.

RNA-Polymerase
Enzym, das an der DNA, getreu der Abfolge der Nukleotide, eine Abschrift aus m-RNA herstellt.

Stickstoff-Fixierung
Bestimmte Bakterien können mit Hilfe des Enzyms Nitrogenase den Stickstoff der Atmosphäre zu Ammoniak umsetzen. Dieser dient Pflanzen als Nährstoff.

SV-40 (Simian Virus 40)
Krebsauslösendes Tiervirus, das bei Affenarten vorkommt.

transgene Tiere
Tiere, in deren Erbgut ein Gen eines anderen Lebewesens eingeschleust ist (beispielsweise das Wachstumshormon-Gen des Menschen in einem Schwein).

Trisomie 21
Erbkrankheit, die darauf beruht, daß das menschliche Chromosom Nr. 21 drei- statt zweimal vorkommt. Auch Mongolismus genannt.

t-RNA (Transfer-RNA)
Kurzes RNA-Molekül, das jeweils eine bestimmte Aminosäure binden kann und zu den Ribosomen transportiert.

Vektor
Transportmolekül für DNA-Segmente. Als Vektoren nutzt die Gentechnik zum Beispiel Plasmide oder Retroviren.

Virus
Kleinstmikrobe, die sich nicht selbständig vermehren kann. Dafür braucht sie eine sogenannte Wirtszelle, die das Virus infiziert und deren Mechanismen es nutzt, um sich fortzupflanzen. Längst nicht alle dieser Schmarotzer schaden ihrem Wirtsorganismus.

Wagniskapital
Eine besondere Form der Finanzierung neugegründeter Unternehmen. Private Anleger investieren Geld in einen Venture-Capital-Fonds und erhalten dafür Steuervorteile. Der Fonds beteiligt sich an einigen jungen Firmen, deren Management er zugleich streng kontrolliert. Nach einer festgelegten Frist – etwa von fünf Jahren – werden die Firmenanteile über die Börse verkauft. Der etwaige Gewinn wird an die Privatanleger ausgezahlt.

X- und Y-Chromosom
Die menschlichen Geschlechtschromosomen. Jeder Mensch hat neben 22 Chromosomenpaaren zwei Chromosomen, die sein Geschlecht bestimmen. Eine Eizelle enthält immer ein X-Chromosom. Die Spermien dagegen sind entweder Träger eines X- oder eines Y-Chromosoms. Entsteht bei der Befruchtung die Kombination XX, ist der Nachwuchs weiblich, bei XY ist das Kind männlich.

Zellkern
Gehirn der Zelle. Dort, in einem durch die Kernmembran abgeschlossenen Bereich, befindet sich im allgemeinen die gesamte Erbsubstanz eines Lebewesens. Nur höhere Lebewesen (Eukaryonten) haben einen Zellkern. Bei Kleinstlebewesen oder Viren (Prokayonten) ist das Molekül der Erbsubstanz ungeschützt.

ZKBS
Zentrale Kommission für Biologische Sicherheit. Sie setzt sich zusammen aus Gentechnikern, anderen Naturwissenschaftlern und Vertretern der Öffentlichkeit, die vom Bundesminister für Forschung und Technologie berufen werden. Die Kommission überprüft die mit Staatsgeldern unterstützten gentechnischen Forschungsvorhaben höherer Sicherheitsstufen und kann diese Experimente verbieten. Die Industrie hat die Kriterien der ZKBS durch «freiwillige Selbstbindung» anerkannt.

Zygote
Das Produkt der Vereinigung von Ei- und Samenzelle, aus dem später der Vorembryo wird.

Zytoplasma
Zellflüssigkeit, in der die Stoffwechselreaktionen ablaufen.

Register